Edition Akzente
Herausgegeben von
Michael Krüger

Gerrit Confurius

Sabbioneta
oder die schöne Kunst der Stadtgründung

Carl Hanser Verlag

ISBN 3-446-13974-5
Alle Rechte vorbehalten
© 1984 Carl Hanser Verlag München Wien
Umschlag: Klaus Detjen
Abbildung: Giorgio de Chirico,
Geheimnis und Melancholie einer Straße
Satz: LibroSatz, Kriftel/Taunus
Druck und Bindung: Pustet, Regensburg
Printed in Germany

Inhalt

Einleitung 7

1. Vorgeschichte

Sabbioneta im Mittelalter 23
Die Gonzaga 25
Luigi »Rodomonte« Gonzaga und die Neuordnung Italiens
durch Karl V. 31
Die wirtschaftliche Lage und die soziale Situation Italiens
in den dreißiger Jahren des 16. Jahrhunderts 37

2. Der Gründer

Vespasianos Kindheit und Jugend 47
Die Signori von Sabbioneta 53
Die zweite Ehe mit Anna d'Aragona. Der Vizekönig 66
Der Herzog von Sabbioneta. Fortschritte der Bauarbeiten 77

3. Die neue Stadt

Der Plan und die Politik 93
Die militärische Anlage 113
Straßenführung 125
Die Plätze 138
Palazzo Ducale 147
Casino 158
Galerie oder Corridore Grande 175
Teatro Olimpico 178
Die Kirchen 187

Nachgeschichte 191

Anmerkungen und Karten 203

Einleitung

> ... den Fluß hinab,
> Wo Phöbus rief mit trauervollen Weisen
> Den Sohn, als er vom Wagen stürzt ins Grab.
>
> *Ariost, Rasender Roland*

Reisen nach Italien sind auch Reisen in die Geschichte. Umgekehrt läßt sich Geschichte kaum besser und eindrücklicher erfahren als an den Orten, an denen sie sich ereignete, und auf den Spuren, die sie hinterlassen hat. Nun sind diese Spuren oft verwischt und überlagert. Nicht so in Sabbioneta. Die kleine Stadt in der Poebene, auf halbem Wege zwischen Mantua und Parma gelegen, führt uns beinahe ohne Umwege zurück in das 16. Jahrhundert. Die monumentale Ordnung Sabbionetas ist in dem Erscheinungsbild der Vergangenheit erstarrt.

Ältere Reiseführer nennen Sabbioneta eine »Geisterstadt« oder ein »Pompeji der Renaissance«. Und ganz ähnlich habe ich die Stadt noch vor einigen Jahren das erste Mal erlebt, wie eine zurückgelassene, ausgediente Theaterdekoration. Noch heute kann es dem Besucher passieren, daß er auf den Straßen und Plätzen im Inneren der Stadt kaum jemanden antrifft.

Der eigentümliche Charakter dieser Stadt, der schon früh zur Legendenbildung um ihren Gründer und ersten Herzog beigetragen hat, mag bei manch einem das Interesse wecken, mehr über sie und ihre Geschichte in Erfahrung zu bringen. Die seltsam düstere Atmosphäre, die gemäßigte Morbidität der Mauern und der Widerspruch zwischen der anspruchsvollen Architektur und dem bescheidenen dörflichen Leben in ihrer Kulisse vermögen die Phantasie nachhaltig zu beschäftigen, und man mag es bedauerlich, ja unverzeihlich finden, daß es der Aufmerksamkeit der Romantiker entgehen konnte. »Es besitzt«, wie ein englischer Reisender sich ausdrückte, »alles, was sie so sehr liebten. Es hat etwas Makabres, etwas Sündhaftes und vor allem viel aristokratische Schwermut. Shelley, Byron oder Browning hätten dort manche Anregung gefunden.« (1)

In ihrer Schönheit und vertrackten Regelmäßigkeit vergegenwärtigt diese Stadt den Geist der Renaissance: als nachweisliche Neuplanung, die auf vorhandene, mittelalterliche Bebauung keinerlei Rücksicht nahm, in der idealen Geometrie, der perspektivischen Ausrichtung der Gebäude, als beziehungsreiches Zitat römisch-antiker Stadtbaukunst und mit Anknüpfungspunkten an die oberitalienische Tradition der Stadtstaaten. Sie tut dies aber so, wie ein Bühnenbild an die Aufführung eines historischen Dramas erinnert, in diesem Fall eine jener italienischen Nachdichtungen antiken Theaters, etwas schauerlich, aber ohne die aristotelische Wucht der Tyrannentragödie, eher platonisch, mit pastoralen Anklängen. Die Stadt verkörpert den aufklärerischen Impetus der Renaissance ebenso wie sie erlaubt, die dämonischen Züge dieser Epoche aus ihrem architektonischen Erscheinungsbild herauszulesen, sowie die in den Gestalten und Werken dieser Epoche immer auch vorhandene Ahnung ihres Untergangs. Sabbioneta war nicht eine Stadt der Bürger, sondern eine Stadt der Ritter, wenngleich deren Zeit eigentlich lange vorbei war.

Die verlorene Welt der großen und mächtigen Signori, ihrer Unnahbarkeit und Kultiviertheit, ihres ruinösen »Baufiebers« und des outrierten Modernismus ihrer Architektur wurde hier noch einmal beschworen. Die Stadt atmet aber in ihrer Künstlichkeit und Kulissenhaftigkeit zugleich schon die Atmosphäre des erstarrten Zeremoniells der höfischen Welt, wie es sich in den großen Zentren der aristokratischen Territorialstaaten Italiens ausprägen sollte, mit der bis zur Undurchsichtigkeit komplizierten Diplomatie der Kleinstaaterei und der Allgegenwart der Spitzel zahlloser argwöhnischer Duodezfürsten – die Atmosphäre, die vor allem Stendhal literarisch verewigt hat.

So gibt diese Stadt einen Einblick in die schon stark formalisierte und prestigebestimmte Lebenshaltung und die an einer verklärten ritterlichen Vergangenheit und einer idealisierten imperialen Zukunft Italiens orientierte Vorstellungswelt der italienischen Aristokratie jener Zeit.

Das anspruchsvolle architektonische Konzept, das eine ererbte

Zwingburg in eine zeitgemäße Residenz verwandeln sollte, ließ die dörfliche Siedlung nicht eigentlich zur Stadt wachsen, sondern läßt dieses Gebilde eher als Verkleinerung einer veritablen Renaissance-Stadt erscheinen. Das Miniaturhafte wiederholt sich im einzelnen Gebäude, im Theater, im Herzogspalast und gibt dem Ganzen einen modellhaften Charakter. Noch heute ist die Stadt durch ihre Mauern ringsum klar begrenzt. Die ehemaligen Vorwerke, die den Stadttoren vorgelagert waren, sind heute zwar eingeebnet, und vom Süden her hat sich die kleine Ortschaft Vigoreto entlang der neuen Zufahrtsstraße Sabbionetas recht nahe an die ehemaligen Wallanlagen herangeschoben. Trotzdem hat die Stadt ihren Rahmen und die Aura der alten Bastionen bewahrt. In ihren klaren Konturen ließe sie sich mit einem Blick umfassen und wie in den alten Veduten abbilden, wenn sie von einer Erhöhung im Gelände aus zu überblicken wäre. Doch sie duckt sich in die Niederungen, die der Schwemmsand des Po einst gebildet hat, von dem sie auch ihren eleganten Namen erhielt.

Für Phaeton, der in einem Deckenfresko des Herzogpalastes in seinem Sonnenwagen über Sabbioneta hinwegjagt, bevor er, wie ein anderes Fresko im Casino zeigt, in den Eridanus stürzt (wie man den Po in antiken Zeiten nannte), zeigte sich die Stadt in nicht viel anderer Gestalt als sie uns heute aus gleicher Perspektive erscheinen würde. Noch heute vermag der geschlossene Eindruck der Sechseck-Bastion zu bestechen.

Die Wälle sind freilich verwittert und überwuchert, und im Sommer ist die Stadt dem Vorbeifahrenden durch die Pappeln und Brombeerhecken auf den Mauern fast gänzlich verborgen. Dem Besucher mag es dann so vorkommen, als wäre diese Stadt vor Jahrhunderten in einen Zauberschlaf versunken. Tatsächlich hat sie seit den Tagen ihrer Entstehung, abgeschirmt von der Außenwelt, in einer Art Dornröschenschlaf gelegen. Die Stadt hat nach dem Tode ihres Gründers eine eigene Vitalität nie entfalten können und blieb fast vier Jahrhunderte so gut wie vergessen. Völlige Bedeutungslosigkeit und Agonie haben die Konjunkturen bürgerlichen Wohlstands an ihr vorbeilaufen lassen, haben aber auch ihre Architektur mit den zerstörerischen

Plan aus dem 18. Jahrhundert, nach dem Kataster Maria Theresias von 1776. Mantua, Archivio di Stato.

Konsequenzen des Wachstums verschont. Die geographische und politische Isolation hat die Stadt insgesamt konserviert und sie so für uns zu einem einzigartigen Dokument werden lassen, an dem sich die damaligen Vorstellungen über Stadtplanung, die architektonische und politische Programmatik der Idealstadt und zentrale Denkmuster der Zeit anschaulich erfahren lassen, in denen sich wiederum politische Entwicklungen und soziale Verhältnisse reflektieren. (2)

Daß Sabbioneta weitgehend in seinem ursprünglichen Aussehen erhalten blieb, ist der Geschichte des Landes, der Lage des Ortes und der Künstlichkeit der Stadtgründung zu verdanken. Wenn man sich aber fragt, wie dieses Gebilde überhaupt entstehen konnte, so stößt man auf die besondere politische Konstellation im 16. Jahrhundert und auf das Schicksal und den besonderen Charakter des Bauherrn Vespasiano Gonzaga-Colonna, der zeitlebens von der Idee beseelt gewesen war, seinem dank vorangegangener Erbteilung relativ schmal gewordenen Erbe durch Veredelung »Größe« zu verleihen und die kleine *terre* Sabbioneta in das Zentrum eines idealen Staates mit modernster Infrastruktur zu verwandeln.

Als hoher Offizier der spanischen Armee und Günstling König Philipps II. mit illustren Titeln versehen, sah er sich rangmäßig mit den Gonzaga von Mantua nahezu gleichgestellt und zugleich finanziell in der Lage, umfangreiche Bauvorhaben zu verwirklichen. So ließ Vespasiano im Laufe seines Lebens nicht nur den Gebäudekomplex eines ansehnlichen Fürstenhofes entstehen, sondern eine ganze nach »modernsten« Kriterien geplante Stadt, in die er alle Bewohner des alten Weilers und der näheren Umgebung umzusiedeln befahl. Ein großes Areal reservierte er für seine Paläste, seinen Hofstaat und die Administration seines Staates.

Hier und da meint man das exaltierte Ehrgefühl und die ostentative Anstrengung zu verspüren, mit bedeutenden Fürstenhöfen und florierenden Städten zu rivalisieren, Modernität und Extravaganz zu demonstrieren, auf kleinem Raum allen Mißgünstigen den Beweis ausgeprägten Geschmacks, humanistischer Bildung und verschwenderischen Reichtums zu liefern. So hält mit dem »demonstrativen Konsum« in Architektur und Malerei und dem gelehrten Aufwand ihrer Thematik und Ikonographie die künstlerische Qualität nicht immer Schritt. Dennoch ist hier ein Kleinod zu besichtigen, das neben den prächtigen Residenzen der Zeit besondere Aufmerksamkeit verdient. Was dem im Zeitraum eines Menschenlebens entstandenen Gebilde an Geschichte fehlte, wurde durch Rationalität und Modernität, konzise Planung, ausgeklügelte Topographie und Einheitlichkeit wettgemacht.

Vespasiano handelte zum guten Teil sicherlich aus Geltungssucht, die in seiner zunächst verstiegen anmutenden Selbststilisierung als Imperator im Kleinformat gipfelte, als ambitionierte Persönlichkeit, die sich zu Höherem berufen fühlte, dabei aber durchaus auch allgemeinen Standards gemäß als Aristokrat und Fürst seiner Zeit. Repräsentation und Prunkentfaltung stellten eine gewisse gesellschaftliche Verpflichtung dar, die manches Adelsgeschlecht in den Ruin führen konnte. In dem Maße, wie die Landbarone sich als Rentenempfänger von ihren Untertanen entfernten und in den Städten unter Gleichen lebten, wurden sie zu Mitgliedern einer Adelsgesellschaft, in der jeder auf seine ihm durch Herkunft, Privileg und fürstliche Gnade zukommende Rangstellung und ihre Demonstration bedacht sein mußte. Durch die hierin zum Ausdruck kommende Orientierung der Aristokratie auf den jeweiligen Landesherrn verwandelte sie sich allmählich in eine staatstragende Führungsschicht, mit Ämtern vor allem in Verwaltung und Heer. Dies gilt in hohem Maße auch für Italien, dessen Aristokratie trotz der politischen Aufsplitterung des Landes und ungeachtet der unterschiedlichen Abhängigkeiten und Interessengegensätze der Teilstaaten eine relativ homogene Elite mit allgemein anerkannter Hierarchie bildete.

Da die italienischen Stadtstaaten und Signorien entgegen den Hoffnungen Machiavellis keinen eigenen monarchischen Absolutismus hervorgebracht hatten und man immer wieder einen von außen hatte hinnehmen müssen, konnte man die Abstammung von angevinischem oder aragonesischem Adel ebenso pflegen wie die aus italienischen Geschlechtern. Im 16. Jahrhundert wurde dann in weiten Teilen Italiens die relative Einheitlichkeit der führenden Schicht des Landes zum Nebeneffekt der habsburgisch-spanischen Oberhoheit. Unter der spanischen Herrschaft, die mit der Aura der seit Petrarca und Dante beschworenen Wiedergeburt des Kaisertums auftrat, entstand eine neue Militäraristokratie, die sich den großen Fürstengeschlechtern ebenbürtig und über die Parteien erhaben fühlte und sich im Bewußtsein besonderer Legitimität ebenfalls dynastisch zu etablieren suchte. Jemand, der sich wie Vespasiano Gonzaga-Colonna altem Adel und neuer Elite gleichermaßen zugehörig fühlen konnte, der sich der besonderen Gunst des Kaisers und des spanischen Königs erfreute und hohes Ansehen bei allen politischen Gruppierungen Italiens genoß, hatte allen Grund, seine feudale *terre* zu urbanisieren und den Wohnsitz in einer Trutzburg mit den Palästen einer Residenzstadt zu vertauschen.

Renaissance und Humanismus waren als eine Einheit von politischer Kultur und geistiger Bewegung bereits zu Ende gegangen. Als Denkmuster allerdings standen sie nach wie vor in Blüte. Als exklusives Bildungsgut und kleidsames Attribut der Vornehmheit gewannen sie auch in dem Maße an symbolischer Bedeutung, wie die Sozialstruktur in Bewegung zu geraten drohte. Die Verbreitung einer neuen Schicht von Kapitalisten, das Hidalgo-Gehabe der bürgerlichen Beamten und die Möglichkeit, Adelstitel käuflich zu erwerben, erhöhten den Zwang zur Abgrenzung gegenüber den Emporkömmlingen.

Die politische Situation förderte nicht nur das Desinteresse der Grundbesitzer am Zustand ihrer Ländereien und den Reichtum der Pächter, sondern nährte auch das Wiederaufleben von Attitüden, die der verbürgerlichte Adel in den Städten der frühen Renaissance bereits zu großen Teilen abgelegt hatte. Während es aber unter den Reichen Neapels als geradezu ehrenrührig galt, das ererbte Vermögen durch kaufmännische Betätigungen zu vermehren, anstatt jährlich mindestens die gesamten Einnahmen auszugeben, genügte es in der Lombardei immerhin, sich gewöhnlicher Geschäfte zu enthalten, um anerkannt zu bleiben. (3) In der führenden Schicht ganz Italiens wußte man sich die Symboltechniken der Renaissance zunutze zu machen.

Man orientierte sich in Prestigefragen und Abgrenzungsmitteln nach wie vor an humanistischen Definitionen, an den Kriterien der »Trefflichkeit« und des »Ruhmes«. Eine militärische Karriere in den großen Armeen und strategische Glanzleistungen etwa verhießen Reputation. Unter dem Eindruck der großen Persönlichkeiten der Renaissance träumte man sich darüber hinaus als *uomo universale* etwa nach dem Vorbild Albertis, bei dem der Antrieb zur höchsten Ausbildung der Persönlichkeit zusammentraf mit der Meisterung aller Elemente der damaligen Bildung, mit enzyklopädischem Wissen, technischem Erfindungsgeist und einer sympathischen Erscheinung. Er wird gerühmt als brillanter Rhetoriker, gewandter Diplomat, hervorragender Reiter und tüchtiger Soldat, Philosoph, Mathematiker, Zivil- und Militär-Architekt und Theologe, und als solcher jeweils als nicht nur dilettierend anerkannt. Ähnlich einem literarischen Werk wie Dantes »Divina Comedia« oder Ariosts »Orlando furioso« galt auch der Bau eines Palastes oder der Umbau einer Stadt als Dokument unerschütterlich gleichmäßiger Willenskraft, vielseitiger Bildung und umfassender Kompetenz. Männer wie Dante, Alberti, Leonardo gaben Standards vor, an denen sich die Adeligen messen lassen mußten. (4)

Eine entscheidende Rolle spielte der Ruhm, den ein Fürst oder eine Familie auf sich vereinigen konnte. Hier wurden militärische Erfolge und künstlerisches Mäzenatentum zu Äquivalenten. Die Eroberung einer Stadt oder eine siegreiche Schlacht konnte ebensogut ein Ruhmesblatt der Familiengeschichte darstellen wie die Protektion eines großen Künstlers, der Bau eines eigenen Palastes oder gar die Verschönerung der eigenen Stadt.

Die wiederentdeckten klassischen Autoren, die man studierte und von denen man sich im Denken und in der Lebensführung leiten ließ, waren vom Begriff des Ruhms geradezu durchtränkt, und dem italienischen Dasein drängten sich durch die historisch besetzte Geographie und die in Ruinen allgegenwärtige Größe eines untergegangenen Riesengeschlechts ständig Parallelen mit der römischen Weltherrschaft auf. (5) Von der Architektur bis hin zur Namensgebung suchte man Anschluß an dieses Vorbild. In kunstvoll konstruierten Genealogien versuchte man möglichst auch, die eigene Herkunft oder die Geschichte der eigenen Residenzstadt auf römische Ursprünge zurückzuführen. (6) Ruhm und Rom gehörten eng zusammen, und mit dem Wunsch nach Prestige ging die Hoffnung auf ein faßbares Überleben nach dem Tod einher, der Wunsch nach bleibender Leistung. Was aber konnte geeigneter sein als der Stein, die langlebige Architektur, den in Kriegen erworbenen ruhmreichen Namen objektiv und haltbar zu machen und für die Nachwelt zu sichern.

Die Bauleidenschaft war die größte der prestigefördernden Passionen der Zeit. Das Bauen und die damit für jedermann sichtbar verbundenen immensen Ausgaben waren hervorragend geeignet, den bloß ererbten Adel durch bemerkenswerte Taten zu »verdienen« – im bürgerlichen Verständnis freilich eine paradoxe Vorstellung, durch demonstrative Verschwendung etwas verdienen zu wollen.

Vespasiano, der einige kleinere Ländereien sein Erbe nannte und von seiner Burg aus über ein paar ländliche Kleinstädte regierte, stillte seinen »Bauhunger«, indem er seinem Hof einen städtischen Rahmen selbst erst schuf. Am Fuße der *rocca* von Sabbioneta ließ er nach möglicherweise eigenen Plänen etwa an der Stelle des alten *borgo* Capo della Volpe eine Stadt errichten, die mit ihrer urbanistischen Ikonographie das römische Vorbild als Inbegriff der gegründeten Stadt beschwor, eine synthetische hochmoderne Planung, die zugleich tief in der Vergangenheit verankert war, eine bemerkenswerte Tat und das Symbol einer paradigmatischen Abstammung zugleich: Inbegriff wahren Adels, so wie er sich selbst verstand.

Als gegründete gibt sich die Stadt unmittelbar zu erkennen durch das funktionale Schema und streng geometrische Regelmäßigkeit. Dieselben Eigenschaften ermöglichten nicht nur den Anschluß an die Antike, deren politische und kulturelle Verfassung man als fortschrittlicher erachtete als die unmittelbar vorangegangene Geschichte des Mittelalters, sondern erlaubten auch die Präsentation der Stadt als Rekonstruktion einer antiken Vorläuferin. Die Kongruenz von Modernität und Altehrwürdigkeit, wie sie das Zitat der römischen Schemas gewährleistete, wurde durch symbolische Verweise auf die Antike und im Falle der Gonzaga insbesondere durch die Labyrinthsymbolik unterstrichen.

Der theoretische Begriff einer Stadt im ganzen war es, wofür man sich in der späten Renaissance besonders interessierte. Die Idealisierung des Stadtganzen zum rationalen System und seine Formulierung in übersichtlicher Geometrie hatte sich einst aus der Erfahrung der mittelalterlichen Städte und ihrer als schön empfundenen Ordnung entwickelt, die auch den Gegenstand der in den politisch autonomen Stadtrepubliken gepflegten rhetorischen Disziplin des »Städtelobs« bildete. Der aufgrund entwickelter Architekturtheorien propagierte Entwurf neuer Städte markiert bereits das Ende einer Entwicklung, die primär an der Notwendigkeit des täglichen Austauschs und dem effektiven Zusammenspiel der einzelnen Bereiche orientiert war. Im Medium der Idealplanung wird die Stadt nicht mehr primär als arbeitsame Gesellschaft begriffen, sondern vielmehr als räumlich-architektonisches Pendant des zentral verwalteten Staates und der Verpflichtung der Herrschaft auf eine abstrakte Vernunft und ein allgemeines Gesetz. Die hierarchische Unterordnung der Einzelheiten unter das Schema des Planes und die geometrisch-aufgeklärte Synthese der funktional differenzierten Teile spiegelt die hierarchische Unterordnung der Individuen des Gemeinwesens unter den Willen des Souveräns.

Die wenigen realisierten Idealstädte sind denn auch zum größten Teil auf Veranlassung der Territorialstaaten Venedig und Florenz entstanden. Die sogenannten *terre murate* wurden als militärische Vorposten in Grenzregionen und annektierten Provinzen angelegt oder als »Tochterstädte« in einem unter zentralisierter Verwaltung homogenisierten Staatsgebiet. In gewisser Weise ist auch Sabbioneta als ein vorgeschobenes Grenzbollwerk eines Flächenstaates, nämlich der spanisch kontrollierten Lombardei, anzusehen und innerhalb dieses Rahmens als Verwaltungszentrum eines mit Mantua assoziierten spanischen Vasallen-Staates. Zugleich aber ist sie humanistischen Idealen huldigende Gründung und Residenz eines sich autonom gerierenden Duodezfürstentums.

Entworfen wurden die Idealstädte von Architekten, die sich

vom Bauhandwerk und seinem Pragmatismus emanzipierten, sich von der Blindheit fürs Ganze zu befreien und ein neu konstruiertes Berufsbild zu prägen begannen. Mit der allmählich veränderten Organisation des Bauprozesses ist der Architekt nicht mehr als Baumeister an die einzelne Baustelle und das einzelne Bauwerk gebunden, sondern er ist Planer, der im Prinzip mehrere Bauvorhaben gleichzeitig leiten kann. Entsprechend strebt der Architekt nach der Kontrolle über die Stadt, als sei sie ein einziges Bauwerk. Das Ideal des architektonischen Entwurfs ist die geplante Neugestaltung der ganzen Stadt. Das Ideal des Planes ist seine Einheitlichkeit, die auch durch Rücksichten auf das besondere Gelände oder alte Eigentumstitel, technische und finanzielle Schwierigkeiten möglichst nicht beeinträchtigt werden darf. In der Vorstellung der Architekten spiegelt sich die des absoluten Herrschers, und nicht selten haben Fürsten selbst als Architekten dilettiert.

Die Konzentration der Planung in einer Hand wurde ebenso als Vorbedingung für das Gelingen architektonischer Gestaltung angesehen wie die Konzentration der Macht für den Wohlstand der Gemeinschaft und die Vernunft der Politik. Allein die Konzentration vermochte jener Auffassung nach ein identisches Gebilde hervorzubringen, in dem gelungene Architektur und ein glückliches Gemeinwesen einander spiegeln konnten.

Nun sind Idealplanungen vor allem fragmentarisch, in mehr oder weniger tief in die vorhandene Bausubstanz einschneidenden Umbauten oder Stadterweiterungen praktisch umgesetzt worden – paradigmatisch in Ferrara unter Ercole I. d'Este –, in der grandiosen Neugestaltung einzelner Platzensembles und dem Durchbruch einzelner Straßenzüge. Komplette Neugestaltungen, die wie einige der *terre murate* Gelegenheit zum formalen Rekurs auf Idealtraktate gaben, sind selten geblieben. Für einen komplexen, auch symbolischen Bezug auf das theoretische Ideal in der ausgereiften Form des 16. Jahrhunderts, ist Sabbioneta in seiner Qualität und seinem Erhaltungszustand einzigartig.

Die Bedingungen waren damals vielleicht auch nirgendwo besser gegeben. Die besondere politische Situation, wie sie durch die

Expansion der Habsburger und die spanische Hegemonie in Italien entstanden war, hat die Neuanlage an der Stelle einer dörflichen Ansiedlung als Zentrum eines Miniaturstaates im ehemaligen Besitz des unabhängigen Mantua außerordentlich begünstigt und vielleicht überhaupt erst ermöglicht. Die spanische Krone war an dem Offiziers-Reservoir der italienischen Familien, insbesondere der benachteiligten Seitenlinien und an dem Emporkommen geeigneter Männer stark interessiert, bestand doch für sie die politische und militärische Notwendigkeit, das besetzte Land durch dem spanischen Regierungsstil angepaßte Gouverneure und Statthalter zu kontrollieren, die sich möglichst nicht nur als Söldner verstehen sondern durch eigenes Prestigestreben motiviert sein sollten. Außerdem war Spanien darauf bedacht, die Grenzen der kontrollierten Provinzen durch loyale Barone mit eigenem Risiko und landesherrlichem Stolz zum Bollwerk gegen mögliche Feinde zu machen.

Das eigene Interesse der Vasallen war neben dem Prestigestreben in der Konkurrenz zu den Nachbarn durch finanzwirtschaftliche Überlegungen motiviert. Mit großem finanziellem und theoretischem Aufwand entwickelte Bauprojekte harmonisierten mit Initiativen zur Gewerbeförderung und mit zum Zwecke einer Erhöhung der Steuereinnahmen angestrebten Verbesserung der Infrastruktur. Aufgrund des Zusammenspiels all dieser Voraussetzungen konnte an dieser Stelle eine Idealstadt entstehen, eine Festung und Residenzstadt nach streng klassischem, vitruvischem Kanon und zugleich geprägt vom technikbegeisterten Modernismus der späten Signorien in ihrer Übergangsphase zum dynastischen Absolutismus.

Modellhaft entworfen, um möglicherweise Schule zu machen, und gebaut für die ewige Dauer eines unbesiegbar erscheinenden Reiches und einer ruhmreichen Familiendynastie, wurde Sabbioneta dennoch schon bald nach Vespasianos Tod von der Geschichte überholt. (6[a]) Zwar behielt es noch einige Zeit den Status eines Dukats und die Funktion einer Grenzbastion, doch verlor es den Charakter einer fürstlichen Residenz und durch die Gebietsverkleinerungen und spätere Angliederung an Mantua oder Mailand bald auch die administrative Bedeutung. Es wurde im Niemandsland zwischen den größeren italienischen Teilstaaten Lombardei, Venedig, Toskana und Kirchenstaat sozusagen zur Ruine eines Versuchs der dynastischen Etablierung eines weiteren Territorialstaates. Zu einer der Ländereien eines neapolitanischen Herzogs zurückgestuft, erlitt Sabbioneta das gleiche Schicksal wie die aus der Ferne durch Pächter verwalteten Latifundien in Sizilien, den als »Bourbonismus« bezeichneten Rückfall ins Mittelalter und die totale Hemmung jeglicher urbaner Entwicklungsmöglichkeiten.

Mit dem »Untergang des Hauses Sabbioneta« verfiel auch die Stadt gleichsam in einen letalen Zustand, der bis heute andauert. Um von der wirtschaftlichen Dynamik des 19. Jahrhunderts erfaßt zu werden, war sie zu abgelegen. Sie befand sich zwar im Sinne Filaretes und Albertis im äußersten Winkel zwischen Po und Oglio – von klimatischen Einschränkungen abgesehen – in idealer Position, doch nach Maßgabe merkantilistischer oder kapitalistischer Ökonomie war sie trotz der Lage an einer alten römischen Straßenkreuzung gänzlich deplaziert.

So wurde Sabbioneta wieder, was es vor Vespasiano gewesen war, eine kleine ländliche Ansiedlung, bar jeglichen urbanen Lebens, selbst ohne die bescheidene wirtschaftliche Rolle der es umgebenden Ortschaften, die einst von hier aus urbanisiert worden waren, und die sich als Flußhafen, Warenstapel, Zollstation oder Industrieansiedlung entwickelten, an einem Ort, der ursprünglich unter strategischen Gesichtspunkten ausgewählt worden war für die geschützte Gründung eines Klosters und die Errichtung einer Fluchtburg. Bis heute blieb Sabbioneta ein Dorf in monumentaler Kulisse.

So findet man kaum ein vergleichbares architektonisches Gebilde, das mit ähnlichen Ambitionen errichtet worden und in dem gleichen Maße in der Geschichte stehengeblieben ist – allenfalls noch in der ein halbes Jahrhundert später entstandenen Gründung des Kardinal Richelieu in der französischen Provinz des Poitou. (7) Der Anblick Sabbionetas vermittelt uns eine einzigartige Sensation: als Idealstadt das Erlebnis der wahrhaftigen Existenz des Ideals und als beinah unverändert konserviertes Stück 16. Jahrhundert die Abwesenheit von Zeit.

Wenn man die Stadt durch eines der beiden Tore betreten hat, sieht man sich sogleich in ihre eigene Ordnung versetzt. (Das selten gewordene Erlebnis einer klaren Trennung zwischen Stadt und Umland entgeht einem allerdings, wenn man den umstandslos ins Stadtinnere hineinführenden neuen Zugang benutzt.) Auf dem Weg von den Toren her durch das schachbrettartig angelegte Straßenraster zeigen sich sogleich einige Besonderheiten, denen man nachgehen sollte. So sind die Straßen stets abgeknickt, um blind zu enden oder versetzt weiterzulaufen. Besonders irritierend ist die eigenwillige Anordnung des Marktplatzes, auf den man nicht geleitet wird, von dem einen die Straßenführung vielmehr fernzuhalten und abzulenken scheint. Es dauert bei den geringen Ausmaßen der Stadt freilich nicht lange, den Platz zu finden. Sich zu verirren steht nicht zu befürchten. Die eigenartig labyrinthisch gestörte Regelmäßigkeit des Schachbrettrasters trägt aber zu der besonderen Atmosphäre der Stadt nicht unwesentlich bei. Die Piazza Maggiore mit ihren wohltuenden Proportionen und dem sanften Rhythmus der Arkaden läßt einen am stärksten den theatralischen Charakter des Städtchens und seiner Architektur verspüren.

Bescheidener Verkehr an den Wochentagen, der sich zumeist auf ein paar Radfahrer beschränkt – Autos sind vor allem als parkende gegenwärtig –, erinnert einen daran, daß man sich in einem beschaulichen Landstädtchen befindet. Zuweilen wird die Beschaulichkeit durch gemäßigte Geschäftigkeit unterbrochen, wenn eine Busladung Schulkinder eine Führung über sich ergehen läßt, oder wenn auf der Piazza Wochenmarkt abgehalten wird. In der Regel aber strahlt die Stadt eine statische Ruhe aus, wie man sie fast nur noch von alten Bildern kennt. Die Abwesenheit von Menschen besonders an heißen Sommertagen um die Mittagszeit, die Plätze und Straßen wie ausgestorben erscheinen läßt, vermittelt den Eindruck von etwas Unwirklichem, Metaphysischem. In dieser einzigartig poetischen, ja beinahe philosophischen Stimmung erinnert die eigentümlich rationale Anlage Sabbionetas an die Bilder Giorgio di Chiricos, die architektonische Absolutheit seiner Szenerien mit leeren Plätzen und langen

Schlagschatten, mit wehenden Vorhängen und in übertriebener perspektivischer Verkürzung in die Raumtiefe führenden Arkaden – Szenerien, in denen gleichsam magisch die Zeit angehalten scheint.

1. Vorgeschichte

Sabbioneta im Mittelalter

Die Ursprünge Sabbionetas liegen in mythischem Dunkel. Über die Etymologie des Namens allerdings bestehen kaum Zweifel. Er bezieht sich auf die Heidelandschaft und auf den Schwemmsand zwischen den sumpfigen Niederungen des Po und des Oglio. (8) Die von den Hofgelehrten unterstellte Existenz einer antiken Siedlung ist nicht verbürgt, wenngleich einige archäologische Funde darauf hindeuten, daß die Gegend bereits als römische Provinz besiedelt und kultiviert worden, dann aber wieder versumpft und verödet sein könnte. (9) In gotischer und langobardischer Zeit mit ihrer außerstädtischen, ja teilweise stadtfeindlichen Reorganisation durch eine fremde feudale Kriegerkaste, hat sich hier möglicherweise ein Dorf mit einer Burg befunden. Spuren langobardischer Besiedlung finden sich jedenfalls in dieser Region zuhauf. (10)

Der geschichtliche Nebel teilt sich, als von einer Benediktiner-Abtei die Rede ist, die von Karl dem Großen gestiftet wurde. Von ca. 800 bis 1000 blieb Sabbioneta ein Lehen der Abtei von Leno und als solches abhängig von Brescia. Zu jener Zeit haben sich die Benediktiner und die Zisterzienser in der Poebene vom Mittellauf bis an die Küste um die Trockenlegung der unzugänglichen und teilweise sogar malariaverseuchten Sümpfe und die Urbarmachung der Moore verdient gemacht. Die Abtei müssen wir uns inmitten einer Landschaft riesiger Sumpfniederungen, stehender Wasser und kleiner Flußläufe vorstellen, mit bewaldeten Geestinseln und Feldern, die von zahlreichen künstlich angelegten Entwässerungskanälen durchzogen und mit Deichen gegen Überschwemmungen gesichert wurden.

Um das Jahr 1000 wird Sabbioneta eine Grafschaft der Cremoneser Familie der Persico. 1091 wurde ein Rinaldo Persico vom Kaiser Heinrich IV. zum Grafen ernannt und für die erfolgreiche Belagerung Mantuas, das sich der kaiserlichen Oberhoheit gemeinsam mit anderen oberitalienischen Städten widersetzt hatte, mit Sabbioneta belehnt. Die *terre* Sabbioneta lag damals im Einflußgebiet der Canossa, deren gewaltiges Reich von der Tuskischen Mark (der die heutige Toskana etwa entspricht) bis zur Markgrafschaft Verona reichte, und deren Macht sowohl die lombardischen Städte als auch die adligen Nachbarn zu spüren bekamen. Nach dem Tode der berühmten Markgräfin Mathilde Canossa 1115 zerfiel die Grafschaft in Diözesen untereinander rivalisierender Erben und in Freistaaten auftrumpfender Städte. Die über dem Streit um das Erbe Mathildes neu entflammten Kriege zwischen Kaiser und Papst begünstigten die Dezentralisierung der Macht und u. a. Mantuas Autonomie als Stadtrepublik. Die Region südlich von Mantua lag damals im Einflußgebiet von Cremona. Die Persico, zunächst Vasallen der Dovara, dann auch die regierende Familie in Cremona, blieben mit einer Unterbrechung bis 1314 im Besitz der Grafschaft Sabbioneta.

In Mantua hatten inzwischen interne Streitigkeiten die 1109 ausgerufene Republik beinahe handlungsunfähig gemacht und den Ruf nach einem »starken Mann« laut werden lassen. Dies war die Chance des ambitionierten Pinamonte Bonacolsi, der sich 1276 zum *capitano del popolo* ausrufen ließ. (11) Begünstigt hatte sein Emporkommen auch die außenpolitische Situation, die durch permanente bedrohliche Auseinandersetzungen der großen Adelsfamilien um Gebietsansprüche bestimmt wurde. Den kampferprobten Landbaronen, die man zunächst nur für begrenzte Zeit unter Vertrag nahm, verhalf der permanente Kriegszustand nicht selten dazu, eine unkündbare Stellung zu erwerben. Vornehmliche Aufgabe der *capitani* war es, die notwendigen militärischen Vorkehrungen zur Sicherung der Städte zu treffen. Sie erweiterten und modernisierten den militärischen Apparat, hoben Truppen aus und ließen sich diese Anstrengungen gut bezahlen, so daß sie in der Regel in kurzer Zeit zu wohlhabenden Landbesitzern reussierten. Mit zunehmenden Kompetenzen und Mitteln ausgestattet, nahmen sie Einfluß auf die Politik und verstärkten die Beziehungen der Stadt zum Land, das ihre größte Einkommensquelle bildete. In einigen Fällen brachten sie es zu beträchtlicher Macht. (12)

Sabbioneta wurde wegen seiner exponierten Lage in einem Grenzgebiet zwischen den rivalisierenden Mächten in deren Auseinandersetzung immer wieder hineingezogen. Es war über mehrere Generationen Zankapfel der um die Erweiterung ihrer Einflußspäre bemühten Nachbarn, in deren Parteikämpfen die kleinen Familien vernichtet wurden, wenn sie sich nicht in deren Dienste stellten. Als Condottieri der siegreichen Visconti konnten sich die Persico als deren Vasallen in Sabbioneta halten.

Die Gonzaga

Anfang des 14. Jahrhunderts betraten dann die Gonzaga die historische Bühne. Sie sind wie viele der Adelsfamilien dieser Region wohl langobardischer Herkunft. Ihr ursprünglicher Name war Corradi, und sie waren ansässig gewesen in dem kleinen Ort Gonzaga südlich des Po. Ihre Herrschaft in Mantua, der die in Sabbioneta und anderen Grafschaften folgen sollte, verdankten sie einer entschlossenen Aktion im günstigen Augenblick. 1328 stifteten sie mit der Hilfe des Scaligers oder Della Scala von Verona eine Verschwörung gegen den »Tyrannen« von Mantua an und vertrieben die Bonacolsi aus der Stadt. Wie schon jene vor ihnen hatten sich die Gonzaga, wie sie sich nun nannten, die Geschlechterfehden der großen Familien zunutze gemacht. Auch den Gonzaga ging es um die alleinige Macht, doch wurde Luigi in der hehren Gestalt des Rächers begrüßt, und im weiteren Verlauf gelang es den Gonzaga, sich die Gunst der Mantovaner Bürgerschaft zu bewahren.

Die *capitani* waren nicht selten beim Volk beliebt, weil sie die verhaßten Stadtoligarchien in die Schranken wiesen und die städtische Ordnung nach ausgeuferten Parteikriegen wiederherstellten. Doch übertriebene Selbstherrlichkeit und steigende Geldforderungen für Kriege konnten dieses gute Verhältnis leicht trüben. Zuweilen waren es auch die Patrizier, die einen machtgierigen *capitano* stoppten, weil er mit ihrem Geld im eigenen Interesse Kriege führte. In der Regel aber standen beide in gutem Einvernehmen, da die großen Familien ihre oligarchische Macht durch einen Alleinherrscher weniger gefährdet sahen, als durch eine vom Kleinbürgertum getragene Demokratie. Das Bündnis zwischen den sich zu Signori erhebenden Condottieri und dem Großbürgertum hatte seine beste Basis in der Vereinbarung niedriger direkter Steuern.

Ob nun durch einen Gewaltstreich von außen oder durch Intrigen Mantovaner Großbürger gerufen, verstanden es die Gonzaga, ihr Regime zu festigen und unanfechtbar erscheinen zu lassen. Sie regierten mit Umsicht. Sie zählten nicht zu den berüchtigten Gewaltherrschern der Renaissance. Burckhardt hebt sie auch untereinander als vergleichsweise einträchtig und wohlgeordnet hervor: »Sie durften ihre Toten zeigen.« Freilich haben auch sie nicht gänzlich auf tödliche Intrigen und Meuchelmord verzichtet. (13)

Der Übergriffe der Visconti und des Veronesers Della Scala, der sich der Gonzaga bedienen wollte, um nach Mantua zu kommen, konnten sich die Gonzaga erfolgreich erwehren. (13ª) Luigi Gonzaga, der 1328 *capitano* von Mantua wurde, konnte der Herrschaft seiner Familie bereits so sicher sein, daß er sich als Condottiere anderen Staaten zur Verfügung stellen konnte. (14)

Das einträgliche Condottieren-Geschäft pflegten auch seine Verwandten und Nachfolger. Selbst die späteren Herzöge waren sich nicht zu schade, sich als Condottieri zu verdingen. Die Condotta war ein Geschäft und eine politische Notwendigkeit zugleich. Der Condottiere verwaltete das militärische »Kapital« und versuchte durch geschicktes Manövrieren und Belagerungstechnik das Risiko gering zu halten. Um den eigenen Vorteil zu wahren, mußte er mit der »Witterung« eines Börsenmannes immer wieder die Partei wechseln und in das »politische Geschäft« einsteigen. (15)

Eine Condotta für Venedig erschien beispielsweise vorteilhaft, wenn die Republik gegen die Visconti oder die Sforza Krieg führte, gegen deren Gebietsansprüche sich die Gonzaga allein nicht hätten behaupten können. Zwar hatten die Mailänder, während sich die Gonzaga an der Grenze zum Kirchenstaat für die Venezianer schlugen, auf mantovanisches Gebiet übergegriffen. Doch langfristig konnte Venedig mit Hilfe der Gonzaga die Terraferma auch bis weit nach Südwesten ausdehnen. Sabbioneta, unter den Visconti und den Sforza ein Lehen der in ihren Diensten stehenden Persico, wurde 1424 von Gianfrancesco Gonzaga für Venedig erobert.

1426 wird Gianfrancesco für seine treuen Dienste als Condottiere der Republik mit einigen der eroberten Provinzen südwestlich von Mantua belohnt, u. a. mit der ehemaligen Grafschaft Sabbioneta. (16) So verdankten die Gonzaga ihre Einsetzung in diese Region, die bald darauf als kaiserliches Lehen bestätigt wurde, einer Condotta auf der richtigen Seite und der umsichtigen Strategie und Bündnispolitik der Republik Venedig.

Die Gonzaga besaßen nur einen begrenzten historischen Hintergrund. Sie konnten sich weder der Aristokratie der Abstammung der Este von Ferrara oder der Visconti von Mailand rühmen, noch konnten sie sich mit dem Reichtum und Einfluß vieler florentinischer Patrizierfamilien wie der Medici oder der Strozzi messen. Doch günstige Heiratsverbindungen und lukrative militärische Anführerposten waren auch dazu geeignet, den Mangel an Reputation auszugleichen. Sie verheirateten sich nicht nur mit vielen der bedeutenden Geschlechter Italiens, sondern auch mit solchen aus Frankreich, Österreich und Spanien. Einem dichtgeknüpften Netz von Heirats- und Beistandsverträgen ist es vornehmlich zu verdanken, daß der politische Einfluß der Gonzaga wuchs und daß sich Mantua jahrhundertelang gegen seine mächtigen Nachbarn behaupten konnte. Derart abgesichert, verwandelte sich die gefährdete geographische Lage in einen Vorteil: als Verbündeter oder Puffer wurde es von allen Seiten umworben oder wechselseitig gestützt. Durch die Ehen des Herzogs Federico gelangte die Familie auch in den Besitz eines zweiten Prinzipats, von Montferrato.

Sie hatten allerdings nicht immer eine glückliche Hand beim Knüpfen dynastischer Verbindungen und mußten auch militärische Niederlagen einstecken. Ludovico war als Kommandeur der venezianischen Truppen in einem neuen Krieg gegen die Visconti 1448 in die größte Niederlage der Republik verwickelt. Auch der Marchese Francesco erlitt 1509 eine gründliche Schlappe. Mit Herzog Federico, der sich so weit wie möglich dem Kriegsgeschehen fast ängstlich fernhielt, ging die Condottieren-Geschichte der Gonzaga von Mantua strenggenommen schon zu Ende. Politisch unbedeutende militärische Episoden mußten infolgedessen für die militärische Mythographie der Gonzaga »aufgeblasen« werden. Die Mantovaner Dynastie hatte genau besehen keine Helden mehr vorzuweisen. Mit dem späteren Herzog Vincenzo I. mußte sie im Gegenteil sogar einen Mann von grandioser Lächerlichkeit verkraften. (17)

Glänzende militärische Leistungen konnten vornehmlich Mitglieder kleinerer Seitenlinien der Familie aufweisen, allen voran der junge Ferrante Gonzaga von Guastalla und Vespasiano von Sabbioneta, einer der brillantesten und technisch versiertesten Soldaten seiner Zeit. Die Gonzaga von Mantua selbst konnten eher von Glück sagen, daß ihre Stadt zwischen 1397 und 1629 nie ernstlich militärisch geprüft wurde. Ihr schlimmster Gegner in jener Zeit waren die Fluten des Minicio, des Oglio und des Po. Berühmtheit erlangten sie vor allem als Reiter und Pferdezüchter, als Jäger und Hundeliebhaber, einige von ihnen auch als Kunstsammler und Förderer vor allem der Musik. (18)

Die Gonzaga waren mächtige Signori geworden, die ihre Herrschaft in der Familie vererbten. Zur Etablierung der dynastischen Autonomie hatten sie schon vor einiger Zeit danach getrachtet, ihre Regierung durch kaiserliche Herrschaftstitel legalisieren zu lassen. Der Wunsch, die Spuren einst usurpierter Macht zu tilgen und die Herrschaft mit der Würde der Legalität und Tradition zu schmücken, entsprach freilich auch der Fortgeltung feudalen Rechts, wenngleich die Kaiser schon lange nicht mehr die Macht besessen hatten, ihm Geltung zu verschaffen. Nach Heinrich VII. hatten sie auf eine aktive Italienpolitik verzichten müssen und ihre Italienzüge vornehmlich noch wegen der Krönungsformalität und des einträglichen Geschäfts mit der Ämtervergabe unternommen. (19) Erst mit Karl V. wurde diese

Konstruktion für eine Zeitlang wieder realpolitisch relevant. Und Mantua gehörte zum ehemaligen Reichsitalien, zu den *camere imperii*, in die Markgrafen eingesetzt worden waren.

Als erster bemühte sich Francesco Gonzaga, der 1382 die Regierung angetreten hatte, um diesen Adelstitel. Da er den vom Kaiser geforderten Preis jedoch übertrieben fand, legte er das Geld lieber im Bau des Castello di San Giorgio an und in einer Brücke über den See. Seinem Sohn Gianfrancesco aber lag so viel an einem Markgrafentitel, daß er die verlangten 12 000 Gulden dafür bezahlte. 1432 wurde ihm endlich die Ernennung zum erblichen Marchese zuteil.

Die mit der dynastischen Etablierung verbundene Erbfolgeregelung hatte schon mit dem Tode Gianfrancescos 1444 eine Gebietsaufteilung zur Folge. Die mit den folgenden Generationen fortschreitende Parzellierung des Landes wurde von den Kaisern mit einer Inflation von Adelstiteln unterstützt, da sie die wachsende Zahl der kaiserlichen Offiziere unter den Gonzaga aus Geldmangel nur mit Ländereien besolden konnten. Der mantovanische Staat wurde in das eigentliche Mantua und eigenständige Signorien aufgeteilt. Gianfrancesco der Jüngere, als Condottiere in den Diensten des Königs von Neapel Ferrante von Aragon, regierte von Bòzzolo aus über Ròdigo, Gazzuolo und Sabbioneta. Er wurde später von Vespasiano als Stammvater der Linie von Sabbioneta reklamiert. Als nämlich bei seinem Tod das Erbe erneut aufgeteilt wurde, nahm sein Sohn Ludovico Residenz in der *rocca* von Sabbioneta, die er instand setzen und für gehobene Wohnzwecke umbauen ließ. (20)

Als die Signorie von Sabbioneta noch zum Herrschaftsgebiet von Mantua gehört hatte, war die Trutzburg nur sporadisch bewohnt worden. Die Gonzaga haben hier zuweilen eine Jagdgesellschaft gegeben oder dem Fischfang gefrönt. Ein Brief Francescos enthält die Bitte an einen Nachbarn, einen entflogenen, abgerichteten Falken einfangen zu helfen. (21) Mit Ludovico aber wurde sie zum Stammsitz der Seitenlinie Gonzaga von Sabbioneta. Als Condottiere Kaiser Maximilians wurde er zum ersten Markgrafen von Sabbioneta ernannt.

Die Burg steht heute leider nicht mehr, aber an den Fundamenten können wir erkennen, daß sie mit vier runden Ecktürmen bewehrt war und mit etwa 100 m Länge und 70 m Breite stattliche Ausmaße besessen hat. Das Kastell war ganz flach gelegen und spiegelte sich in einem toten Wasser, von dem es umringt war. Mehr noch als der Graben boten die sumpfigen Niederungen, zu denen sich die Flußläufe infolge fehlenden oder kaum wirksamen Gefälles ausweiteten, wirksamen Schutz vor Feinden, bargen aber auch die Gefahren von Überschwemmungen und Fieber. Mit ihrer roten Farbe und ihren mächtigen Rundtürmen mag die Burg einen düsteren Ernst ausgestrahlt haben. Sie muß wohl, wenn sie einmal nicht in den für diese Gegend charakteristischen Dunst gehüllt war, in der flachen Landschaft meilenweit sichtbar gewesen sein. Es handelte sich um eine *rocca* in der Tradition der spätgotischen Wasserburgen Oberitaliens, stilistisch an der Wende von der Gotik zur Renaissance stehend. Möglicherweise war sie von Luca Fancelli vergrößert oder wiedererrichtet worden, dem Hofarchitekten Ludovicos II. von Mantua, der mehrere Festungen zu Wohnschlössern hat umbauen lassen. Wie viele Talburgen der Poebene, deren Grundrißschema sich seit dem Trecento herausgebildet hatte, folgte das *castello* in seiner fast quadratischen Anlage mit axialen Zugängen als Bautyp dem römischen *castrum*. Sie besaß vier zylindrische Ecktürme mit gedrungenem Korpus. Das Mauerkarree entwuchs mit geböschtem Sockel einem Graben und schloß nach oben mit einem ausgekragten Wehrgang mit Schrägkonsolen und überdachten Schwalbenschwanz-Zinnen ab. Beim Ausbau zum Wohnschloß sind wahrscheinlich die Aufbauten aufgestockt, die Türme erhöht und der Innenhof mit vorgeblendeten Arkaden in der Form der Florentiner Frührenaissance ausgestaltet worden, in der Weise, in der sich auch anderswo der Machtanspruch und Repräsentationswille autonomer Herrschaft ausdrückten. (21[a])

Zur Zeit Ludovicos III., Vespasianos Großvater, der die *rocca* mit seiner Frau Francisca Fieschi, der Tochter des Dogen von Genua, bewohnte, hatte der alte, nicht ummauerte *borgo*, der sich an die *rocca* von Sabbioneta anlehnte und der damals Capo della

Volpe genannt wurde, drei bescheidene Kirchen: die Pfarrkirche Santa Maria Maggiore oder Assunta, die San Rocco geweihte Kirche der Bruderschaft der »Disciplini«, die mit Ludovicos Hilfe erbaut worden war, und die Kirche der Servi di Maria, die San Biagio und San Salvatore geweiht war und an deren Seite der alte Friedhof der Gemeinde lag. Kirche und Konvent der Serviten, des ältesten Ordens in der Signorie von Sabbioneta, befanden sich damals im Südosten des Ortes. Sie waren 1448 von einem anderen Ludovico Gonzaga, dem *il Turco* genannten zweiten Marchese von Mantua gestiftet worden. (22)

Seit 1517 verfügte der Ort auch über ein Hospital, eine Stiftung der Cremoneser Familie Zola. Im Süden in Richtung Villa Pasquali entstand das Nonnenkloster Maria degli Angeli, in der damaligen Contrada Forcadizzo. Ein drittes Konvent erhielt ein Grundstück vor dem Westtor der *rocca* angewiesen. (Ein Gebäude des ehemaligen Klosterkomplexes, die nach ihrem späteren jüdischen Eigentümer so genannte *casa* Agosta Sabbioni, heute an der Via Vespasiano Gonzaga, ist das älteste Haus im heutigen Sabbioneta.) (23)

Dennoch war Sabbioneta im Vergleich zu den benachbarten Landstädten eine bescheidene dörfliche Siedlung. Bòzzolo, einmal eine Stadtrepublik, und Gazzuolo zum Beispiel waren wesentlich größer als Sabbioneta, das erst von Vespasiano, dem Nachfolger Ludovicos, städtischen Charakter erhält und zum Regierungszentrum der Region aufgewertet wird.

Luigi »Rodomonte« Gonzaga und die Neuordnung Italiens durch Karl V.

Einen entscheidenden Einschnitt in der Geschichte Sabbionetas bildet der Aufstieg der Habsburger. Durch einige Heiratsverbindungen mit den Habsburgern und durch Condotta-Verträge mit Karl V. waren die Gonzaga auf das unwahrscheinliche Erstarken dieses Herrscherhauses und des Kaisertums vorbereitet. In besonderem Maße profitierten einige Seitenlinien der Familie von dieser Umwälzung. Vespasianos Vater Luigi Gonzaga war schon als Zwanzigjähriger hoher Offizier im Dienste Karls V. Er kämpfte in Flandern und in den beiden siegreichen Italienfeldzügen des Kaisers. Als Anerkennung erhielt er vom Kaiser die Signorie von Gazzuolo übertragen, die seinem Verwandten abgenommen worden war, weil dieser sich des Verrats schuldig gemacht hatte. (24)

Zu dem italienischen Engagement des Kaisers hatte es kommen können, weil durch eine Reihe von politischen Bündnissen und Heiratsverbindungen die Habsburger in den Besitz halb Europas gelangt waren. 1516 wurde Karl von Habsburg – Erbe von Burgund, Flandern und Österreich – auch König von Spanien und in einer dramatischen Wahl, in der das Geld der Fugger eine große Rolle spielte, von den deutschen Kurfürsten statt des schlechter zahlenden Konkurrenten Franz I. von Frankreich zum Kaiser gewählt.»Durch eine kaum bemerkbare Verflechtung von Familieninteressen war es dahin gekommen, daß einunddserselbe Fürst in Wien, Brüssel, Valladolid, Saragossa und Neapel und überdies noch in einem anderen Kontinent herrschen sollte« (Ranke).

Die relativ plötzlich offenbar werdende Expansion darf als eine der folgenreichsten Veränderungen gelten, die Europa je betroffen hat. Die Habsburger stellten sich dem bisherigen Übergewicht Frankreichs entgegen. Frankreich seinerseits versuchte sich der allseitigen Umklammerung zu erwehren. Wegen der strategischen Lage und strittiger Erbansprüche griff dieser Konflikt wie alle vorangegangenen Auseinandersetzungen zwischen Kaiser, Franzosen und Spaniern sofort auch auf Italien über. Während die Franzosen, namentlich das Haus Orléans als Verwandte der Visconti und der Anjou, Ansprüche auf Mailand und Neapel behaupteten, waren die Städte der Lombardei der Form nach kaiserliche Lehen und das Königreich Neapel eine Erbschaft der spanischen Krone.

Die Auseinandersetzungen der Großmächte wurden indes nicht nur auf dem Rücken Italiens ausgetragen, sondern in Form der alten inneritalienischen Fehden und Rivalitäten, die durch den weltpolitischen Konflikt wiederbelebt wurden und die sich auf den Gegensatz zwischen den Spaniern und dem Papst zuspitzten. Wieder einmal war das Land in zwei Parteien gespalten. (25) Kardinal Medici, seit 1523 Papst Clemens VII., stützte sich auf das altbewährte Bündnis von Franzosen, Venedig, Florenz und den guelfischen Adel Roms. Kaiser Karl V. setzte seinerseits auf die Treue und Überzeugung seines Söldnerführers Frundsberg und seiner Generäle Pescara, Bourbon, Oranien und Lanoja sowie auf die Hilfe der mit dem Papst und dem guelfischem Adel in ständiger Fehde lebenden ghibellinischen Adel Italiens, vor allem der Colonna, und auf das politische Interesse der Gonzaga.

Die Auseinandersetzung, die samt ihrer Vorgeschichte als letzte Phase christlichen Rittertums in den »Rasenden Roland« Ariosts eingearbeitet ist, gipfelte in der Erstürmung und Plünderung Roms, dem *sacco di Roma*, einem unvorstellbaren, insgesamt neun Monate andauernden Gemetzel rasender spanischer und protestantischer fanatisierter deutscher Söldner, die überdies schon seit Monaten mit ihren Soldforderungen hingehalten und mit der Aussicht auf reiche Beute vertröstet worden waren.

Als Anführer eines kaiserlichen Truppenkontingents wurde Isabella d'Estes Sohn Federico, der Marchese von Mantua, später von Karl mit dem Herzogtitel geehrt. In den zeitgenössischen Berichten finden vor allem Vespasiano Colonna, der Großvater Vespasianos und sein Vater Luigi von Gazzuolo Erwähnung, dem man wegen seiner Kraft und seines Draufgängertums den Spitznamen »Rodomonte« gegeben hatte (nach dem Sarazenenkönig in Ariosts »Rasendem Roland«). Luigi, der bei Ariost mit Pescara und Karl von Bourbon zu den letzten edlen Rittern gezählt wird, gab einen Beweis seiner Ritterlichkeit durch die Befreiung des in der Engelsburg gefangenen Papstes. (26)

Der durch die Niederlage zur Einigung gezwungene Clemens krönte Karl zum römischen Kaiser und zum König der Lombardei. Die von manchen als nicht zu überbietende Perfidie angesehene Einigung der beiden Despoten wurde mit florentinischem Blut besiegelt. Viele der Adligen blieben in der kaiserlichen

Armee im Sold, der sich nun Clemens dazu bediente, seine aus Florenz vertriebene Familie gewaltsam wieder einzusetzen.

Doch hat die Italienpolitik Karls V. das Land nicht nur in einen weiteren schrecklichen Krieg gestürzt, sondern ihm auch eine Zeit relativen Friedens beschert und zu einer Neuordnung der Machtverhältnisse geführt. Diese Umstrukturierung ist für die Bewertung der Rolle bedeutsam, die dem Kleinstaat Sabbioneta zukommen sollte. Aus dem Frieden von Bologna (1529), der die Hegemonie Spaniens über Italien für das nächste Säkulum sichern sollte, ergab sich im einzelnen folgende politische und wirtschaftliche Situation:

In der Lombardei wurden alte Rechte auf die *camere imperii* restituiert. In Mantua wurden die Gonzaga als Vikare bestätigt. Unmittelbar nachdem sich Karl vom gedemütigten Papst in Bologna die Kaiserkrone und die eiserne Krone der Lombardei hatte aufsetzen lassen, folgte er der Einladung des um Prestige besorgten Federico nach Mantua, um die Verleihung der Herzogswürde persönlich vornehmen zu können. Federico Gonzaga hatte sich die Bewirtung des hohen Gastes und den Titel einiges kosten lassen. Mailand wurde unter den als Markgrafen wiederhergestellten Sforza zunächst spanisches Protektorat, kam aber 1535 direkt unter kaiserlich-spanische Herrschaft und wurde fortan von Gouverneuren regiert.

Die Medici in Florenz und die Fürsten von Savoyen und Urbino wurden bestätigt, und die Este konnten nach Ferrara zurückkehren. Genua, das auf Seiten des päpstlichen Bundesheeres gestanden hatte, wurde, wie auch Pisa, vorübergehend spanisches Protektorat. Während Pisa dann – mit Karls Einverständnis – von Florenz annektiert und von den Medici dem neuen Großherzogtum Toskana einverleibt wurde, konnte Genua von Andrea Doria, der die gewaltige Flotte schon während des *sacco* in den Dienst der Habsburger gestellt hatte, den Spaniern abgekauft werden. Die Genueser Bankiers befaßten sich fortan mit dem spanischen Finanzmarkt, wodurch es ihnen gelingen sollte, nach dem Verlust der Niederlassungen und Kolonien am Schwarzen Meer und am Bosporus den Reichtum der Stadt zu retten und sogar zu vergrößern. Die Signorie Carrara und die Republik Lucca behielten ihre Selbständigkeit. Die zunächst ebenfalls eigenständige Republik Siena wurde um die Mitte des Jahrhunderts, als sie in den letzten Auseinandersetzungen zwischen Habsburg und Frankreich ihr Territorium den Franzosen und den Gegnern der Medici in Florenz als Operationsbasis zur Verfügung stellte, mit spanischer Hilfe von Florenz unterworfen und annektiert. Lediglich der Küstenstreifen blieb als »Festungsstaat« direkt in spanischer Hand.

Etwa zu der Zeit, als die kleine Republik Siena verschwand, entstand zugleich ein neuer Kleinstaat, zu dem Parma und Piacenza zusammengefaßt wurden. Der auf Clemens folgende Papst Paul III. konnte Karl V. dazu überreden, das Gebiet zwischen der spanischen Lombardei und der römischen Emilia seinem Sohn Pier Luigi Farnese als Herzogtum abzutreten.

Die Medici in Florenz waren in der Folge damit beschäftigt, in den unterworfenen Städten Zwingburgen zu errichten und Grenzfestungen anzulegen, ihr Territorium zu erweitern und zu sichern, ihren Staat, den sie fortan Großherzogtum Toskana nannten, zu zentralisieren und ihre dynastische Herrschaft zu festigen.

Der Medici in Rom, Papst Clemens VII., fuhr seinerseits damit fort, seine vom Kaiser bestätigte Macht im Kirchenstaat zu festigen und die zentrale Verwaltung zu straffen. Der »Befriedung« unruhiger Regionen dienten ebenfalls Zwingburgen, die vornehmlich in solchen Städten errichtet wurden, die in letzter Zeit durch Aufstände und Abgabenverweigerung von sich reden gemacht hatten. Von Antonio di Sangallo ließ Clemens in der Folgezeit die Festungen von Ascona, Fano und Ascoli erbauen. Mit dem autonom gebliebenen Venedig stritt er weiterhin um die Städte in ihrem Grenzgebiet, um Faenza, Ravenna und Rimini.

Als Hauptleute der päpstlichen Milizen konnten sich übrigens nach dem Frieden mit Karl auch die Gonzaga verdingen. Luigi »Rodomonte« führte u. a. im Auftrag des Papstes eine Strafexpedition gegen die Hafenstadt Ancona, die dem Papst die Zahlung der drastisch erhöhten Steuern verweigerte. Durch die Deckung von der neuen Festung her, die mit den Geldern der

Bürger selbst angeblich gegen die Türkengefahr, in Wahrheit aber als Zwingburg errichtet worden war, blieb jede Gegenwehr aussichtslos. Nach der Unterwerfung Anconas ersetzte Clemens, wie auch anderswo, den bürgerlichen Senat durch seine eigenen Statthalter, die päpstlichen Legaten. (27)

Das alte aragonesische Königreich Neapel und Sizilien, das von dem spanischen König erobert worden und nun ein Erbland der Habsburger geworden war, unterstand fortan unmittelbar der durch Vizekönige vertretenen spanischen Krone. Zeitweilig amtierte Ferrante Gonzaga, der jüngste Sohn Francescos und Isabella d'Estes, späterer Gouverneur der spanischen Lombardei mit Sitz in Mailand und Eigentümer der Signorie von Guastalla, als Vizekönig von Sizilien. (28)

Die Signorie von Guastalla gehörte wie die von Sabbioneta zu den Kleinstaaten an der Grenze der spanischen Lombardei und Mantuas zum päpstlichen Einflußgebiet. Im Unterschied zu den dortigen staatenähnlichen Ländereien u. a. der Colonna, die unter dem Zugriff des päpstlichen Zentralismus allmählich aufgelöst wurden, erfreuten sich die Baronien der Poebene besonderer Protektion. Der damals größte und wichtigste dieser Kleinstaaten war die Signorie von Sabbioneta, der die von Bòzzolo, Rivarolo fuori, Ostiano, Comessaggio und die Grafschaft Ròdigo angegliedert worden waren, und deren Erbschaft nach Ludovicos Tod Vespasiano Gonzaga antreten sollte.

Im 14. Jahrhundert noch hatte es, wie Toynbee bemerkt, allein in Mittelitalien mehr unabhängige Staaten gegeben, als 1934 in der ganzen Welt. Die hohe Zeit der Klein- und Kleinststaaten, von denen auf italienischem Boden bis heute einzig San Marino überlebt hat, war zu Vespasianos Zeiten aber schon vorüber. Nur dank der besonderen politischen Strategie Spaniens in dieser Region konnten sich die erwähnten Miniaturstaaten als anachronistische Gebilde halten und zu Vorläufern einer neuen Generation von halbautonomen Kleinstaaten werden, in die sich Italien im späten 16. und im 17. Jahrhundert aufteilte. Trotz ihrer minimalen Dimension konnte zu jener Zeit niemand es wagen, an sie zu rühren, ausgenommen der Kaiser oder der spanische König selbst. Daß dies geschehen konnte, zeigte sich, als der politisch unzuverlässige päpstliche Nepot Pier Luigi Farnese, Herzog des neugebildeten Kleinstaates Parma-Piacenza, bei einem Volksaufstand getötet wurde. Die Spanier, die der Herzog arglos zu Hilfe gerufen hatte, um einen Volksaufstand niederzuschlagen, kamen, wie sich später herausstellte, um den Farnese zu liquidieren. Drahtzieher dieser auch gegen den Papst gerichteten Aktion soll Ferrante Gonzaga von Guastalla gewesen sein.

Die wirtschaftliche Lage und die soziale Situation Italiens in den dreißiger Jahren des 16. Jahrhunderts

Karl hatte Italien politisch neu geordnet. Die Mächte, die von ihm bestätigt oder rehabilitiert worden waren, konnten sich in der Folgezeit konsolidieren. Die deutliche Hegemonie Spaniens sollte sich noch festigen. Die Stabilisierung der politischen Verhältnisse ließ das Land zwar geteilt, und Italien blieb auch weiterhin »bloß ein geographischer Begriff«, wie noch Metternich sagen konnte, doch war die allgemeine Beruhigung für eine Gesundung der Wirtschaft und das Zurückkehren einer gewissen Prosperität deutlich von Vorteil. Den meisten Menschen ist denn auch Spanien nach Jahrzehnten der Kriege, Verwüstungen und Hungersnöte als einziger Garant für Frieden und Ruhe erschienen. Auch bescheidener Wohlstand ließ nach den letzten Erfahrungen die fremde Bevormundung im allgemeinen in einem milden Licht erscheinen. So konnte der Historiker Scipione Ammirato allen empörten Patrioten entgegnen: Italien »erfuhr nicht die fürchterliche Unterdrückung, sondern lebt seit vielen Jahren glücklicher denn je«. (29)

Dies ist in der Tat nicht verwunderlich, wenn man sich die Belastungen vergegenwärtigt, die der fast permanente Kriegszustand besonders in der Lombardei für die Bevölkerung bedeutet hatte. Nicht nur die Kampfhandlungen hatten das Land verwüstet und eine Ernte nach der anderen vernichtet. Schlimmer noch waren die durchziehenden Heere, die oft ohne Sold ausschließlich von Plünderungen und Kontribution lebten. Ihnen folgten bewaffnete Banden ruinierter Bauern und verwilderter Deserteure. Die Hungersnöte waren von Seuchen begleitet. Ganze Landstriche waren verödet, die Bevölkerung ausgestorben oder geflohen, die Häuser verbrannt.

Nach landläufiger Meinung wurden nun diese Wunden, die der Krieg dem Land geschlagen hatte, deshalb besonders schmerzlich empfunden, weil sich Italien ohnehin in einer tiefen wirtschaftlichen Krise befunden habe. Dabei werden vor allem die schwindende Wirtschaftsmacht der oberitalienischen Stadtrepubliken und die Verlagerung des Gewürzhandels vom Mittelmeer an die Atlantikküsten angeführt.

In der Tat waren die oberitalienischen Städte die längste Zeit im Welthandel und im Kreditwesen führend gewesen. Die Fernhandelsverbindungen waren zwar nicht abgerissen, doch war Italien von der Eroberung des östlichen Mittelmeers durch die Türken und die auf die überseeischen Entdeckungen folgende Verlagerung der Wirtschaftszentren an die Atlantikküsten zwangsläufig am stärksten betroffen. Bereits Anfang des 16. Jahrhunderts begann sich der Schwerpunkt des Orienthandels von den italienischen Häfen an die Küsten des Atlantischen Ozeans zu verlagern. Der Landtransport der Gewürze zu den Levantehäfen und auf die italienischen Schiffe war durch Zölle belastet und höchst unsicher geworden. Die portugiesischen und spanischen Schiffe konnten sie zu günstigeren Preisen und in größeren Mengen anbieten. Auch das Kapital, mit dem nördlich der Alpen mit Wolle gehandelt und das Tuchgewerbe unterhalten wurde, war nicht mehr überwiegend italienisch, wie das im 13. und 14. Jahrhundert noch der Fall gewesen war.

Dennoch hatten diese langfristigen Entwicklungen nicht unmittelbar den Niedergang der italienischen Wirtschaft zur Folge. Von einer wirtschaftlichen Krise läßt sich genauer betrachtet erst zu Beginn des 17. Jahrhunderts sprechen, als im Mittelmeer englische und holländische Schiffe auftauchten, deren Piraterie und Handelskonkurrenz bedrohlich werden sollten. Vorerst jedoch kam Italien nicht zuletzt dank des politischen Schutzes einer Weltmacht in den Genuß einer Art Nachsommer, in dem die einstige Wirtschaftsblüte nach der Erholung von den Strapazen der Kriege nachwirkte, wenn auch ohne die Aussicht auf eine Erneuerung zu bieten. Die Bevölkerungszahl nahm trotz mehrfacher Epidemien wieder zu. Zweifellos begünstigt durch die politische Stabilität unter der spanischen Hegemonie und ermöglicht durch den aufblühenden atlantischen Handel und durch die von den massiven Silberimporten ausgelöste Geldvermehrung konnten wirtschaftliche Reserven des Landes mobilisiert werden, so daß auch Italien an dem Aufstieg des atlantischen Europa zur führenden Weltmacht Anteil hatte. (30)

Die Republik Venedig besaß noch genügend Vitalität, um trotz des doppelten Drucks von den Osmanen und den Habsburgern, die u. a. die dalmatinische Seeräuberei gegen Venedig gewähren ließen, durch Anpassung an veränderte Märkte, Umstellungen von Handel auf Gewerbe und Landkäufe in der Terraferma den Wohlstand zu erhalten. Sogar die alte Gewürzstraße durch das Mittelmeer und das Rote Meer, die man längst aufgegeben hatte, wurde zwischen 1550 und 1570 wieder stark befahren. Stadt und Land erlebten einen ungeheuren Bauboom, der Venedig erst das prächtige Aussehen verlieh, das wir kennen.

Der Stadtstaat Genua konnte, nachdem er unter der Führung Andrea Dorias als erster im Duell zwischen Frankreich und Habsburg eindeutig Stellung bezogen hatte, aus der neuen politischen Situation uneingeschränkt Nutzen ziehen. Die ligurische Hafenstadt profitierte vom spanischen Engagement in den französischen Religionskriegen ebenso wie von den Auseinandersetzungen in den spanischen Niederlanden. Sie wurde zeitweise neben Sevilla Ziel der spanischen Silber-Galeonen. Die geographische Lage und die langjährige Beteiligung am spanischen Wirtschaftsleben hatten Genua für diese Rolle des Stützpunktes und der Finanzdrehscheibe Spaniens prädestiniert.

Die Genueser Geschäftsleute streckten der spanischen Krone zur Finanzierung der kostspieligen Kriege große Kapitalien in Erwartung der Silberschiffe vor, bei deren Eintreffen regelmäßig hohe Zinsen fällig wurden. Für die Deckung der Risiken erhielten die Bankiers Grundbesitz vor allem in Süditalien, Steuerpachten, Gerichtsrechte und hohe Verwaltungsämter in Spanien und Neapel. In den Jahren der niederländisch-flandrischen Freiheitskriege, die den Niedergang Antwerpens zur Folge hatten, war Genua wichtigstes internationales Finanzzentrum und größter zentraler Devisenumschlagplatz. Gegen die Risiken und die hohe Verschuldung der spanischen Krone, die seit 1557 zu wiederholten Staatsbankrotten zwang, wußten sich die Genueser besser zu schützen, als die Augsburger und die Antwerpener Bankhäuser.

Die Genueser Geschäftsleute besaßen ein Wollhandels- und ein Seifenmonopol. Auch kleinere Gewerbezweige wie die Papierherstellung oder die Korallenverarbeitung konnten von der Hochkonjunktur profitieren. In erster Linie aber kam die Wirtschaftsblüte der aus den alten Adelsfamilien bestehenden Finanzoligarchie zugute, die seit dem Staatsstreich Andrea Dorias 1528 die Stadt auch politisch fest in der Hand hatte. Hinter der republikanischen Verfassung verbarg sich faktisch eine Alleinherrschaft des Dogen Doria. Eine mit französischer Hilfe von den Fieschi geplante Verschwörung, die zu einem Volksaufstand führte, wurde niedergeschlagen und bot dem unerbittlichen Doria eine willkommene Gelegenheit, seine Herrschaft über die Stadt zu festigen, die einer privaten Firmenleitung eher gleichkam als einer Regierung.

Florenz, das unter Cosimo de' Medici sein Staatsgebiet um Siena und dessen Territorium vergrößern konnte, erreichte beinahe die heutige Ausdehnung der Toskana, ausgenommen nur die Republik Lucca, das Herzogtum Massa Carrara unter der Familie der Cybo und die Küstenstädte des spanischen »Festungsstaates«. Mit einer immer mächtiger werdenden zentralen Bürokratie an der Spitze wurde das Land in einen homogenen Staat mit etlichen Subzentren umgeformt. Bis zum Ausgang des 16. Jahrhunderts hat sich Florenz von einem ehemals bedeutenden Handels- und Gewerbezentrum in eine prächtige, allerdings in ihrer wirtschaftlichen Dynamik erstarrte Residenzstadt von Grundeigentümern und Bürokraten verwandelt. (31)

Bis die Wirtschaftskrise am Beginn des 17. Jahrhunderts manifest wurde, blieben der Seidenexport und die über Lyon abgewickelten Finanzgeschäfte beträchtlich, doch Saturierung und Stagnation zeichneten sich auf vielen Gebieten ab. Der Anteil der Beamten und der unproduktiven Berufe wuchs erheblich. Die Heiratsverbindungen der Medici zum französischen Hof ließ viele Florentiner nach Paris emigrieren und zu französischen Beamten oder Höflingen werden. Die zunehmende Konzentration des toskanischen Grundbesitzes in den Händen der wenigen Patrizier, der ehemaligen Kaufmannsfamilien, hatte in Verbindung mit dem Pachtsystem eine Vernachlässigung und Stagnation der Landwirtschaft und eine wachsende Verarmung der Landbevölkerung zur Folge. Wirtschaftliche Dynamik entfaltete jedoch die Hafenstadt Livorno, die in den 80er Jahren des 16. Jahrhunderts zu einem der wichtigsten Mittelmeerhäfen aufstieg. Mit modernen Hafen- und Festungsanlagen ausgestattet und zum Freihafen erklärt (vergleichbar mit Tanger oder Hongkong drei Jahrhunderte später), erlebte sie einen enormen Bevölkerungszustrom, von spanischen Juden ebenso wie von Byzantinern, Engländern, Holländern und Franzosen. Livorno wurde von Schiffen aller Herren Länder angelaufen. Holländische und englische Piraten und Preisbrecher sollten ihren wirtschaftlichen Aufschwung zu einem zentralen Warenumschlagplatz des Mittelmeerraumes im 17. Jahrhundert fortsetzen.

Rom wird im 16. Jahrhundert zum Mittelpunkt eines erneuerten Katholizismus der Gegenreformation und eines vergrößerten Kirchenstaates, der während der Einziehung Ferraras zeitweise bis an den Unterlauf des Po reichte. Ein ungeahnter Bauboom, dem ganze Stadtteile des mittelalterlich-antiken, des »malerischen« Rom zum Opfer fielen, veränderte das Erscheinungsbild der Stadt in gravierender Weise. Das für den verschwenderischen Lebensstil und das Baufieber der Kirchenfürsten benötigte Geld wurde dem Land mit Hilfe einer zentralisierten und gestrafften Verwaltung und ihrer gefürchteten Exekutive geradezu ausgepreßt. Die durch den wachsenden Steuerdruck verschuldete Verarmung der kleineren Bauern, die Gegenwehr des Adels, Hungersnöte und Bandenunwesen begannen die Wirtschaftskraft des Kirchenstaates allmählich zu unterminieren. Die Anstrengungen Sixtus' V. zur Wirtschaftsförderung des Landes u. a. durch die Trockenlegung der Pontinischen Sümpfe blieben großenteils wegen der Besitzverhältnisse und der Entvölkerung einiger Gebiete wirkungslos. In anderen Teilen aber, vor allem in der Region der Emilia nahe der Poebene und in der um Bologna entwickelte sich nach den Kriegsverheerungen eine blühende Landwirtschaft und Industrie. Gegen Ende des 16. Jahrhunderts allerdings wurden die Anzeichen der Krise unübersehbar.

Wie überall in Italien begann sich auch der Süden nach den Verwüstungen der Kriege zu erholen. Die spanischen Besitzungen Neapel und Sizilien erlebten einen Aufschwung der Wirtschaft vor allem als Getreide exportierende Länder, aber auch in Handel und Gewerbe, für den der Bauboom und die Bevölkerungsexplosion in Neapel einen Gradmesser bieten: Der allgemeine Preisanstieg trug auch hier wirtschaftliche Früchte. Aber auch hier muß man von einer Art »Nachsommer« sprechen, von einer bloßen Frist, deren Ablauf am Ausgang des 16. Jahrhunderts sichtbar wird. Bereits im letzten Viertel des 16. Jahrhunderts mehrten sich die Anzeichen einer dauernden Verschlechterung.

Die Lombardei endlich, die unter den Kriegen am stärksten gelitten hatte, erhielt unter der spanischen Hegemonie besonderen Auftrieb. Die fruchtbare Poebene hatte sie schon vorher zur landwirtschaftlich ergiebigsten und gesündesten Region Italiens gemacht. Die politisch prekäre geographische Lage zwischen den Einflußsphären der Franzosen und Habsburger wurde dem Land nach der politischen Stabilisierung zum Vorteil für den Aufschwung auch des Handels und Gewerbes. Mailand wurde zum

Finanzplatz und zur Residenz der Genueser Bankiers. Die traditionellen Gewerbe wie Seiden- und Wollproduktion, Metallverarbeitung und Tuchindustrie erreichten ihren Höhepunkt. Die wohlhabende aristokratische Oberschicht aktivierte vor allem die Papierindustrie und das Buchgewerbe, aber auch die Teppich-, die Glas- und Porzellanmanufaktur und die Waffenindustrie. Die Förderung derartiger Produktionszweige der Luxusartikelindustrie gehorchte primär den Bedürfnissen des ansässigen Adels. Dem Massenbedürfnis und der häufig wechselnden Mode dagegen entsprach die industrielle Fertigung billigen Tuches. Da Produktion und Absatz des zünftigen Handwerks begrenzt waren, wurde die Tuchindustrie Norditaliens ebenso wie die der Niederlande und Englands auch zur expansiven Exportbranche. Piacenza löste Besançon als wichtigsten Messeplatz ab.

Zwischen 1540 und 1590 konnte Mantua in besonderem Maße an der expansiven Wirtschaftsmacht Mailands und Venetiens partizipieren, die zum Niedergang der toskanischen Wirtschaft gegenläufig war. Die vor allem auf der Textilindustrie basierende neue Prosperität Venedigs beeinflußte das Herzogtum Mantua günstig. Es hatte eine intensive Handelstätigkeit zu verzeichnen, exportierte Leinentuch in die Länder der Levante, und erfreute sich einer Blüte des Handwerks, insbesondere wiederum der Weberei.

Die Region profitierte von einer durchgreifenden Reform der Landwirtschaft und des ländlichen Siedlungswesens. In diese Zeit fallen eine Reihe von verwaltungstechnischen und raumordnungspolitischen Initiativen. Mit einer allgemeinen Verwaltungsreform, die sich vornehmlich auf die Verbesserung der staatlichen Kontrollinstrumente richtete, die Straffung des Steuerwesens und eine effizientere Zollbehörde zum Ziel hatte, ging eine Restrukturierung ländlicher Zentren einher, die unter der Leitung von Ercole und Ferrante Gonzaga zumeist in Eigeninitiative der Barone begonnen und unter der Regierung Herzog Guglielmos fortgesetzt wurden. Ländliche Zentren wurden mit infrastrukturellen Einrichtungen ausgestattet, wie großen Plätzen für Vieh- und Wochenmärkte, Monti di pietà (Pfandhäusern) und Monti di grani (für die monopolisierte Getreideversorgung in Notzeiten). Zu den wichtigsten Maßnahmen zählten auch die Verbesserungen des Straßennetzes und die Vereinheitlichung der Siedlungsstrukturen sowie die Errichtung von Befestigungsmauern. Einige Orte wie Gazzuolo und Pomponesco wurden als Zollhäfen für die Flußschiffahrt ausgebaut, andere wie Sabbioneta und Guastalla als Bollwerke der Grenze ausgerüstet. Sabbioneta, das auch zum Verwaltungszentrum reussierte, bildet das eklatanteste Beispiel dieser artifiziellen Raumplanung, die im Verein mit anderen Reformen dazu beitrug, daß die Lombardei die am besten verwaltete Region Italiens werden konnte. (32)

Aus heutiger Sicht muß man freilich betonen, daß die Reformen in dem restriktiven Rahmen, der ihnen durch die soziale Ordnung gesteckt war, keine Dynamisierung der Strukturen bewirken konnten und auch gar nicht sollten. Bodenverbesserung, Einführung neuer Techniken und Kulturen dienten letztlich der Erhöhung der indirekten Steuereinnahmen und waren intendiert als Maßnahmen zur Stabilisierung der Grundrente, deren Institutionen wie Steuerbefreiung der Grundbesitzer, Fideikommiß und *manus mortua*, durch deren Bestimmungen der Boden unveräußerbar war, nicht tangiert werden sollten.

Entscheidend für die politische Macht blieb der Großgrundbesitz. Vor allem die adligen Grundeigentümer bildeten nach wie vor die Machtelite der Lombardei. Sie hielten die wichtigsten staatlichen Positionen besetzt und vermochten den Zugang zu ihnen den Kaufleuten und Neureichen erfolgreich zu verwehren. Dem außerordentlichen durch Einkünfte aus hohen Ämtern in der Gouvernementsverwaltung und im spanischen Militär vermehrten Reichtum der lombardischen Barone kommt in jener Zeit in Italien nichts gleich.

Wie auch anderswo in Europa vollzogen sich in jener Zeit gewisse Veränderungen im strukturellen Gefüge der Wirtschaftsorganisation. Dem städtischen Gewerbe erwuchs Konkurrenz in Unternehmen, die es verstanden, die zünftischen Verordnungen und die lokalen Privilegien zu umgehen. Mit dem politischen Niedergang der Städte konnte sich neben ihrer gebundenen Wirtschaft das Manufaktur- und Verlagswesen entwickeln, das als Organisation der Heimarbeit auf der ländlichen Hauswirtschaft basierte. Die Fabriken und Verlage nutzten die verstärkte Nachfrage nach billigen Massenprodukten und fanden in der massenhaft verarmten Landbevölkerung billige und rechtlich schutzlose Arbeitskräfte. Zünftische Sonderrechte wichen allgemeinem Recht, nach dem jeder Arbeitgeber mit jedem Arbeitnehmer »freie« Vereinbarungen treffen kann. Mit leichtem Rückstand hinter England und etwa gleichzeitig mit Frankreich begann sich auf dieser sozialen und rechtlichen Grundlage auch in Italien die Industrialisierung der Hauptgewerbezweige der Woll-, Leinen- und Seidenweberei zu entwickeln, die Marmor- und Glasindustrie sowie der Bergbau, u. a. auch der zur Tuchindustrie benötigte Alaunabbau.

Auf dem Land wurde die feudale Grundherrschaft zunehmend durch das Pachtsystem abgelöst. Zwischen die adligen Großgrundbesitzer und die Bauern trat die Schicht der Pächter, die auf den Latifundien nicht nur den Steuerdruck nach unten weitergaben, sondern als gewinnorientierte Unternehmer auch bestrebt waren, ihre Pacht möglichst hoch zu verzinsen. Die traditionellen Halbpachthöfe verschwanden zusehends. Viele der Bauern wurden zu lebenslangen Schuldnern einer neuen Herrenschicht, die am Land und seinen Bewohnern nur noch ein abstraktes Interesse besaß, denn wo das Kapital sich in der Landwirtschaft nicht mehr ausreichend verzinste, weil der Boden durch Raubbau ausgelaugt war, konnte es abgezogen und anderswo investiert werden.

Derartige Umstrukturierungen in den Städten und auf dem Land haben die Ausbildung einer bürgerlichen Schicht von Pächtern und Industriellen oder Verlegern ermöglicht, die in Italien allerdings – von den Signori verachtet – die festgefügte Sozialstruktur nach oben hin nicht aufweichen, sondern lediglich nach unten hin in Bewegung bringen konnten, insofern als sie die Verarmung und Proletarisierung der kleinen Bauern und der städtischen Kleinbürger, der Handwerker und Kleinkrämer beschleunigen halfen.

Während die durch den lukrativen Überseehandel und die Preisrevolution entfachte Wirtschaftseuphorie in den meisten Ländern Westeuropas das Gefüge der herkömmlichen Sozialordnung zutiefst erschüttern konnte, blieben in Italien die überkommenen Strukturen erstaunlich stabil. Die Kluft zwischen den Reichen und Armen wurde hier nicht durch den Aufstieg und die Etablierung eines breiten Mittelstandes überbrückt, sondern eher noch vertieft. Die Bemühungen der obersten Schicht der Aristokraten, ihre Privilegien zu sichern und die Durchlässigkeit der Sozialordnung auf die ganz Reichen zu beschränken, wurden im 16. Jahrhundert wieder verstärkt. Die politischen Ämter wurden ausschließliches Privileg einer schmalen Elite vermögender und untereinander vielfach verschwägerter Adelsfamilien. In den spanisch besetzten Gebieten wurden die Ständevertretungen unterdrückt. Das Signum der wirtschaftlichen Strukturverschiebungen in Italien sind die Konzentration des Reichtums, die Verhärtung der sozialen Antagonismen und die Restaurierung des feudalen Verhältnisses von Baronen, Hintersassen und Bauern.

Auf die Verbreitung der Armut, die wachsende Zahl von Bettlern und Banditen in vielen Regionen pflegten die Regierungen im allgemeinen mit Ordnungsmaßnahmen zu reagieren. Anders aber als etwa im Kirchenstaat und im Süden des Landes, pflegten Landesherren und Adel der Lombardei die feudale Tradition, Armut durch Mildtätigkeit und Stiftungen zu lindern und die Gründung karitativer Orden zu fördern. Wie später der in Manzonis Roman »Die Verlobten« erwähnte, wegen seiner Barmherzigkeit und Aufopferung als heilig verehrte Kardinal Borromeo befleißigte sich der lombardische Adel in großer Zahl einer mit patriarchalischer Strenge gepaarten Hilfsbereitschaft und finanzieller Großzügigkeit. Auch Vespasiano Gonzaga stand in dem Ruf, die Kirche vor allem in ihrem sozialen Auftrag bei der Fürsorge der Armen und der Krankenpflege großzügig zu unterstützen und war bestrebt, beim Volk wie sein Großvater Ludovico das Ansehen eines *padre* zu erlangen.

2. Der Gründer

Vespasianos Kindheit und Jugend

Luigi »Rodomontes« Frau war eine Colonna. Ariost rühmt in seinem »Orlando furioso« die Treue, in der Isabella Colonna trotz mannigfacher Bedrohungen ihrer Liebe zu Luigi gehalten hat, und den Mut, mit dem sie die schon 1528 heimlich vollzogene Heirat gegen den Willen des ihrer Familie feindlich gesonnenen Clemens durchsetzte. (33) Am 6. Dezember 1531, im Jahr der offiziellen Trauung, brachte sie in Fondi einen Sohn zur Welt, den sie nach seinem Großvater Vespasiano nannte. In Fondi, einem schönen mittelalterlichen Städtchen, auf den Fundamenten und mit dem Grundriß eines römischen *castrum*, an der Grenze Neapels zum Kirchenstaat, verlebte Vespasiano die ersten zehn Jahre seines Lebens. (34)

Nach dem Tod Luigis wurde Isabella von ihren Verwandten Kardinal Ercole und Ferrante Gonzaga bedrängt, sich wieder zu verheiraten. Sie ehelichte den ehemaligen Vizekönig von Neapel und kaiserlichen General Filippo di Lanoja, Principe von Sulmona. Ercole und Ferrante waren es auch, die Isabella drängten, ihren Sohn zur Erziehung in die Obhut seiner Tante Giulia Gonzaga zu geben, die als zweite Frau Vespasiano Colonnas ebenfalls in Fondi lebte. Unter Giulias Leitung wurde Vespasiano »unterwiesen in den Formen gesellschaftlichen Umgangs, der Kunst herrschaftlichen Auftretens, der griechischen und lateinischen Sprache sowie im Führen von Pferden und Waffen«. (35)

Der Genuß einer höheren oder überhaupt einer Schulbildung war damals selbst in Italien auch in gehobenen Kreisen durchaus keine Selbstverständlichkeit. Die Kinder adliger Familien wurden wohl in Belangen »höfischer Ehre« erzogen, doch eine humanistische Schulbildung galt als Privileg, dessen Vespasiano

u. a. deshalb teilhaftig wurde, weil ihn Ercole und Ferrante, die vorerst seine Güter kommissarisch verwalteten, für eine wichtige Rolle für die Belange der Gonzaga und in der habsburgisch-spanischen Italienpolitik ausersehen hatten, auf die er durch eine gute Erziehung sorgfältig vorbereitet werden sollte.

Giulia Gonzaga, Herzogin von Traietto und Gräfin von Fondi, galt übrigens als die schönste Frau Italiens. (36) Sie war zudem außerordentlich geistvoll, und in ihren Salons traf sich die elegante Welt und die Intelligenz Neapels. Vespasiano mag schon in jungen Jahren von ihrem gebildeten Umgang, von den intellektuellen Interessen ihrer Freunde und von deren Ideen beeindruckt gewesen sein, die von reformatorischem und humanistischem Gedankengut und vom dunklen Platonismus geprägt waren, »der damals die Philosophie der zarten Seelen war« (Stendhal).

Giulia verfocht – wie Vittoria Colonna bis zu ihrer pietistischen Einkehr nach dem Tod ihres Gatten Pescara – Ideen der Reformation, wenn man auch von einer »Reformation« wie in Deutschland nicht sprechen kann. Das reformatorische Prophetentum war bereits nach dem 5. Laterankonzil von 1516 fast vollständig abgeebbt. Die anschließenden gemäßigten und nicht eschatologischen italienischen Reformversuche blieben Bewegungen innerhalb der katholischen etablierten Kirche. Die Anhängerschaft der italienischen Reformatoren im Volk und vor allem in der Intelligenz speziell der Aristokraten besaß auch nicht die Absicht, die katholische Kirche zu verlassen oder zu bekämpfen. Im Volk fanden vor allem die Forderungen nach mehr Unmittelbarkeit im Verständnis der Glaubensinhalte starkes Echo, während in der aristokratischen Intelligenz sich reformatorische Ideen mit den alten ghibellinischen Ideen zusammenfanden. Hier war es der monarchische Anspruch des Papstes, der vor allem Anstoß erregte, hatte doch das Priesterkönigtum der Riario, Borgia, Rovere und der Medici stets auf der Vernichtung der Kleintyrannen und Barone Mittelitaliens aufgebaut.

Auch in Polen, Ungarn, Österreich, Frankreich, Deutschland und in den Niederlanden waren die ersten protestantischen Gemeinden nicht zufällig auf Adelssitzen außerhalb der Städte entstanden. Die Reformation versprach eine Verminderung des kirchlichen Einflusses, eventuell eine Bereicherung durch säkularisierte Güter, und man erwartete von ihr eine Stärkung der Teilautonomie und der Sicherung der Privilegien gegenüber den fürstlichen oder königlichen Zentralisierungsbemühungen. Reformatorische Bewegungen erlangten denn auch politische Brisanz überall dort, wo sich der Adel durch den Frühabsolutismus bedroht sah und sich zu einer ständischen Bewegung formieren konnte. Die Reformation begleitet den Kampf zwischen Adel und Fürsten bis ins 17. Jahrhundert hinein.

Die Orientierung der italienischen Adelshöfe, an denen sich protestantische Zirkel formierten, harmonierte wie die anfängliche Orientierung an den Habsburgern mit dem Wunsch und Anspruch, alte Reichsprivilegien zurückzugewinnen und eine gewisse Teilautonomie gegenüber den italienischen Territorialfürsten, vor allem gegenüber dem Papst bewahren zu können. Doch konnten die italienischen Reformationsbestrebungen unter den wachsamen Augen der aus Spanien importierten Inquisition letztlich nicht zur politischen Kraft werden wie in Deutschland.

In Italien trug die reformatorische Bewegung von Anfang an einen vergleichsweise sublimierten Charakter. Die Zirkel waren zwar keine mönchisch-scholastischen Exerzitien, aber so etwas wie vom humanistischen Geist beseelte literarische Vereinigungen mit einer gewissen religiösen Färbung. Die Grundansicht der »Evangelienbewegung« bildete die »Lehre von der Rechtfertigung« jenseits aller äußerlichen Anstrengung. Hierin läge der Sinn des Evangeliums, des Opfers Jesu. Man polemisierte gegen das Fasten, das dauernde Beten, die Beichte, teilweise gegen den Priesterstand selber, gegen bloße »Werkfrömmigkeit« und alles zeremonielle »Brimborium«, gegen jeglichen Dogmatismus der Lehre sowie gegen die Verweltlichung der Kirche und ihre Institutionalisierung im päpstlichen Priesterkönigtum. »Rechtfertigung« war ihrer transzendentalen Auffassung gemäß allein und immer schon gegeben durch die göttliche Gnade. Der auch den Kern der lutherischen Reformation ausmachende Versuch einer Befreiung der göttlichen Liebe von allen menschlichen Anteilen und damit von allen Unsicherheiten, konnte vor allem dem einfachen Volk und der Mittelschicht einleuchten. Der Gott der Evangelienbewegung war nicht der strafende Gott des Mittelalters, sondern der Gott der Liebe, der einem beim Beten nicht ständig erschreckte.

Nach dem *sacco di Roma*, das als Mahnung an die Christenheit erlebt wurde, kam ein anderer Grundtenor der Bewegung stärker zum Tragen, nämlich die Sorge um die Einheit und Glaubwürdigkeit des Christentums, deren Sicherung der verbreiteten Ansicht zufolge nur durch Reinigung von korrumpierenden Äußerlichkeiten und nach Ansicht vieler Intellektueller nur auf der Basis einer undogmatischen und toleranten Kirche möglich war. Der Schock des *sacco* führte aber bei empfindsamen Seelen auch zu Schuldgefühlen, durch die heidnischen Exzesse humanistischer Interessen dieses göttliche Strafgericht mit herbeigeführt zu haben, so daß pietistische Einkehr und mystische Versenkung keine Seltenheit waren und sich die Grenze zwischen Reformation und Gegenreformation zuweilen verwischte. (37)

Anhänger hatte die »Evangelienbewegung« in vielen Städten Italiens, insbesondere aber in Neapel, wo diese Lehren vor allem von dem Spanier Juan Valdéz verbreitet wurden, einem Sekretär des Vizekönigs. Die Tendenz des Valdéz war nicht allein theologisch, sondern brachte allgemein eine liberale Anschauung zum Ausdruck. Bei dem Adel und den Gelehrten von Neapel hatte er außerordentlichen Einfluß. Lebhaften Anteil an dieser Bewegung nahmen die Frauen der Gesellschaft, u. a. Vittoria Colonna, die ihren Palast für teilweise heimliche Versammlungen der Liberalen und Kirchenreformer um Reginald Poole, Contarini, Valdéz, Bernardo Occhino zur Verfügung stellte. Überhaupt war das Haus Colonna, namentlich aber Vespasiano Colonna und seine Frau Giulia, dieser Bewegung gewogen. Das Reformtraktat des Valdéz, sein »Alfabeto Cristiano« war Giulia gewidmet. (38)

1540 hielten Ferrante und sein Bruder Ercole die Zeit für gekommen, ihren wichtigen Schützling zur weiteren Erziehung an den kaiserlichen Hof nach Spanien zu schicken. Seine geliebte Tante verlassen zu müssen, mag den gerade neunjährigen Vespasiano nicht weniger geschmerzt haben, als der Tod seines Großvaters Ludovico im selben Jahr. Er läßt in dieser Situation an Stendhals Fabrizio del Dongo in der »Kartause von Parma« denken, der Tränen um die schönen Salons seiner Tante Giulia weinte, doch mußte Vespasiano nicht in »das furchterregende Schloß, das die kriegerischsten seiner Vorfahren gebaut hatten«, zurückkehren, sondern ihn erwartete die glänzende Welt des Hofes.

Vor seiner Abreise nach Valladolid hatte Vespasiano erstmals Gelegenheit, sich – wenn auch nur für kurze Zeit – in Sabbioneta aufzuhalten, um das Erbe Ludovicos anzutreten und sich seinen Untertanen zu präsentieren. In Mantua besuchte er den erst zwölf Jahre alten Herzog Francesco III. Gonzaga und seinen eigenen Vormund Kardinal Ercole, der sich auch in Zukunft gemeinsam mit Ferrante um die Regierungsgeschäfte in Sabbioneta kümmern wollte. Auf dem Weg nach Spanien machte er dem Farnese Papst Paul III. seine Aufwartung und reiste dann von Civitavechia an den Hof Kaiser Karls, an dem er als Page des damals siebzehnjährigen Infanten Philipp aufgenommen wurde. An Mutters Stelle hatte die schöne und geistvolle Tante Giulia gestanden; an Vaters Statt traten nun der Kaiser und später der Herzog von Alba. An die Stelle eigener Geschwister traten die Infanten Philipp und Ferdinand. Als Ehrenpage Philipps lebte Vespasiano nicht nur äußerst vornehm und ständig in unmittelbarer Nähe der gekrönten Häupter, sondern auch gefährlich, war es doch geschehen, daß ein Page getötet wurde, weil er es gewagt hatte, die Hand gegen den Infanten zu erheben.

Am Hof der Habsburger, die zu jener Zeit den Gipfel ihrer Macht erklommen und Valladolid zum Mittelpunkt der damaligen Welt gemacht hatten, blieb Vespasiano drei Jahre. Zur schulischen Ausbildung kam hier die zum Soldaten und Militärstrategen hinzu. Er lernte, wie es in der Chronik heißt, den Umgang mit angewandter Mathematik. Vespasiano gewann die Sympathie des Kaisers und die Freundschaft seines Sohnes Philipp.

Ende 1548 schiffte er sich im Gefolge des Prinzen nach Genua ein, wo er für einen Abstecher nach Sabbioneta beurlaubt wurde, während Philipp in Mailand blieb, um als Nachfolger Karls die Huldigungen der italienischen Granden entgegenzunehmen. Vespasiano durfte ihn dann nach Deutschland und an den kaiserlichen Hof in Brüssel begleiten, von wo aus Philipp neun Monate lang die Niederlande bereiste, als letzte Station seiner großen »Rundreise« durch die europäischen Besitzungen, deren Erbe er geworden war.

Während Philipp seine Informations- und Propagandareise fortsetzte, kehrte Vespasiano 1549 vorzeitig nach Italien zurück, um sich seinerseits einige Zeit in Mailand aufzuhalten, am lebhaften Hof des Gouverneurs. Auf einem der zahlreichen Galabälle der Gesellschaft stellte Giulia Gonzaga dem damals achtzehnjährigen kaiserlichen Offizier eine junge Dame vor, die Tochter des Don Antonio Cardona: Diana Folch de Cardona y de Luna, die Marchesa von Giuliana und Contessa von Chiusa, eine schöne und sehr stolze Frau. Diana verliebte sich in den gutaussehenden jungen Mann, und die beiden ließen sich gegen den vorläufigen Einspruch des Papstes »heimlich« vermählen, wie es heißt. Die offizielle Trauung konnte aber noch im selben Jahr nachgeholt werden, in der Zitadelle von Piacenza, das damals wie Mailand unter kaiserlich-spanischer Oberhoheit stand.

Mit dieser Heirat gelangte Vespasiano in den Besitz einiger benachbarter Ländereien auf Sizilien, deren Rendite sicher nicht unerheblich gewesen ist. (39) Fortan war er auch berechtigt, den Titel des Signore von Sabbioneta zu führen. Die Cardona waren eine ursprünglich spanische Familie, die mit den Aragonen nach Italien gekommen war und in Neapel zum Hochadel gehörte. Diana war die Tochter des ehemaligen Führers der spanischen Truppen in Italien und Vizekönigs von Neapel Don Ramon de Cardona. (40) Sie sollte nun mit ihrem Hofstaat die Roccaforte von Sabbioneta beziehen. Im Frühling des Jahres 1550 trafen die Frischvermählten in Sabbioneta ein.

Die Signori von Sabbioneta

Für Vespasiano begann nun das Leben eines souveränen Kleinfürsten und hohen Offiziers der spanischen Krone mit seinen vielfältigen Rechten und Pflichten. Für seine Frau Diana galt es, der vorerst nur von zahllosen Dienern und Wachen bewohnten Residenz ein wenig gesellschaftliches Leben und höfischen Glanz zu verleihen. Die zahlreichen Räume der gewaltigen und etwas düsteren Burg mochten recht großzügig gewesen sein. Doch was die Gesellschaft der kleinen verschlafenen Ortschaft Capo della Volpe mit einigen hundert Einwohnern an Möglichkeiten der Unterhaltung bot, nahm sich wohl bescheiden aus.

Zerstreuung gab es in den benachbarten Städten und an den Höfen der Gonzaga in Mantua und Mailand, in Bòzzolo und in Gazzuolo, wo Pirro Gonzaga mit seiner Gemahlin Camilla Bentivoglio residierte. Doch im großen und ganzen mag es ein geruhsames Landleben gewesen sein, was Diana in Sabbioneta erwartete. Und wenn sie ein tatenfrohes Temperament besaß und an laute Geselligkeit gewöhnt war, mochte sie die Monotonie des neuen Lebens bald ermüdend gefunden haben, zumal der Gatte häufig abwesend sein mußte. Ein Wechsel in einen Ort wie Sabbioneta, der ihr im Vergleich zum lebenslustigen Neapel wie eine Gruft vorgekommen sein mag, konnte wohl einer Verbannung gleichkommen.

Die erste Zeit wird sie einer Reihe von Familien vorgestellt worden sein. Die bedeutendsten Sabbionetaner Familien, die Ruggeri, die Dondi, die Sforza Foglioni, die Faroldi, die Vigna, die Zuccari, die Bonfatti, die Cavalli, Pasquali, Amici, Bosi, Mori, Agosta, Rodolfini – Großgrundbesitzer und Regierungsbeamte, Notare, Priester oder Hauptleute am Hof Vespasianos – lebten in kleinen, patriarchalischen Verhältnissen. Zu ihrer neuen Umgebung zählten immerhin einige gelehrte Männer, die neben dem Lautenunterricht und anderem kultivierten Zeitvertreib, der edlen Frauen geziemte, für das Vergnügen gebildeter Konversation sorgen konnten: so der Gräzist Antonio Gravino, der Jurist Giulio Faroldi, der Chronist Vespasianos, Gianmichele

Bruto, der Vespasiano seinen Traktat »Della Restauratione d'Italia« widmete, der unveröffentlicht geblieben ist. Eine gewisse Berühmtheit genoß Scipio Ammirato, Autor von Theaterstücken und Annalen. (41)

Vespasiano wurde im selben Jahr von einer langen, schweren Krankheit heimgesucht. Nach seiner Genesung 1551 reiste er pflichtgemäß mit einer Eskorte aus Adligen dem Prinzen Philipp entgegen, der von Flandern aus nach Italien eilte, weil im Mittelmeer ein neuer Krieg mit den Türken ausgebrochen war, der für Spanien einen schlechten Verlauf nehmen sollte. Vespasiano begleitete Philipp zu Schiff von Genua bis Neapel. Dort wartete er drei Monate lang auf einen Einsatzbefehl. Dann kehrte er nach Sabbioneta zurück, nicht ohne vorher seine Mutter und seine Tante in Fondi zu besuchen. Kurz darauf folgte er einer Order nach Innsbruck, wo ihm der Kaiser das Kommando über eine Truppe von 400 Mann leichter Kavallerie übertrug, die in Piemont stationiert war und auf den Einsatz gegen den französischen König Heinrich II. wartete, der dem Kaiser erneut den Krieg erklärt hatte. Mit dieser Truppe, die ihm in Italien von Ferrante Gonzaga, dem derzeitigen Generalhauptmann der Streitkräfte in Italien, übergeben wurde, zog Vespasiano 1552 in den Krieg, der auch das folgende Jahr andauerte. Unter seinen Mitstreitern befand sich auch der Hauptmann der Kavallerie Filippo di Lanoja, der zweite Ehemann Isabellas, Vespasianos Stiefvater also.

Mit seinen zwanzig Jahren zeichnete sich Vespasiano, wie es in einer Vita (mit vielleicht unvermeidlichem Lob) heißt, bereits als kluger militärischer Stratege aus, so daß er als *consigliere da guerra* geschätzt wurde. Mit dem Frieden, dessen Bedingungen Karl diktieren konnte, verzichtete Frankreich zum wiederholten Male auf seine Gebietsansprüche in Italien und Burgund, wenngleich auch diesmal der Rückzug nicht von Dauer bleiben sollte. Mit dieser erfolgreichen Aktion hatte die militärische Laufbahn Vespasianos bereits einen ersten Höhepunkt erreicht, da er kurz darauf zum Generalhauptmann der kaiserlichen Truppen in Italien ernannt wurde.

Er gehörte zu einer Generation von *capitani*, die nicht mehr dem traditionellen Typus des Condottiere entsprachen, auch wenn sie sich noch so nannten und gerne als Ritter stilisierten. Es war nicht mehr möglich, Truppen und Pferde als »Kriegskapital« schonend und gewinnbringend einzusetzen. Die Kriege waren seit Beginn des 16. Jahrhunderts zunehmend zu grausamen Materialschlachten riesiger Söldnerheere geworden, die für die Wahrung ritterlicher Tugenden – zumindest nach Meinung der Dichter – kaum noch Raum ließen. Die revolutionierte Feuertechnik hatte den im Zweikampf geübten Ritter alten Schlages in der Tat bereits zum Aussterben verurteilt. Doch wurde diese Entwicklung von den Generälen selbst keineswegs bedauert, sondern eher als Steigerung der Kriegskunst begrüßt. (42) Die Verbesserung der Artillerie hatte das Interesse an der Befestigungskunst verstärkt und die Offiziere dazu gezwungen, sich zu Belagerungstechnikern und Militäringenieuren zu entwickeln. Vespasiano war von Anfang an in diesem modernen Sinne der Kriegführung ausgebildet worden.

Seine Qualifikation hat Vespasiano möglicherweise auch bei der Anlage des neuen Sabbioneta selbst unter Beweis gestellt. Gleich nach der Rückkehr aus dem Krieg traf er erste Anordnungen zur Befestigung seiner Residenz. Die technisch und finanziell höchst aufwendig gewordene moderne Bastionierung war vielen Städten und den meisten Baronen nicht mehr erschwinglich. Vespasiano zählte zu den wenigen, die hierzu finanziell in der Lage waren. Als Privileg war die Befestigung auch ein Herrschaftszeichen, und eine moderne Bastionierung konnte einer Stadt in jener Zeit zum Schmuck gereichen. Wahrscheinlich bestand aber auch ein übergeordnetes Interesse an der Ausrüstung des Ortes zum Grenzbollwerk, so daß Vespasiano diese Maßnahme von seinem Mantovaner Verwandten oder dem spanischen Gouvernement in Mailand nahegelegt worden sein könnte.

Für Vespasiano selbst hat sicherlich der Schutz der projektierten Neustadt in Kriegszeiten im Vordergrund gestanden. Aber auch in Friedenszeiten konnte eine Befestigung von großer Bedeutung sein, da auch von bloß durchziehenden Söldnerheeren

Plünderungsgefahr ausging, weil sie sich oft selbst zu verpflegen hatten. Nach einer Schlacht zogen Teile der aufgelösten Heere in organisierten Banden durchs Land, denen sich verarmte Bauern anschlossen. Maßnahmen zum Schutz der Städte waren wie solche zur Verbesserung der Polizei auch die Antwort auf das grassierende Banditenwesen. (43)

Vielleicht hatte Vespasiano schon damals eine bestimmte Vorstellung davon, wie er seine neue Residenzstadt anlegen lassen wollte. Die 1554 begonnenen Arbeiten zur Aushebung von Gräben, Aufschüttung von Wällen, Bastionen und Vorwerken sowie die Planierung des dadurch umrissenen Baugeländes bilden jedenfalls den Anfang einer umfangreichen Bautätigkeit, die zeit seines Lebens andauern sollte.

Weiteren Bauvorhaben konnte sich Vespasiano vorerst nicht widmen, da er wieder zu den Waffen gerufen wurde, diesmal gegen Pietro Caraffa, der nach dem Tod Papst Julius III. im Jahre 1555 zum Papst gewählt worden war. Paul IV., wie er sich nannte, wurde im Unterschied zu seinen Vorgängern nicht berühmt durch glänzende und kostspielige Feste, ruinöse Hofhaltung und lockere Sitten, sondern durch die maßlosen Greuel, mit denen die Kirche mit Hilfe der Inquisition und der Jesuiten und des von ihm, dem ehemaligen Bischof von Teate, gegründeten Teatinerordens gegen die Ketzerei vorging. Zunächst aber machte er dadurch von sich reden, daß er wie Clemens VII. nicht gewillt war, die Dominanz der Spanier in Italien hinzunehmen.

Sein Haus gehörte von jeher zur französisch-guelfischen Partei. Er hegte außerdem den Verdacht, Karl V. begünstige die Protestanten. Auch konnte er nicht vergessen, daß die Aragonen und Colonnesen auf Geheiß des Kaisers seiner Familie oft genug Länder und Ämter in Neapel entrissen hatten. Entschlossen, Italien von der Tyrannei der Fremden zu befreien, verfügte er die Exkommunikation Karls und Philipps und die Entbindung ihrer Untertanen von allen Verpflichtungen. Er gewann die Franzosen, Florenz und Ferrara für ein Bündnis, und selbst der Gonzaga in Mantua schwankte. Er konfiszierte Ländereien der Colonna in Neapel und verhandelte mit den Türken über eine Landung in

Sizilien. Paul IV. wagte es, wie Stendhal sich in »Die Herzogin von Palliano« ausdrückt, ›dem mächtigsten König der Welt Feind zu sein, und gab ihm fortwährend Beweis davon«. (44)

Die Spanier, denen die Geheimverhandlungen der Alliierten nicht verborgen geblieben waren, rüsteten sich ihrerseits zu einer neuen Etappe im italienischen Krieg. Zusammen mit Don Fernando von Toledo, besser bekannt als Herzog von Alba, und Ferrante Gonzaga, die aus Flandern nach Italien beordert worden waren, zog Vespasiano 1555 in den Krieg. Alba ließ die Grenzorte Neapels befestigen oder vorhandende Befestigungen instand setzen und u. a. mit den Geldern konfiszierter Kirchengüter Söldnertruppen rekrutieren, die der Führung des kaisertreuen neapolitanischen Adels unterstellt wurden. Beim Nahen der Armee entledigten sich die Städte ihrer kirchlichen Statthalter und riefen die Colonna zurück. Die Armee wuchs auf ihrem Weg, da die kirchlichen Vasallen einer nach dem anderen zu ihr stießen.

Während Alba von Süden auf Rom marschierte, führte Vespasiano seine Infanterie gegen einige der wichtigsten päpstlichen Kastelle. Nach der erfolgreichen Belagerung von Volpiano, Tivoli und Anagni, wo allein die Androhung des Bombardements die Kapitulation erwirkte, und der Erstürmung Vicovaros, vor dessen Mauern Vespasianos Vater Luigi sein Leben hatte lassen müssen, erwies sich Baccio Pontellis Festung von Ostia als die am schwersten einnehmbare: sie ergab sich erst nach langem Bombardement. (45)

Vespasiano kämpfte stets, wie der Chronist sich anzumerken beeilt, in den vordersten Reihen. Er bewies nicht nur großes strategisches Geschick, sondern war auch bei seinen Soldaten beliebt. Bei der Erstürmung von Ostia wurde er schwer verwundet und schwebte infolge hohen Blutverlustes in Lebensgefahr. Er konnte durch ärztliche Hilfe gerettet werden, doch mußte er das Kampfgeschehen verlassen. Auch sollte ihm die Kopfverletzung in späteren Jahren noch zu schaffen machen.

Mittlerweile waren zwischen dem Papst und den Franzosen Zwistigkeiten ausgebrochen. Auch hatten in den Niederlanden die Spanier in der Schlacht von Saint Quentin den vollkommensten Sieg errungen, so daß die Franzosen Sorge um ihre eigenen Grenzen haben mußten. Als Albas Heer in den Abruzzen erschien, zogen sich die Franzosen kampflos zurück und machten sich daran, ihre Truppen ganz aus Neapel abzuziehen. Rom wurde eingeschlossen, und Caraffa mußte sich zur Kapitulation bequemen. Alba schloß mit dem Papst, den er verehrte, assistiert von Vespasiano 1557 einen Frieden ohne Repressalien und mit großzügigen Entschädigungen. Es hatte sich freilich deutlich gezeigt, daß es mit den Möglichkeiten, sich des spanischen Übergewichts zu entledigen, zu Ende war.

Dem an mehreren Fronten gleichzeitig erfolgreichen spanischen Militär, dem Hauptinstrument der hegemonialen Politik der habsburgischen Monarchie, schien damals nichts entgegenzusetzen. Der Militärapparat war in allen Bereichen auf höchstem Kenntnis- und Leistungsniveau. Organisation und Versorgung waren einzigartig. Da die Armeen nicht nur aus Söldnern bestanden, sondern zu relativ hohen Anteilen aus spanischem und heimischem Adel, waren sie besonders sicher und zuverlässig. Alba soll gesagt haben: »In unserer Nation ist nichts wichtiger als das Einbeziehen von Edelleuten und vermögenden Männern in die Infanterie, damit nicht alles in den Händen von Arbeitern und Lakaien bleibt.« (46) Besonders die italienischen und die wallonischen Provinzen erwiesen sich als ein zuverlässiges Soldaten- und Offiziersreservoir. Die multinationale Armee sicherte dem Adel Europas Einkommen, Ländereien und Reputation. Ferrante Gonzaga wurde durch sie zu einem der mächtigsten und gefürchtetsten Männer Italiens. Vespasiano verdankte in erster Linie ihr sein Ansehen, seine Titel und sein immenses Vermögen.

Die Entlohnung der Offiziere und die Besoldung der riesigen Armeen verschlang freilich Unsummen von Geld. Das flandrische Heer hatte den ganzen 80jährigen Krieg hindurch eine Stärke von 65 000 Mann und wurde fast permanent unter Waffen gehalten. 1552 standen in ganz Europa 150 000 Mann unter des Kaisers Befehl. Die zur Finanzierung der kostspieligen Kriege notwendigen Einkünfte Karls sollten sich bis zu seiner Abdankung verdreifachen. Die unter Philipp noch weiter steigenden Kosten konnten eine gewisse Zeit durch die Silbereinfuhren aus Peru gedeckt werden, die zusammen mit den öffentlichen Einnahmen vor allem außerhalb Spaniens die hohe Kreditwürdigkeit bei den Bankhäusern in Antwerpen und Genua begründeten. (47)

Im Winter 1558 wurde Vespasiano zusammen mit Alba, der für ein Jahr das Amt des Vizekönigs von Neapel und Sizilien bekleidet hatte, nach Flandern gerufen. In Brüssel wurde Vespasiano in die Reihen der spanischen Granden aufgenommen. Er gehörte fortan, wie der Chronist Faroldi kommentierte, zu den wenigen Auserwählten, die in Gegenwart des Königs das Haupt bedeckt halten durften, symbolisches Relikt der einstigen Autonomie des spanischen Hochadels. Mit einer neuen Order Philipps reiste Vespasiano anschließend nach Mailand, von wo er unter dem Oberbefehl des Herzogs von Sessa mit seiner lombardischen Reiterei in einen weiteren Krieg mit Frankreich zog, der 1559 mit dem Frieden von Piemont zugunsten Spaniens beendet werden konnte. Vespasiano fand nun Gelegenheit, für eine Zeitlang nach Sabbioneta zurückzukehren.

Im Winter desselben Jahres starb Vespasianos Frau Diana an, wie es offiziell hieß, Apoplexie (Schlagfluß, Gehirnblutung). Es wird erzählt, daß Vespasiano an dem frühen Tod seiner Frau nicht ganz unschuldig gewesen sei. Die Legende will wissen, daß sie ihn während seiner häufigen Abwesenheit betrog und daß er sie in flagranti ertappte, ihren Liebhaber erschlug und sie mit dessen Leichnam einsperren ließ. Als einziges »Getränk« habe er ihr täglich eine Giftphiole anbieten lassen, die sie schließlich schluckte. Ob dieses Gerücht die Wahrheit trifft, läßt sich nicht überprüfen. Immerhin war seit den wilden Tagen der Renaissance bei gewaltsamen Giftmorden mit schöner Regelmäßigkeit als Todesursache Apoplexie angegeben worden. An dieser Gewohnheit hielt man auch im 17. und 18. Jahrhundert fest. Nahrung hat diesem Gerücht wohl jener merkwürdig lakonische Brief gegeben, in dem Vespasiano seiner Tante Giulia seinen Witwenstand anzeigte: »Gott hat es gefallen, meine Frau zu sich zu rufen.

Sie starb an Apoplexie, wie man es nennt, ohne noch ein Wort sagen zu können.« (48)

Außerdem waren Eifersucht und schonungsloses Ahnden von Ehrvergehen, wie sie bei Calderón und Lope de Vega idealisiert werden, im Zuge der Hispanisierung Italiens wieder in Mode gekommen. Auf dem Wege über Neapel fand die spanische Auffassung von Kavaliersehre in Italien Eingang. Und so kam es im 16. Jahrhundert vor, daß die Frau ihren Fehltritt mit dem Tode von der Hand ihres Gatten büßte, während der Mann seine Vorrechte weiterhin beanspruchte. Er durfte auch seine Gattin verlassen. Ihr blieb dann nicht anderes übrig, als zu ihrer Familie zurückzukehren oder ihr Leben in Einsamkeit zu beschließen. Eventuell konnte sie ihre Mitgift zurückverlangen, durfte eine neue Ehe aber nicht eingehen, sondern hatte die Mitgift dann einem Kloster als Schenkung zu überlassen. Es soll auch vorgekommen sein, daß man den Ehebruch der Frau fingierte, um sie beseitigen zu können und für eine bessere Partie frei zu werden. Der Fürst Orsini, der die Schwester des Großherzogs von Toskana geheiratet hatte, glaubte, daß sie ihm untreu sei und ließ sie unter Zustimmung ihres Bruders vergiften. Das gleiche Verbrechen, das man nachträglich auch Vespasiano zur Last legte, galt zumindest in höheren Kreisen zu jener Zeit nicht als ein solches. (49)

Vespasiano blieb die nächsten zwei Jahre in Sabbioneta, um sich persönlich um die Bauarbeiten zu kümmern, die auch während seiner Abwesenheit zügig vorangeschritten waren. Bei einem kurzen Zwischenaufenthalt 1558 hatte er in einem Brief an den Herzog von Mantua Guglielmo Gonzaga bedauert, für den Ausbau der Straße zwischen Mantua und Sabbioneta momentan wegen der Arbeiten in Sabbioneta selbst keinen Mann erübrigen zu können. (50) Giovan Pietro Botazzo, den Vespasiano 1557 als obersten Bauleiter eingesetzt hatte (und der diesen Posten dreißig Jahre lang innebehalten sollte), hatte 1558 seinen Herrn davon unterrichtet, daß der Mauerring zu zwei Dritteln bereits geschlossen sei. (51)

In den Jahren 1557 und 1558 wurden die Wallanlagen beidseitig mit Mauerwerk verstärkt und konnte das westliche Stadttor errichtet werden, das im Gedenken an den großen Sieg Kaiser Karls V. Porta Vittoria genannt wurde. Nach der Vermessung des Baugeländes und der Setzung von Ecksteinen zur Markierung des Straßenverlaufs und der Baublöcke wurde mit dem Bau des Palazzo Grande begonnen. Im Herbst des Jahres 1558 genehmigte Vespasiano den Bau privater Wohnquartiere, zunächst in dem Areal um die Piazza Maggiore. 1557 war bereits die Münze in Betrieb genommen worden, die gleichzeitig als Bau- und Kanonen-Gießerei diente.

1561 unternahm Vespasiano eine Reise zu Isabella und Giulia nach Fondi, auf deren Rückweg er dem neugewählten Papst Pius IV. seine Aufwartung machte und dessen Bauvorhaben in Augenschein nahm. Nach Sabbioneta zurückgekehrt, erließ er 1562 Dekrete, in denen er alle Bewohner der Umgebung verpflichtete, mit ihren gesamten Familien in der Neustadt zu siedeln. Für den Fall, daß jemand dieser Aufforderung nicht Folge leisten sollte, wird mit der Aberkennung sämtlicher Bürgerrechte und Privilegien und empfindlichen Strafen gedroht. Vespasiano verfügte außerdem, daß sich alle arbeitsfähigen Personen in Sabbioneta versammeln sollten, um sich für Bauarbeiten einteilen zu lassen. Er ordnete außerdem an, daß man in Zukunft nicht mehr Markt vor der Stadt halten dürfe, sondern »Lebensmittel und die Erzeugnisse des Gartens nur noch in der nämlichen Stadt und Festung verkaufen dürfe auf dem dafür bestimmten Platz vor dem Palast«. (52)

Im selben Jahr konnte die Schule für »humanitates« eröffnet werden, einmal »scuola di latina e greca lingua« genannt, ein anderes Mal die »Accademia literariam novam«. Sie war den Begabten aus allen Bevölkerungsschichten zugänglich und stand nicht nur der Jugend offen, sondern allen »braven« Bürgern jeden Alters – aufgrund der Erwägung, daß man auf zwei Wegen Gemeinnützigkeit und Vortrefflichkeit gewinnen könne, durch Waffen ebenso wie durch Bücher, und mit dem Hinweis auf die Lebensnotwendigkeit praktischer wie humanistischer Bildung. (53)

Zum Schulmeister berief Vespasiano Mario Nizzoli, der bereits in den Diensten der Farnese in Parma gestanden hatte und der in der Gegend einiges Prestige genoß. Er stammte aus dem benachbarten Brescello (der Stadt von »Don Camillo und Peppone«), wo eine Gedenktafel an ihn erinnert. In einer Urkunde nennt er sich in der Manier der Humanisten Nizorius Brixellensis. Zur Feier seines Dienstantritts in Sabbioneta 1562 erschien er in Begleitung sämtlicher gelehrter Bürger und seiner künftigen Studenten auf der Piazza Grande vor dem Palast, wo sie sich vor Vespasiano geschlossen verneigten und einen aufwendigen Umzug veranstalteten. Vespasiano konnte diese Huldigungen, wie auch bei anderen Gelegenheiten, auf dem Balkon seines Palastes entgegengenommen haben. (54) Anläßlich der Einweihung der Schule, des »Studios publico di Humanità«, wie sie auch genannt wurde, hob Nizzoli in seiner Rede die Pracht des »Sabuloneta nova« hervor, das sich bewunderungswürdig rasch entwickle und sich so eklatant abhebe von dem alten Weiler, der nur aus ein paar verstreuten Bauernhäusern bestanden habe. Einen Passus aus dieser lateinisch gehaltenen Rede hat ein späterer Chronist, Racheli, paraphrasierend so wiedergegeben: »Nichts anderes hat man hier früher sehen können, als eine alte Burg, die von Ludovico Gonzaga errichtet worden war, inmitten eines Grabens mit stinkendem, stehendem Wasser, zu Füßen dieser Burg vereinzelte, im Schlamm versinkende Bauernhäuser, von denen einige Steinhaufen glichen, andere aus rohem Backstein bestanden, ringsum kahles, wüstes Land und ein paar Fischerhütten.« (55)

Durch die rhetorische Akzentuierung des Kontrastes wird die Stadtgründung zu einer enormen Kulturleistung hochstilisiert. Diese Lobrede im humanistischen Geist darf nicht als präzise Beschreibung dessen aufgefaßt werden, was sich vor dem Neubau der Stadt an deren Stelle befunden hat. Gegenüber einem architektonischen und politischen Gebilde, das mit den Rechten und Merkmalen einer Stadt versehen war, mußte ein Siedlungskern, und mochte er noch so geordnet und umfangreich gewesen sein, zu einem formlosen Agglomerat verblassen. Das Lob Nizzolis verklärt die Umbaumaßnahmen Vespasianos im humanistischen Sinn zur voraussetzungslosen Neuplanung. Das der Neugründung Vorausgegangene wird im verdeutlichenden Kontrast rhetorisch enturbanisiert und zur kulturlosen, fast menschenleeren Wüstenei verzerrt. (56)

Um Sabbioneta nach humanistischen Maßstäben in den Rang einer Stadt zu heben, bemühte sich Vespasiano, neben Nizzoli auch andere gelehrte Männer an seinen Hof zu ziehen und gebürtige Sabbionetaner durch Verleihung von Ämtern und Würden am Ort zu halten, wie z. B. die Familie der Faroldi. Giovanni Marco hatte bereits unter Ludovico in der Verwaltung gearbeitet. Seinen 1520 geborenen Sohn Giulio Faroldi, der in Venedig lebte und in der Druckerei von Varisco als Korrektor arbeitete und Herausgeber der »Annali Veneti« war, holte Vespasiano nach Sabbioneta zurück. Seine »Memorie« über Vespasiano sind heute neben Ireneo Affòs Aufzeichnungen die bevorzugte historische Quelle. Auch ein gewisser Ludovico Rodolfino ist unter Vespasiano »ein Mann der Regierung und der Bücher«. Dieser Ludovico führte auch für Vespasianos Tochter, die Principessa Stigliano, die Regierungsgeschäfte bis zu seinem Tode 1622. (57)

Zu den Männern des Geistes, die einen Hofstaat zierten, gehörten neben Zeremonienmeistern und Kammerherren auch die zahlreichen Rechtsgelehrten und Notare, die bei den damals überaus komplizierten Rechtsverhältnissen und regional unterschiedlichen Gesetzen gebraucht wurden und die überdies alle möglichen zivilen Vorgänge beurkunden und beglaubigen mußten. Auch unter diesen waren einige, die sich humanistischen Studien, dem Übersetzen klassischer Literatur oder dem Diarienschreiben widmeten. Angesichts der Akademiegründung und des hohen Anteils gebildeter Männer an der Bevölkerung Sabbionetas sprachen Zeitgenossen von Sabbioneta unter Vespasiano anerkennend als von einem *piccola Atene*. (58)

Die Beschäftigung Vespasianos mit seinen Bauvorhaben und Staatsaktionen wurde immer wieder unterbrochen durch Ehrenpflichten. So hatte er schon 1562 für die Organisation der Festlichkeiten zu sorgen, die anläßlich der Heirat der Donna Beatrice

Colonna, der Schwester seiner Mutter, mit dem Grafen von Potenza in Bòzzolo veranstaltet wurden und die mehrere Tage dauerten. Ende 1563 kamen der Erzherzog Rudolf von Österreich und sein Bruder Ernst, Herzog von Sachsen, nach Italien, die Söhne Maximilians, König der Römer und König von Böhmen, der 1564 selbst Kaiser werden sollte. Vespasiano hatte, wie noch bei vielen ähnlichen Gelegenheiten, die ehrenvolle Pflicht, für die noblen Reisenden für sicheren und standesgemäßen Geleitschutz zu sorgen.

Das Reisen war damals noch eine mühselige Angelegenheit. Die Landstraßen, die oft noch den alten Trassen römischer Straßen folgten, waren teilweise in schlechtem Zustand, wenngleich man sich vermehrt um ihre Verbesserung bemühte. Es gab noch immer Strecken in Italien, auf denen man sich nicht in der Kutsche sondern nur zu Pferde oder mit Maultieren fortbewegen konnte. Die Lombardei allerdings war damals im Verkehrswesen führend. Die habsburgische Post war vorbildlich. Vielerorts waren die Straßen unsicher, wenngleich in der Lombardei bei weitem nicht in dem Maße wie etwa im Kirchenstaat, wo das Räuberwesen Hochkonjunktur hatte. Reisezüge mußten jedenfalls ausreichend geschützt werden.

Überhaupt hat man sich die Reisen prominenter Persönlichkeiten als eine gewaltige Kavalkade vorzustellen. Im Gefolge der kaiserlichen Schützlinge befanden sich viele Edelleute, Höflinge und Pagen sowie eine Leibgarde und etliches Personal, das für das Wohlergehen der Herren zu sorgen hatte. Nach der grausamen Sitte jener Zeit waren die Bewohner der Landschaften, durch welche ein solcher Reisezug sich fortbewegte, angehalten, für den Unterhalt zu sorgen. Besondere Belastungen der Bevölkerung stellten damals Reisezüge dar, die eine vornehme Braut an den Hof ihres fürstlichen Gemahls bringen sollten, in denen das gesamte Gefolge mitreiste und dem eine große Zahl von Edelleuten und Soldaten das Geleit gab, da die Mitgift mitgeführt wurde. Zuweilen wurde ein solcher Zug geteilt, um den Orten, die man passierte, nicht allzu große Lasten aufzubürden. (59)

Die jungen Herzöge wurden an der Grenze von Vespasiano in

Empfang genommen. Er gab ihnen bis Genua das Geleit und sorgte für ihre Bewirtung. Der erst elf Jahre alte Rodolfo und sein Bruder Ernesto schifften sich in Begleitung Vespasianos nach Spanien ein, wo dieser seine Schützlinge abliefern sollte.

Zu den Schiffsreisen im besonderen wäre zu vermerken, daß die von den Spaniern bevorzugten Schiffstypen die Galeone und die Galeere waren, letztere, weil sie von den launischen Windverhältnissen relativ unabhängig und auch bei Flaute manövrierfähig war und wegen des geringen Tiefganges auch in seichten Gewässern fahren konnte. Widrige und stürmische Winde mußte man freilich in jedem Fall abwarten, und nicht selten war man gezwungen, umzukehren. Trotz der erfolgreichen Expeditionen Karls gegen die osmanischen Piratennester an der nordafrikanischen Küste trieben diese nach wie vor ihr einträgliches Geschäft der Seeräuberei. Manch ein Schiff erreichte nicht seinen Bestimmungshafen, sondern wurde von den »Barbaresken« aufgebracht und als Prise nach Algier geschleppt, wo die Besatzung auf dem Sklavenmarkt verkauft oder, wenn ein hohes Lösegeld zu erwarten war, in Erwartung der Auszahlung oft jahrelang gefangengehalten wurde.

So war es z. B. dem Dichter Miguel Cervantes ergangen, der nach seiner Teilnahme an der Schlacht bei Lepanto in die Hände der Piraten geriet. Da seine völlig verarmte Familie das geforderte Lösegeld nicht bezahlen konnte, hat er viele Jahre in Algier bleiben müssen, wo er sich als Schreiber seinen Lebensunterhalt zu verdienen suchte. (60)

Für viele ergab ein solcher Überfall allerdings keine wesentliche Änderung ihres Schicksals, da die spanischen Galeeren von Männern gerudert wurden, die zum größten Teil zu lebenslänglicher Gefangenschaft verurteilt oder selbst Sklaven waren, denn die Sklaverei war von den Spaniern auch in Italien wieder eingeführt worden. Ein kleinerer Teil der Ruderer leistete eine Art Wehrersatzdienst. So mußten sich z. B. die *terre* um Brescia 1588 verpflichten, 1087 »Galeoten« für die Republik Venedig zu stellen. Daneben gab es noch »Freiwillige«, sogenannte *bonavoglie*, Männer, die aus Armut ihre Heimat verließen, um auf der

Galeere zu dienen. Geleitzüge im westlichen Mittelmeer, wie sie auch für Getreidelieferungen von Sizilien nach Spanien notwendig waren, wurden auch durch die Genueser und die Malteser gestellt.

In Barcelona wurden die jungen Edelleute von König Philipp empfangen, der an den aragonesischen Hof gekommen war, um seine Vettern nach Valencia begleiten zu können, wo sie einige Monate seine Gäste sein sollten. Vespasiano blieb noch eine Weile in Barcelona, wo er um die Hand der Prinzessin königlichen Blutes, Anna von Aragon, anhielt.

Die zweite Ehe mit Anna d'Aragona. Der Vizekönig

Die von Philipp empfohlene Ehe mit einer Aragona wurde 1564 in Segorbe vollzogen. Anschließend reiste das Paar für die Hochzeitsfeierlichkeiten mit dem Hofstaat und der Mitgift Annas und »in nobler Begleitung« nach Sabbioneta. Anna war die Tochter des Herzogs von Aragon und Segorbe, dem in den Augen vieler Spanier rechtmäßig die spanische Königskrone gebührte. Der Chronist merkt die Vermutung an, daß Philipp diese Heirat auch deshalb gestiftet oder unterstützt haben könnte, weil sie ihm Gelegenheit bot, die hochmütige Familie der Aragona zu demütigen. Durch diese Heirat war Vespasiano weitläufig auch mit Philipp selbst verwandt. Der Prestigegewinn für Vespasiano bestand auch darin, in seinem Wappen neben den Insignien der Gonzaga und Colonna nun auch die königlichen der Aragona führen zu können. (61)

Mit Anna nahm Vespasiano an den Karnevalsfeierlichkeiten in Bòzzolo teil, anschließend an Galabällen in Mailand. Ende 1565 folgte Vespasiano mit seiner Gattin einer Einladung zur Hochzeit von Herzog Alfonso d'Este mit einer Schwester des Kaisers Maximilian II., Barbara von Österreich. Mit einer Kavalkade von 200 Adligen und standesgemäßen Geschenken begaben sie sich nach Ferrara. Es war eine Zeit, in der man sich aufs Festefeiern verstand. Man scheute keine Kosten, keinen Aufwand und keinen Kitsch. Maler, Bildhauer und Architekten halfen bei der Dekoration des Ortes und der Kostümierung der Personen. Sie konstruierten die Mechanik der Maschinen für bewegliche allegorische Darstellungen auf Plätzen, in Palästen, als Tafelaufsätze oder auf den Wagen der Maskenumzüge. »Vergegenwärtigt man sich das szenische Talent und die reichen Trachten der Schauspieler, die Darstellung der Örtlichkeiten durch ideale Dekorationen des damaligen Baustils, durch Laubwerk und Teppiche, endlich als Hintergrund die Prachtbauten der Piazza einer großen Stadt oder die lichten Säulenhallen eines Palasthofes, eines großen Klosterhofes, so ergibt sich ein überaus reiches Bild.« (62)

Die Anlässe für Festlichkeiten sind außerordentlich vielfältig. Die Kirche sorgte für zahlreiche Festtage, und der Staat fügte weitere hinzu. An erster Stelle standen die Fürstenhochzeiten. Sie verschlangen Unsummen von Geld. Könige und Königinnen, Fürsten und Prinzessinnen konnten für solche Feste Millionen verschwenden, während das Volk Hunger litt. Doch kaum ein Anlaß schien nichtig genug, wenn nur hochgestellte Persönlichkeiten im Spiel waren. Man feierte den Aufenthalt erlauchter Fürstinnen in der Stadt, die Durchreise einer Braut mit ihrem Gefolge, die Verleihung eines Titels, die Erlangung des Kardinalshutes, die Geburt eines Thronfolgers, die Einweihung eines Gebäudes, und vor allem feierte man den Karneval. Er war Vorwand für eine ganze Saison von Festen.

Das szenische Talent entfaltete sich in der Dekoration der Stadt und mit Vorliebe in der Gestaltung von Umzügen, den *trionfi*, die sich wohl aus den Fronleichnams-Prozessionen entwickelt hatten und an die Triumphzüge der römischen Cäsaren erinnern sollten. So war, wie Burckhardt scherzhaft anmerkt, »des ewigen Herumkutschierens kein Ende«.

Oft hielt man sich an das unmittelbare Vorbild eines römischen Imperatorenzuges, wie man sie aus den antiken Reliefs kannte und aus der überlieferten Literatur, wie ja das Altertum in allen höheren Dingen des Lebens als Lehrer und Führer diente. Zunächst gab es wirkliche Einzüge siegreicher Eroberer, Fürsten und Condottieri, die man möglichst dem römischen Vorbild zu nähern suchte, wie z. B. den Einzug Francesco Sforzas in Mailand. Dann gab es auch die historisierenden Triumphzüge im Karneval, wie den des Paulus Ämilius unter Lorenzo de' Medici. Auch anläßlich der Hochzeit von Beatrice Colonna 1562 in Bòzzolo war vor hohen Gästen aus Mailand, Mantua und Cremona ein prächtiger Triumphzug inszeniert worden.

Begleitet wurden die Festlichkeiten häufig von Spielen und Wettbewerben. In Bòzzolo hatten Vespasiano und der Kommandant seiner Leibgarde Mezzocò Lanzenkämpfe und Ritterturniere vorgeführt, die von den Spaniern wieder in Mode gebracht worden waren. Fast immer waren derartige Feste verbunden mit Theateraufführungen und Musikdarbietungen. Da man feste Theaterhäuser gerade erst zu errichten begann, waren umgekehrt Theateraufführungen an festliche Anlässe geknüpft. Insbesondere der Karneval stellte zugleich eine Art Theaterfestival dar, ebenso eine Hochzeit oder ein ehrenhafter Besuch. Der Herzog von Este ließ zum Empfang seiner Braut Lukrezia Borgia bis zur Erschöpfung der Gäste theatralische Aufführungen zum besten geben. Die Frauen des mantovanischen Hofes stellten stets das anspruchsvollste und kritischste Publikum der Theateraufführungen dar. Man spielte Humanisten-Komödien oder an bukolischen Dichtungen orientierte *comedie opere pastorale* und Satyrspiele. Letzteren gaben die mantovanischen Damen wegen ihrer musikalischen und tänzerischen Einlagen und den amourösen Abenteuern den Vorzug.

Wenige Zeit nach den Hochzeitsfeierlichkeiten in Ferrara brachte Anna einen Sohn zur Welt, den die Eltern, wie es üblich war, nach dem Großvater Luigi nannten. Anläßlich der Geburt des Stammhalters ließ Vespasiano die ganze Stadt in ein Theater verwandeln für die Aufführung heidnisch-antiker Szenerien und volkstümlicher Feste, deren Inszenierung die Sabbionetaner Bürger selbst zu Akteuren eines großen Schauspiels machte. (63) Mit Luigi schien nunmehr die männliche Erbfolge in Sabbioneta gesichert. Der Kaiser entsprach daraufhin dem Gesuch, Vespasianos Staat in den Rang eines Marchesats zu erheben.

Die Bebauung der Piazza Maggiore schritt fort mit der Errichtung des Palazzo della Ragione, an der einen Längsseite der Piazza in unmittelbarer Nachbarschaft des Herzogspalastes, und mit dem Bau des Pfarrhauses nebenan. Die Marienkirche, die Santa Maria Assunta war an ihrem neuen Platz an der Piazza Maggiore wiedererrichtet worden. Dem Servitenkonvent, dessen alte Gebäude im Südosten des alten Weilers, etwa an der Stelle der Bastion St. Elmo, ebenfalls zugunsten der Mauerführung abgerissen worden waren, wurde auf der gegenüberliegenden Seite der Neustadt ein Grundstück im Schutze der *baluardo* S. Niccolo angewiesen. Das Kloster Maria degli Angeli, das im Süden des alten Weilers in Richtung Villa Pasquali gelegen hatte, wurde in der Neustadt im Westen der Burg angesiedelt, zwischen den beiden Mauerabschnitten, die zur *baluardo* S. Maria zusammenlaufen. Zum Teil grenzten die Gebäude an die *contrada* Giulia, den nach Vespasianos Tante benannten *cardo* der neorömischen Straßenanlage, die in diesem Abschnitt im Volksmund von nun an *Strade delli sour de Santa Maria delli Angeli* hieß. An der die Via Giulia im Osten kreuzenden Stradone, an der sich die Akademie befand, wurde ein drittes Kloster errichtet. Der Ordensgeneral Papa Basilio IV. aus Parma hatte sich bei Vespasiano, dem besondere Großzügigkeit gegenüber den kirchlichen Orden nachgesagt wurde, mit Erfolg für die Ansiedlung des Karmeliterordens stark gemacht. (64)

Im Winter des Jahres 1566 reiste der Marchese Vespasiano nach Fondi zu seiner Mutter, die wünschte, daß er sie nach Rom begleite, um dort wegen eines anhaltenden Streits zwischen Lanoja und Papst Pius V., der möglicherweise Landnutzungsrechte zum Gegenstand hatte, kraft seiner von König Philipp verliehenen Autorität und unter Ausnutzung seines Ansehens auf beiden Seiten zu intervenieren. In jenen Tagen starb seine geliebte Tante Giulia, die ihm eine beträchtliche Erbschaft hinterließ.

Von Rom aus begab sich Vespasiano nach Caneto, um dort die Principessa Donna Maria von Portugal zu treffen, die mit Alessandro Farnese in Brüssel vermählt worden war und auf der Rückreise nach Parma um Geleitschutz ersucht hatte. Alessandro war der Sohn Margheritas von Parma, der Generalstatthalterin der Niederlande. Sie war darum bemüht, zwischen den Parteien Frieden zu stiften und hatte Philipp um Konzessionen in der Auseinandersetzung mit den Protestanten ersucht. Eine Verzögerung der Entscheidung hatte schließlich die Entsendung von Truppen zur Beendigung des Bildersturms und der Kirchenverbrennungen und zur Wiederherstellung der Autorität der spanischen Krone unabdingbar werden lassen, wenn Philipp die Niederlande nicht aufgeben wollte. Wenn auch die Ansichten hierüber geteilt blieben, so setzte sich doch die Partei durch, die einen harten und unerbittlichen Kurs verfocht. Und Philipp entschloß sich, nachdem die Türkengefahr nach der erfolgreichen Entsetzung der Insel Malta im Mittelmeerraum vorerst gebannt war, alle in Italien kampferprobten spanischen Elitetruppen nach Genua befördern und sich in der Gegend um Mailand sammeln zu lassen, von wo sie sich als Kerntruppe einer Flandern-Armee in Richtung Niederlande in Bewegung setzen sollten. Wegen vieler Verzögerungen mußte die Armee, die dem Befehl Herzog Albas unterstellt wurde, in der Lombardei überwintern. (65)

Dieser Umstand hatte nun nicht unwesentlichen Einfluß auf die Machtverhältnisse in Oberitalien selbst und auf Ereignisse, in denen Vespasiano eine Rolle spielen sollte. Der Aufruhr in den Niederlanden hatte auch in anderen Teilen des spanischen Imperiums latente Unzufriedenheit laut werden lassen. Und die Statuierung eines niederländischen Exempels sollte ja auch diesen Entwicklungen wehren. So wird also neben Tumulten in Neapel und Mailand auch von einem Versuch der Bürger von Casale Monferrato berichtet, den Tyrannen aus der Stadt zu vertreiben. Guglielmo Gonzaga, Herzog von Mantua und durch die Ehe mit einer Paleologa auch Marchese von Monferrato, wurde mit den Casalesen allerdings leichter fertig, als seinerzeit Alessandro de' Medici mit den Florentinern. Nach Rückfrage beim Kaiser, den Guglielmo von der »unerhörten Beleidigung seiner Person« umgehend unterrichtet hatte, beauftragte er Vespasiano, mit der Rückendeckung des ganz in der Nähe lagernden Heeres des »eisernen Herzogs« Alba, in Casale umgehend Recht und Ordnung wiederherzustellen.

1567 reiste Vespasiano nach Casale, wo sich Guglielmo bereits unter dem Vorwand, zu einer gütlichen Einigung bereit zu sein, eingefunden hatte. Tatsächlich aber wollte er diese Gelegenheit nutzen, den Bürgern Privilegien zu entziehen und seine Macht im Monferrato zu festigen. Vespasiano riet dem Herzog, mit seiner Familie im Kastell zu bleiben und ihm die Bewachung der Stadt zu überlassen. Er postierte seine Soldaten unauffällig an allen Toren und strategisch wichtigen Punkten der Stadt und befahl seiner Reiterei, sich außerhalb der Stadt unerkannt bereitzuhalten.

An einem der folgenden Tage, als sich die herzogliche Familie beim Gottesdienst befand, wurde Guglielmo die dem klassischen Topos des Tyrannenmordes beim Kirchgang entsprechende Nachricht überbracht, daß auf ihn ein Attentat geplant sei. (66) Vespasiano handelte unverzüglich. Er ließ die Stadt besetzen und verhängte eine totale Ausgangssperre. Zur Durchführung aller Ordnungs- und Strafmaßnahmen übertrug Guglielmo die Regierung Vespasiano Gonzaga und begab sich mit seiner Familie nach Mantua. Er sandte Vespasiano eine Miliz und Geschütz und eine mit Kanonen bestückte Brigantine, die Vespasiano auf dem Po stationierte. In seiner Eigenschaft als Statthalter zog er hohe Kontributionen für den Unterhalt der Besatzungstruppen ein. Anhand der ersten Geständnisse begann eine nicht enden wollende Serie von »hochnotpeinlichen« Verhören und standrechtlichen Aburteilungen. Die Paleologa wurden verhaftet.

Daß sich der Kaiser so entschlossen dieser Sache annahm und möglicherweise sogar selbst Vespasiano mit dieser Aufgabe betraut hat, ist wohl nicht nur der Sorge um die Geltung des feudalen Rechts, sondern in erster Linie dem Umstand zuzuschreiben, daß Casale die strategisch wichtigste Festung Oberitaliens war, die das Einzugsgebiet der Franzosen kontrollierte und das Durchzugsgebiet der habsburgischen Armeen, das Verbindungsglied zwischen Spanien und Flandern sicherte.

Während Vespasianos Abwesenheit hatte seine Frau Anna einer Tochter das Leben geschenkt, die wie ihre Großmutter den Namen Isabella erhielt. In der Chronik heißt es gleich im Anschluß an diese Nachricht, Donna Anna sei bald darauf in Melancholie verfallen. Im Juli 1567 schon habe sie ihren Mann und ihre Kinder verlassen und sich nach Rivarolo fuori in der Nähe von Mantua zurückgezogen. Vespasiano mußte im Winter 1567 von dem Tod seiner Frau erfahren. Sie hatte in Rivarolo in völliger Einsamkeit nur noch wenige Wochen gelebt. Bei seiner Rückkehr nach Sabbioneta blieb Vespasiano nur übrig, seine zweite Frau zu beerdigen. In tiefer Bestürzung und Verwirrung, wie es in der Chronik heißt, begab er sich für einige Monate in das Kloster der Serviten, um dort den Seelenfrieden wiederzufinden. Spätere Biographen, die an der düsteren Legende um Vespasiano gestrickt haben, mögen auch diesmal eine tödliche Intrige nicht ausschließen. (67)

Die Bauarbeiten in Sabbioneta wurden in den nächsten Jahren nur mit verminderter Intensität fortgesetzt, da Vespasiano sich im Frühling des Jahres 1568 für einen längeren Aufenthalt in Spanien vorbereitete, der zehn Jahre dauern sollte. Er gab die nötigen Vollmachten an seinen Luogotenente und seine Consiglieri, detaillierte Anweisungen für den weiteren Ausbau der Mauern, Bastionen und Gebäude der Residenz und schickte seine Tochter nach Neapel zur Principessa Beatrice Colonna. Sein dreijähriger Sohn blieb in Sabbioneta in der Obhut seiner Verwandten. Vespasiano schiffte sich in Genua ein, wo elf spanische Galeeren lagen, die für Barcelona bestimmt waren. Von Barcelona reiste er zum König nach Madrid, der ihn mit seinen künftigen Aufgaben als Statthalter und Vizekönig vertraut machte.

Weihnachten 1568 rebellierten die *moriscos* in den Bergen um Granada gegen die schikanöse Politik der zwangsweisen »Christianisierung«. Nach und nach hatte man ihnen alles verboten, was zum Leben notwendig war. Verzweiflung und Wut machten sich schließlich in einem blutigen Aufstand Luft. Erhebungen in anderen Städten bis Almeria folgten. Man schickte Gesandte zum Bey von Algier, der Geld und Waffen zusagte, und zum türkischen Sultan, der 1200 Janitscharen zu schicken versprach.

Vespasiano erhielt den Befehl, die Modernisierung und Überholung der Befestigungsanlagen des Hafens von Cartagena sowie anderer Hafenstädte im Küstenabschnitt von Murcia zu überwachen und deren Besatzungen zu verstärken, damit man auf eine eventuelle Landung der Türken zur Unterstützung der Morisken gefaßt sein konnte. Doch war das Osmanische Reich mit Aufständen im eigenen Land zu sehr beschäftigt, um sich in Spanien engagieren zu können. So zog es der Sultan vor, 1569 seine Streitkräfte nach Norden gegen die Moskowiter und nach Süden in den Jemen zu schicken. Philipp war daher in der Lage, einen beträchtlichen Teil der bisher wegen der Türkengefahr im Mittelmeerraum gebundenen Truppen zur Verstärkung der Flandern-Armee Albas auf dem Seeweg in die Niederlande zu beordern.

Mit der Niederschlagung des Morisken-Aufstands wurde Don Juan d'Austria beauftragt, der Halbbruder Philipps. Deza, der fanatische Inquisitor von Granada, der aus der Expedition am liebsten ein Privat-Pogrom gemacht hätte, erwirkte beim König die Erlaubnis, mit den Morisken nach ihrer Festnahme nach seinem Gutdünken zu verfahren. Der hartnäckige Widerstand der Mauren hielt jedoch eine große königliche Armee bis zum Sommer 1571 in Atem, und trotz des Ausbleibens türkischer Unterstützung war es erst die durch eine Mißernte verursachte Hungersnot, die sie zum Aufgeben zwang. Die Inquisition kannte kein Pardon. Tausende kamen auf die Galeeren und in die königlichen Bergwerke oder als Haussklaven auf die Sklavenmärkte Kastiliens. Die politisch umstrittene und volkswirtschaftlich katastrophale Vertreibung und Vernichtung der Mauren, Maranen und Juden wurde in der Folgezeit noch verstärkt. (68)

1570 erreichte Vespasiano die Nachricht vom Tod seiner Mutter Isabella. Die durch seine Erbschaft erhöhte Rendite erlaubte ihm unter anderem, einige Wechsel seiner Bankiers einzulösen und für die Bauvorhaben in Sabbioneta großzügigere Planungen und größere Geldsummen zu bewilligen, so daß die Arbeiten, die in der letzten Zeit nur noch langsam vorangegangen waren, wieder beschleunigt werden konnten. (69)

1571, im Jahr der epochalen Seeschlacht von Lepanto, die Don Juan d'Austria für die spanisch-venezianische Liga entscheiden konnte, wurde Vespasiano zum Vizekönig von Navarra ernannt.

Grundriß der Zitadelle von Pamplona,
aus Kra Handritade kartverk 25 S. 16.

Philipp übertrug ihm in Madrid die Regierung über die schwierige Provinz Guipuzcoa in den Pyrenäen nahe der französischen Grenze. Als Generalhauptmann von Pamplona, der Hauptstadt von Navarra, hatte er u. a. den Auftrag, die Befestigung der Stadt zu modernisieren und »die Disziplin der Soldaten zu stärken«. In eigener Regie ließ er die mittelalterliche Mauer durch eine Fünfeck-Bastion ersetzen, getreu einem Schema in dem Traktat Gerolamo Cataneos. Vespasiano ließ auch Fuenterebbia mit stärkeren Befestigungen ausrüsten und diese Garnisonsstadt ebenso wie schon Pamplona mit einem Militärhospital ausstatten, eine auf den Vorschlag Vespasianos hin in den folgenden Jahren in allen spanischen Garnisonsstädten eingeführte Institution. Vespasiano blieb vier Jahre als Vizekönig in Navarra, die baskischen Provinzen zu »befrieden« und Vorkehrungen gegen weitere Aufstände zu treffen. (70)

Anschließend sandte ihn der König über Cartagena an die nordafrikanische Küste, um mit Kanonen und Soldaten in die spanischen Festungen an der nordafrikanischen Küste, die immer wieder von den Osmanen bedroht wurden, einzuziehen.

Oran war 1563 von algerischen Piraten belagert worden, die sich den Verlust von 25 spanischen Galeeren in einem Sturm vor Malaga umgehend zunutze gemacht hatten. 1565 hatte eine osmanische Flotte die Johanniter-Bastionen auf Malta zerschossen. Tripolis war schon 1551 von den Osmanen erobert worden. 1570/71 besetzten die Osmanen den venezianischen Levante-Stützpunkt Zypern. Bau und Ausrüstung von Kriegsflotten zum Entsatz der verlorenen Festungen waren wesentlich kostspieliger als die Finanzierung von Landarmeen, so daß vorbeugende Maßnahmen wie die Modernisierung der Befestigungsanlagen dringend angeraten waren. Aber nicht nur gemessen am horrenden finanziellen Aufwand hat man mit dem starren Blick auf die »niederländischen Befreiungskriege« den Mittelmeerraum als Kriegsschauplatz zu Unrecht vernachlässigt. Zumindest für das Verständnis der Geschichte Italiens im 16. Jahrhundert sind diese Ereignisse von zentraler Bedeutung. (71)

Nachdem Vespasiano 1574 vom Kaiser den Titel des Principe verliehen bekommen hatte, wurde ihm 1575 das Amt des Vizekönigs von Valencia übertragen, das er bis 1578 ausübte. Mit einer Truppe von 5000 Reitern schlug er dort eine weitere Erhebung der Morisken nieder. In Pegniscola – berühmt geworden als Festung des Gegenpapstes Benedetto I. Pedro di Luna – ließ er zwei neue Bastionen errichten. (72)

1575 war er auf Antrag Ercole Viscontis, des derzeitigen spanischen Gouverneurs von Mailand, von Kaiser Rudolf zum Herzog ernannt worden, aufgrund seiner Verdienste um das Reich und das Christentum. Zu seinen neuen Privilegien gehörte auch das Recht, ein Wappen mit der Inschrift »Libertàs« zu führen. Aufgrund dieser Ernennung erhielt er von Philipp die Erlaubnis, nach Sabbioneta zu reisen, unter der Bedingung allerdings, für weitere zwei Jahre nach Madrid zurückzukehren. (73) Mit fünf Galeeren des Marschalls Giovan Andrea Doria fuhr Vespasiano nach Genua, und von dort weiter nach Sabbioneta, wo er nach zehn Jahren seine Kinder wiedersah. Luigi hatte unterdessen als Ehrenpage eines Don Ferdinando – es wird sich wohl um Herzog Alba gehandelt haben – in Spanien eine standesgemäße und militärische Erziehung genossen und war nun Page in der Leib-

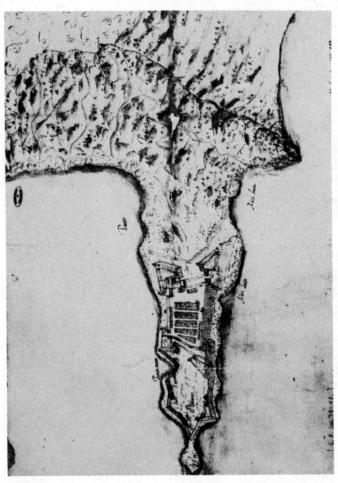

Vespasiano Gonzaga, Plan von Mers el Kebir, 1574

garde seines Vaters. Isabella war inzwischen aus Neapel zurückgekehrt und in Sabbioneta in die Obhut des Klosters gegeben worden. Zur Feier der Rückkehr des Herzogs als ruhmreicher Feldherr und Herzog von Sabbioneta wurde ein Triumphzug organisiert. (74)

Der Herzog von Sabbioneta. Fortschritte der Bauarbeiten

Der alte *borgo* Sabbioneta hatte inzwischen sein Gesicht gründlich verändert. Gleich nach der Rückkehr aus Spanien konnte der Herzog die Schließung des Mauerrings durch die sechste und letzte Bastion und das zweite Tor, die Porta Imperiale, erleben. Ercole Visconti hatte als Gouverneur der Lombardei auf Bitten Vespasianos die Regierung in Sabbioneta und die Verwaltung seiner Güter in Neapel übernommen, für die Ausbildung seiner Kinder gesorgt und die Bauarbeiten vorangetrieben. »1573 gab er die Bauerlaubnis einer Reihe von Häusern im *largo* von San Rocco, sorgte er für die Pflasterung einiger Straßen, machte Auflagen zur vereinheitlichenden Verzierung der Häuser und ließ weitere Geschütze aufstellen« (Affò). Der noch schlichte Rumpf des Palazzo Grande war erweitert worden. 1573 hatte man auch mit der Ausmalung der Galerie begonnen.

Ercole hatte außerdem bei Maximilian II. mit Erfolg die rechtliche Anerkennung Sabbionetas als Stadt mit allen Privilegien betrieben. Die Verleihung der Stadtrechte wird in einer Münze dokumentiert: eine 1575 in der Sabbionetaner Münze geprägte Silbermedaille mit einem Porträt Vespasianos, eine sogenannte *testone*, trägt als erste die Inschrift »Civitas Sablonetae«. (75)

Das Quartier im Osten der Stadt nördlich der Hauptachse, der Via Giulia, das zuletzt gebaut worden war, hatte sich bereits gut entwickelt. Seine Hauptstraße, Lo Stradone, an der die Akademie, die Münze und die Druckerei lagen, war zu einer der elegantesten Straßen geworden, an der sich viele der angesehensten und wohlhabendsten Familien niedergelassen hatten, Adlige, Notare, Doktoren und die jüdische Bankiersfamilie. Nach Faroldi waren sämtliche Fassaden der Stradone bemalt.

An den Feierlichkeiten zu der aus politischen Gründen höchst eilig vollzogenen Verheiratung von Guglielmo Gonzagas Sohn konnte Vespasiano nicht teilnehmen, da er schwer erkrankte. Sein Sabbionetaner Chirurg Antonio Amici diagnostizierte einen Gehirntumor. Die Diagnose wurde von dem Bologneser Spezialisten Gabriele Beato bestätigt, der ihn die nächsten Jahre behandelte. Zwei Jahre lang war der Herzog häufig ans Bett gefesselt.
Im Januar 1580 starb sein Sohn Luigi, noch nicht fünfzehnjährig, an einer Bauchverletzung. Dem Gerücht zufolge soll sie von einem Lanzenstoß oder Fußtritt herrühren, den sein Vater ihm versetzt haben soll, als jener es unterlassen hatte, ihn bei einer Begegnung zu Pferde in aller Öffentlichkeit ehrerbietig zu grüßen. Mit diesem Wutausbruch oder der versehentlich zu heftig ausgefallenen Rüge war für Vespasiano der Traum einer eigenen Dynastie in Sabbioneta wieder in weite Ferne gerückt. In seiner Trauer und aufgrund seiner angeschlagenen Gesundheit wandte er sich an Philipp mit der Bitte, ihn von dem Versprechen zu entbinden, nach Spanien zurückzukehren und auf ihn als Soldat der spanischen Krone in Zukunft zu verzichten.

Briefe Vespasianos aus jener Zeit zeigen den jetzt Neunundvierzigjährigen als gebrochenen Mann. In einem wohl auf den Sohn und vielleicht auch seine Frauen gemünzten Brief schreibt er: »Draußen in aller Welt ehrt man meinen Namen, in meinem eigenen Hause aber ernte ich nichts als Respektlosigkeit, Mißachtung und – bei Gott – selbst Spott und Hohn.« Seine Bemerkungen über seinen Gemütszustand sprechen von einer ernsten Krise und tiefen Melancholie: »Ich zerstöre mich. Die Tröstungen der Freunde vergrößern nur meine Qual; was nützen mir alle irdischen Reichtümer, wenn es mir an den Segnungen der Seele mangelt.« – »Die Tage vergehen für mich bisweilen so voller

Traurigkeit, daß ich mich nach den Schmerzen meines alten Leidens zurücksehne. Vergebens versuche ich, mich dieser stolzen und gotteslästerlichen Gedanken zu entschlagen, die sich gegen mich selbst wenden, mein Innerstes in Aufruhr versetzen und mich zutiefst erschrecken.«

In einem Brief an den Herzog Guglielmo von Mantua schreibt er: »Das einzige mir verbliebene Vergnügen ist, meinen Untertanen, die sich um mich scharen, wenn ich mich in der Öffentlichkeit zeige, Wohltaten zu erweisen. Das einzigartige Glück, neue Mauern zu errichten, stofflichen oder geistigen Schöpfungen Leben zu geben, wird mir immer seltener zuteil.« (76)

Nach dem vorzeitigen und abrupten Ende seiner militärischen Karriere und der Zerstörung seines Traumes von einer ruhmreichen Dynastie der Gonzaga von Sabbioneta beschäftigte sich Vespasiano, »um sich abzulenken und zu vergessen« (Faroldi), wieder intensiver mit den Bauarbeiten in seiner Stadt. Und tatsächlich mag ihm die Abrundung des Bauprojektes, das nun zu seinem eigentlichen Lebenswerk avanciert war, geholfen haben, sein Schicksal zu meistern.

1582 jedenfalls entschloß er sich, ein drittes Mal zu heiraten, wozu ihn die besorgten Freunde und Verwandten schon lange vergeblich gedrängt hatten. Anläßlich seines zum Geleitschutz der Witwe Kaiser Maximilians II. erforderlichen Aufenthalts in Mailand stellte man ihm die viel jüngere und attraktive Margherita von Guastalla vor, eine Nichte Don Ferrante Gonzagas und des inzwischen heiliggesprochenen, aus Manzonis Roman bekannten Kardinals Carlo Borromeo. Die Hochzeit fand mit viel Pomp in Sabbioneta statt, das mittlerweile die prachtvollste Residenz der Region geworden war. Die dritte Ehe Vespasianos mit der warmherzigen Margherita, die entgegen den Hoffnungen auch Ercoles und Ferrantes kinderlos blieb, muß allem Anschein nach dennoch glücklich gewesen sein, denn für die folgenden letzten Lebensjahre Vespasianos wird in den Chroniken angemerkt, der Herzog habe endlich seine alte Lebensfreude wiedergefunden.

1584 brachte Vespasiano seine Tochter unter die Haube. Die

Hochzeit mit Luigi Caraffa fand in Bòzzolo statt. Luigi, Sohn jener bedeutenden nepolitanischen Familie, der auch Papst Paul IV. entstammte, war Principe von Stigliano in der Basilicata. 1585 erhielt Vespasiano von Philipp den Toson d'Oro verliehen, den Orden der Ritter vom Goldenen Vlies. Die feierliche Amtshandlung wurde stellvertretend vollzogen durch den Herzog Ottavio Farnese, selbst Ritter des Ordens, dessen Großmeister nach dem Tod Karls V. König Philipp II. geworden war. Durch diese späte Würdigung seiner Verdienste wurde Vespasiano die höchste Ehrung zuteil, die ein Grande der außerspanischen Provinzen erlangen konnte.

Außerhalb der Iberischen Halbinsel bildeten die Ritter dieses ehrwürdigen Ordens die kleine, an einer Hand abzuzählende Gruppe des Hochadels, die der Generalgouverneur und der König zu Rate zogen. In den Niederlanden waren es vor allem Egmont und Hoorn gewesen, in Italien waren es vor allem Ferrante Gonzaga und Vespasiano. Unter den besonderen Privilegien, welche die Ritter genossen, war das Vorrecht, nur von ihresgleichen gerichtet werden zu können. Die Aufnahme in diese illustre Gemeinschaft setzte eine im Sinne des katholischen Glaubens und eines überaus strengen moralischen Verhaltenskodex tadellose Lebensführung voraus. Der edle Orden pflegte den Kult des ausgestorbenen Rittertums, diese unzeitgemäße spanische Liebhaberei, der Miguel de Cervantes in einer unvergleichlichen Mischung aus Trauer und Ironie ein Denkmal gesetzt hat. Er bezeichnete die Ritter vom Goldenen Vlies als Männer, »um die sich einmal die Welt drehte, die sie heute vergessen hat«. (77)

Die Bauarbeiten in Sabbioneta konzentrierten sich während dieser Jahre auf die vereinheitlichende Dekoration der Häuser und die Pflasterung der Straßen. Im Jahre 1586 ordnete Vespasiano die Bemalung der Fassaden der Via Giulia an, wie es bereits in der Stradone geschehen war. Er veranlaßte ferner alle Hauseigentümer an der Via Giulia, die Türschwellen und Stufen durch die Verwendung von Marmor zu vereinheitlichen und die Eingangstüren mit einer Marmorverkleidung zu umrahmen. (78)

Die Marmor-Verordnung und der Fassaden-Erlaß stehen in

einer Reihe von weiteren dirigistischen Maßnahmen zum Zwecke der Vereinheitlichung und dekorativen Verschönerung des Straßenbildes, die der Stadt nach dem Urteil der Zeitgenossen einen hochartifiziellen und bühnenhaften Charakter verliehen. Auch ein Chronist des 17. Jahrhunderts notierte voller Bewunderung, daß die Stadt aufgrund der Dekoration der Häuser »insgesamt in ein Theater verwandelt« scheint, als wäre sie für einen festlichen Anlaß eigens geschmückt worden. (79)

Zu diesen das Stadtbild betreffenden Maßnahmen gehört auch der Erlaß von 1587, in dem Vespasiano die Eigentümer neu errichteter Häuser daran erinnert, die unansehnlichen alten Häuser zu zerstören. Daß diese Anordnung gerade zu diesem Zeitpunkt getroffen wurde, könnte seinen Grund auch in der verheerenden Überschwemmung des Po gehabt haben, der in jenem Jahr den ganzen Landstrich unter Wasser gesetzt und auch innerhalb der Stadt großen Schaden angerichtet hatte. (80)

In das achte und neunte Jahrzehnt fallen auch einige Bautätigkeiten Vespasianos außerhalb von Sabbioneta. Unter seiner Leitung wurde die Straßenregulierung Rivarolos fertiggestellt. Ein beinah strikt rechtwinkliges Straßenraster fügt sich in eine rechteckige Ummauerung. Die persönliche Handschrift und städtebauliche Erfahrung Vespasianos offenbaren sich vor allem in der Gestaltung der zentralen Piazza, die von einem Turm und dem Palazzo Ducale beherrscht wird und sich durch einen umlaufenden Portikus auszeichnet. An ihr liegen auch die Synagoge und der unvollendet gebliebene Palazzo der Grafen Penci aus Gorizia, Vasallen der Gonzaga. Die Befestigung wurde allerdings erst 1667 unter Scipione Gonzaga fertiggestellt.

Auch in Bòzzolo führte Vespasiano eine Art Straßenbereinigung durch, bei der Rechtwinkligkeit der Straßenkreuzungen und die Symmetrie der Anlage ausschlaggebend waren. 1582 und 1584 hat er die Errichtung von vier Stadttoren und die Schließung der aufgeschütteten Verteidigungsanlage in Auftrag gegeben. Weitere Anordnungen galten der repräsentativen Aufgaben genügenden Verschönerung des Stadtzentrums. Später wurde wie in Sabbioneta und Rivarolo die Bemalung der an den Hauptstraßen gelegenen Häuser verlangt. In Bòzzolo stiftete

Plan von Bòzzolo, 1774, aus dem Kataster Maria Theresias.
Mantua, Archivio di Stato.

Vespasiano außerdem einen zoologischen Garten und gründete eine Militärschule. (81)

Der Herzog verstärkte auch die etwas vernachlässigte Bautätigkeit für die Kirchen und Klöster in und um Sabbioneta. Er finanzierte den Bau der neuen Servitenkirche, der Incoranata, und stellte auch die Capuccini zufrieden, die Kirche und Konvent etwa eine Meile außerhalb von Sabbioneta hatten (heute ein ausgezeichnetes Restaurant), das sie mit Erlaubnis Vespasianos gebaut hatten, als dieser Vizekönig in Spanien war. Er unterstützte die Karmeliter der Kongregation von Mantua, denen er für den Anfang einen Palazzo vermacht hatte, der ihnen bislang als Kloster und Kirche diente, beim Neubau einer eigenen Kirche. Er forcierte ferner den Ausbau der Pfarrkirche am Marktplatz.

Die auffällige Unterstützung der Kirche läßt vielleicht darauf schließen, daß Vespasiano in seinen letzten Lebensjahren im Glauben innere Ruhe suchte. Carpeggiani geht soweit, in Vespasianos Stiftungseifer den Ausdruck eines gewissen Schuldgefühls wegen des humanistischen Interesses an den »heidnischen« Mysterien der Renaissance zu sehen. Tatsächlich würde eine solche Motivation in jener Zeit keinen Einzelfall darstellen. Gestandene Humanisten vom Schlage eines Valla oder Aretino zeigten im Alter eine auffallende bußfertige Frömmigkeit. Bei vielen aristokratischen Bauherren manifestierte sich die späte Wende in einem Tribut an die Kirche. Der humanistischen Hochschätzung des Bauens hatte stets die Reserve der Kirche gegenübergestanden, die beständig vor Bauexzessen warnte, solange sie nicht der Kirche und dem Glauben selbst dienten. Ein Bauprojekt wie der Neubau von Sabbioneta wurde erst durch die gleichwertige Unterstützung der Kirche auch vor Gott legitim. (82)

1588 reiste Vespasiano nach Venedig, um den ihm im Vorjahr von der Serenissima verliehenen Adelstitel eines venezianischen Patriziers und Großfürsten von Italien in Empfang zu nehmen. Bei Gelegenheit dieses Besuches gab Vespasiano bei einem namentlich nicht genannten Bildhauer zwölf hölzerne Reiterstandbilder in Auftrag, die zusammen mit den Stuckporträts der Ahnengalerie im Palazzo Ducale die noble Abstammung und den dynastischen Anspruch des Herzogs dokumentieren sollten. (83) Bei einem Treffen mit Vincenzo Scamozzi bat er diesen, für ihn ein Theatergebäude zu entwerfen, nach dem Vorbild des Palladio-Theaters in Vicenza und des Medici-Theaters in den Uffizien von Florenz. Der Architekt reiste umgehend nach Sabbioneta, um in persönlicher Kenntnis den Entwurf anzufertigen und den Hausarchitekten Vespasianos die nötigen Anweisungen zu geben, so daß noch vor der Rückkehr des Herzogs mit dem Bau begonnen werden konnte.

Nach seiner Rückkehr schenkte Vespasiano auch der militärischen Sicherheit Sabbionetas vermehrte Aufmerksamkeit. Er ließ in seiner Gießerei, der »Münze«, 82 Bronzekanonen verschiedenen Kalibers gießen, mit denen er die sechs Bastionen der Stadt und die *mezzolune* oder Vorwerke vor den Toren bestückte. Fünfzehn weitere Eisenkanonen waren für die Burg bestimmt. Eine bei Leone Leoni, dem von Karl V. und Philipp II. bevorzugten Bildhauer, in Auftrag gegebene Bronzestatue, die den Herzog in der Rüstung und mit dem Gestus römischer Cäsaren zeigt, wurde ebenfalls in der Sabbionetaner Münze gegossen und 1588 auf einem Marmorsockel seitlich etwas versetzt vor dem Palazzo Ducale aufgestellt. (84)

Die in den letzten Lebensjahren vervielfachten Anstrengungen Vespasianos, seinen Stadtneubau zu vollenden, und die in der Bronzestatue, den Reiterstandbildern und der Ahnengalerie, in dem exquisiten Theaterbauwerk und einer imposanten Antikengalerie kulminierende Selbststilisierung zum italienischen Fürsten in der Tradition des römischen Kaisertums, bringen wohl den an Besessenheit grenzenden Wunsch zum Ausdruck, sich seinen Zeitgenossen oder zumindest der Nachwelt als derjenige zu präsentieren, der – wie Torquato Tasso sich ausdrückte – »Größerem würdig wäre, als der Regierung seines relativ kleinen Territoriums«. (84a)

1590, rechtzeitig zur Karnevalssaison, konnte das Theater eingeweiht werden. Zu den prächtigen Umzügen, Galabällen und Theateraufführungen waren die edlen Damen und Herren der benachbarten Städte, aus Mantua, Mailand, Cremona, Guastalla, Bòzzolo usw. geladen. Die ganze Stadt, abends durch Fackeln festlich illuminiert, wurde in ein Theater mit mehreren Spielorten verwandelt. Man gab italienische Komödien »im Geschmack der Zeit« und Schäferspiele nach der Art von Tassos »Aminta«, wahrscheinlich Ballettdarbietungen und Musikstücke, wie sie zehn Jahre später Monteverdi in Mantua zur Vollendung bringen sollte.

Von einer der gastierenden Schauspieltruppen, der »Compagnia di Corte« eines Silvio de' Gambi aus Ferrara, die u. a. als eine Vorform der Commedia dell'arte artistische Stegreifspiele zum besten gab, war der Herzog besonders angetan, so daß er sie für eine weitere Saison unter Vertrag nahm. Die beträchtliche Gage für die »Accademia de' Confidenti, Komödianten des hochwohlgeborenen Herren und Herzogs von Sabbioneta«, wie sie sich nun nennen durften, kam jedoch nur ein einziges Mal zur Auszahlung. (85)

Anfang des Jahres 1591 verschlechterte sich der Gesundheitszustand Vespasianos dramatisch. Am 25. Februar ließ er den Notar Francesco Caletti zu sich kommen, um ein Testament aufzusetzen. Darin bestimmte er seine Tochter Isabella als Universalerbin und setzte diverse Geldbeträge für seine dritte Frau und verschiedene Geistliche und Adlige aus, die ihm persönlich verbunden waren. Er hoffte, daß sein als letzter Wille geäußerter Wunsch, die Erbfolge der Herzöge von Sabbioneta ausnahmsweise auf seine Tochter Isabella zu übertragen, beim Kaiser Gehör finden würde. (86)

Weiterhin bestimmte Vespasiano die Incoronata zu seinem Mausoleum. Für die Anfertigung seines Grabmals und für Bauvorhaben der Serviten ließ er eine ausreichende Summe Geldes hinterlegen. Den Serviten überschrieb er zudem einige Ländereien, aus deren Rendite sie den Betrieb des Hospitals und der Schule finanzieren sollten.

Am Abend des 27. Februar 1591, am ersten Tag der Fastenzeit, erlag Vespasiano seinen Leiden im Alter von sechzig Jahren. Die letzten Worte Vespasianos sollen dem Chronisten zufolge gewesen sein: »Ich bin erlöst!« Todesursache war nach Auskunft der Ärzte ein Gehirntumor, der Vespasiano schon mehrmals aufs Krankenlager gezwungen hatte und der wahrscheinlich auf die Kopfverletzung zurückging, die er sich bei der Erstürmung der Festung von Ostia zugezogen hatte und die ihn schon damals beinahe das Leben gekostet hätte. Das Begräbnis Vespasianos sowie die Übergabe Sabbionetas an den Prinzen von Stigliano und Isabella wurden mit einem Umzug feierlich begangen. (87)

Das Leben dieses Mannes, das als glänzende Militärkarriere und märchenhafter Aufstieg zu einem der führenden Aristokraten Italiens in seiner Zeit kaum eine Parallele hat, war dennoch von unerfülltem Ehrgeiz und persönlichem Unglück, vielleicht den Folgen tragischer Verstrickungen, und von langjähriger Krankheit überschattet gewesen. Die Bitterkeit und Melancholie, in denen er viele seiner letzten Jahre verbracht hatte, sein zunehmend grüblerisches Naturell und seine zurückgezogene Lebensweise haben in Verbindung mit den ungeklärten Umständen, unter denen seine Frau und sein Sohn gestorben waren, zu seiner Legende des »Blaubart der Gonzaga« und des psychopathischen »somber duke« geführt, die erst in jüngster Zeit durch eine Würdigung seiner militärischen und vor allem städtebaulichen Leistungen ersetzt worden ist, die nicht zuletzt durch Akzentverschiebungen kunsthistorischen Interesses und Korrekturen in der historischen Beurteilung des 16. Jahrhunderts und der »spanischen Okkupation« möglich wurde.

Was uns von seiner Person eine eigene Anschauung gibt, seine Architektur, die von ihm in Auftrag gegebene Kunst, Briefe, Statuen, Reliefs zeigen ihn als einen »Mann von Welt«, der italienische Grandezza mit spanischem Stolz vereinte, der den Umgang mit hohen Häuptern gewöhnt war, und der nicht nur in der spanischen Hierarchie sondern auch bei den italienischen Parteien etwas galt. Möglich, daß er den kränkenden Hochmut vieler spanischer Aristokraten zur Schau trug, ihre die Umgebung erniedrigende Etikette, ihre pedantische Kaltblütigkeit und die den spanischen Charakter kennzeichnende steife Ritterlichkeit, die mit der Neigung zur Grausamkeit so oft Hand in Hand ging und dennoch tiefgehende Verletzbarkeit nicht ausschloß. Aufgrund seiner Selbststilisierung zum Imperator im Kleinformat hat man ihn von einem gewissen Größenwahn nicht gänzlich freisprechen wollen. Vielleicht sind zuweilen auch unheimliche Züge zutage getreten. Jedenfalls war er im Sinne Stendhals ein interessanter Charakter, denn er vereinigte in sich Tatkraft, Eigenwille, übersteigerte Selbstinszenierung, körperlichen Wagemut, scharfe Intelligenz und nervöse Konstitution.

Die bildlichen Darstellungen seiner Person differieren so stark, daß man von einer Porträtähnlichkeit wohl nicht ausgehen darf. Die Physiognomie der Reiterstatue macht zwar den Anschein, nach dem lebenden Vorbild gestaltet worden zu sein. Aus erhalten gebliebenen Briefen ist aber zu entnehmen, daß sie ebenso wie das Relief in der Ahnengalerie nach Medaillen gefertigt wurde. Die feinste Zeichnung besitzt die Bronzestatue von Leone Leoni. Sie zeigt Vespasiano mit einem versonnenen, etwas melancholischen Gesichtsausdruck. Hier gleicht er so gar nicht den alten Condottieri Hawkwood oder Colleoni, deren Statuen man in Florenz bzw. Venedig betrachten kann. Leone Leoni zeigt ihn mit schönen Locken und gepflegtem Bart, eher zartgliedrig, überaus kultiviert, höfisch.

Er wirkt trotz seiner herrischen Geste gutmütig, wie er sich selber nicht nur als Landesherr sondern auch als Landesvater gesehen hat. Die Rechte ist auch nicht eigentlich kategorisch ausgestreckt, sondern eher freundlich, beinahe suchend. In geradezu ironischem Kontrast zur martialischen Kleidung steht die Art, wie er einen noch nicht flügge gewordenen Adler beschützend wie ein Hündchen im Arm hält.

Es handelt sich freilich kaum um ein individuelles Porträt im strengen Sinn. Die Bronzestatue gehorcht in Ikonographie und Ausdruck dem Stil Michelangelos und dem von ihm prägnant formulierten Zeitgefühl, wie sie besonders in den Medici-Gräbern zum Ausdruck kommen, die Michelangelo für den Papst Clemens VII. entworfen hatte. Die Darstellungen Giulianos in der Tracht eines römischen Feldherrn und Lorenzos in Nachdenken versunken (weshalb er im Volk die Bezeichnung *il Pensoso* oder *il Pensieroso* erhielt), könnten Leones unmittelbare Vorbilder gewesen sein.

Haltung, Rüstung und Geste spielen auf das Reiterstandbild des Marc Aurel vor dem römischen Kapitol an. Die ausgestreckte Rechte und die auf einem Buch ruhende linke Hand, in der klassischen Ikonographie Symbole für die idealen Herrschertugenden Stärke und Gerechtigkeit, stehen in ihrer humanistischen Adaption auch für Stärke und Bildung. Die Liebe zur Literatur wird zur sentimentalen Ergänzung des militärischen Tatenrepertoires. (88)

Der kleine Adler könnte einen ironischen Kommentar zum Reichsadler darstellen; wahrscheinlicher aber ist, daß das Wappentier der Gonzaga gemeint ist, sozusagen in Miniaturausführung, dessen Eigenschaften sich mit einigen Devisen Vespasianos verknüpfen lassen und das von Vespasiano vor allem als »des Blitzes Träger Jupiters« interpretiert wird (Ariost). Als Jupiter auf Erden wird Vespasiano in erster Linie als *vir activus* geehrt. Der Jupitermensch ist weltoffen, umsichtig, gesellig, redegewandt, an seinen Mitmenschen interessiert und grenzenlos großzügig. Er verteilt freigebig Gunstbeweise; er verausgabt sich. Diese ikonographische Bestimmung wird aber durch den Ausdruck konterkariert, der Vespasiano ganz im Sinne der *vita contemplativa* zeigt, als Saturniker, in sich selbst versunken. (89)

Während von Michelangelos Plastiken gesagt worden ist, daß sie gar nicht um Porträtähnlichkeit bemüht, sondern so etwas wie die »verewigten Seelen der Verstorbenen« und in Bronze gegossene Weltanschauung des Künstlers selbst seien, hat man bei Leonis Plastik doch den Eindruck, etwas von Vespasiano selbst dargestellt zu sehen. Die Bronze erscheint überhaupt weniger autonom als die Grabplastiken Michelangelos, eher das Werk eines gefälligen Hofbildhauers, der seinem Auftraggeber sowohl mit der Härte und Glätte des schwarzen Materials als auch in der melancholisch anmutenden Weichzeichnung der Gesichtszüge und in der abwesend wirkenden, verhaltenen Geste schmeicheln wollte. Der sentimentale Charakter dieser Plastik ist wahrscheinlich im Zusammenhang mit der Wiederentdeckung der aristotelischen Auffassung zu sehen, daß alle großen Männer in ihrem Innern Melancholiker seien, Kinder Saturns. (90)

Die Abwicklung der Erbschaftsangelegenheiten nahm noch einige Zeit in Anspruch. Vespasianos dritte Ehefrau zog sich mit ihrer Entschädigung nach Viadana zurück. Das Herzogtum Sabbioneta fiel an den Kaiser, der es nach einigem Zögern Isabella und Stigliano übertrug. An die 1592 erfolgte Genehmigung der weiblichen Erbfolge, der schwierige Verhandlungen mit Rudolphs Ministerialen vorausgegangen waren, wurde aber die

Bedingung einer erheblichen Verkleinerung des Territoriums geknüpft. Die Grafschaft Rodigo ging an den Herzog von Mantua. Die Ländereien Comessaggio, Bòzzolo, Rivarolo fuori und Ostiano wurden Eigentum der Gonzaga von Guastalla, welchen nunmehr die Funktion und der Rang zukam, die Vespasiano innegehabt hatte. Die Güter in Neapel gingen an die Colonna zurück.

Das seiner Territorien beraubte Sabbioneta, mit dem Isabella als Herzogin belehnt blieb, verlor den Charakter einer Residenz und wurde ein Teil der verstreuten Besitzungen Stiglianos, der sich in Neapel aufhielt und über die Einkünfte hinaus wenig Interesse an seinen Ländereien zeigte. Vor allem hieraus erklärt sich der rapide Niedergang Sabbionetas, das sich erst unter Maria Theresia ein wenig erholen sollte. Stigliano ließ sich in jenen Jahren, von 1592 bis 1594, in Sabbioneta von seinen Brüdern vertreten, die er als Gouverneure über die Stadt für jeweils ein Jahr einsetzte.

Ein von den Testamentsvollstreckern Luigi Caraffa, Fürst Stigliano und Ranuccio Farnese, Herzog von Parma, eingesetztes Gremium ortsansässiger ehrenwerter Herren hatte über die testamentarisch verfügte Verwendung der hinterlegten Gelder zu wachen. (91) So konnten noch 1592 die Bauarbeiten am Servitenkonvent, dem Hospital und an der Incoronata abgeschlossen werden, die einen Portikus, eine Kuppellaterne und einen Campanile erhielt, sowie einige Ausbesserungsarbeiten an der Assunta, die alle unter der Aufsicht Bassano Tusardis ausgeführt wurden. Die Fassade der Assunta wurde mit weißem und rosafarbenem Marmor verkleidet. (92) Nach Entwürfen Giambattista della Portas, der für den Papst und für König Philipp arbeitete, wurde dem letzten Willen Vespasianos gemäß ein Grabmonument hergestellt, in dessen Mittelnische die Bronzestatue ihren endgültigen Platz fand. In den seitlichen Nischen fanden allegorische Darstellungen der Kraft und der Gerechtigkeit ihren Platz, die in der Sabbionetaner Gießerei gefertigt wurde.

Bereits 1595 wären Ausbesserungsarbeiten nötig gewesen, nachdem im Herbst der Po über die Ufer getreten war und das

Wasser sogar innerhalb der Mauern einen halben Meter in den Häusern gestanden hatte. Doch erst 1601 war etwas Geld vorhanden, um die Schäden an den öffentlichen Gebäuden notdürftig zu reparieren. (93)

Sabbioneta blieb formal zwar noch einige Zeit als Herzogtum bestehen, das aber von spanischen Steuereintreibern beherrscht wurde, »höchst ehrenwerten Leuten, wenn sie nichts zu fürchten haben (sie leben aber alle in beständiger Furcht)« (Stendhal). Regiert wurde es faktisch von der feudalistisch gesonnenen Kirche, die überhaupt an politischem Einfluß gewann. Auch gebaut wurde in der Folgezeit fast nur noch von der Kirche. Die Pfarrkirche S. Maria Assunta (Maria Himmelfahrt) wurde nach barockem Geschmack vergrößert und ausgemalt. Die kleine Kirche San Rocco, seit dem 16. Jahrhundert Sitz einer Bruderschaft, wurde vollständig umgebaut. Auch die Incoronata wurde im Innern dem barocken Geschmack angepaßt. Im 18. Jahrhundert wird außerhalb der Mauern von Villa Pasquali eine Kirche errichtet, die dem szenisch begabten Antonio Galli Bibiena zugeschrieben wird, der auch die Seitenkapelle des Santissimo Sacramento in der Assunta entworfen haben soll.

Die Kirche wurde in der Zeit nach Vespasianos Tod mächtiger und selbstherrlicher. Wie die Päpste, die seit Caraffa auf Petri Stuhl saßen, übten auch die kleineren kirchlichen Würdenträger nach spanischem Vorbild eine strengere Überwachung des religiösen und geistigen Lebens aus. Wie zahlreiche andere Städte erhielt auch Sabbioneta einen Stützpunkt der Jesuiten. Unduldsame Orthodoxie und militante Intoleranz der Gegenreformation vertrugen sich ausgezeichnet mit der spanischen Despotie. Beide schufen sie ein Klima der Denunziation und der Ängstlichkeit. »Die spanische Monarchie Philipps II. schien der allgemeinen Freiheit von Tag zu Tag gefährlicher zu werden; über ganz Europa hin erweckte sie jenen eifersüchtigen Widerwillen, der weniger aus vollbrachten Gewalttaten entspringt, als aus der Furcht davor, der Gefahr der Freiheit – der die Gemüter ergreift, ohne daß man sich der Gründe dazu vollkommen bewußt wäre« (Ranke). Es wurde bald allgemein üblich, sich schwarz zu kleiden, um der Weltverachtung Ausdruck zu geben. (94)

Seither sind mehrmals der Verlust der Freiheit, der Untergang der Lebenslust und der Tod der Leidenschaften beklagt worden. Doch die ausgehende Renaissance blieb eines der beliebtesten Kontrastbilder romantischer Kulturkritik. Stendhal war einer derer, die an den Renaissancefürsten die machiavellische Skrupellosigkeit, die von keinen nervösen Zweifeln getrübte persönliche Durchsetzungsfähigkeit und den unberechenbaren Willen als existentielles und erotisches Moment anziehend fanden, ebenso wie deren Sublimierung der politischen und erotischen Machtphantasien in der Liebe zur Kunst. Ungeachtet aller Zweifel darüber, ob die alte und romantisch wiederbelebte Vision eines edlen und authentischen Lebens sich überhaupt jemals hat verwirklichen lassen, hielt er fest an dem schönen Traum, der durch ihn untrennbar auch mit der Lombardei und der Landschaft der Poebene verbunden ist, und von dem James Joyce als von dem Verlangen sprach, die »lieblichen Residenzen des Lebens« zu betreten.

Die Erfolge Napoleons, als dessen glühender Verehrer und begeisterter Anhänger der Leutnant Stendhal 1800 in Mailand eingezogen war, hatten noch einmal die Möglichkeit einer abenteuerlichen, nicht bloß technischen Überwältigung des Raumes vorgeführt und wohl nicht zuletzt hierdurch die Sehnsucht nach einem enthusiastischen, authentischen Leben wiedergeweckt. Gemessen an diesem Traum wird in der »Kartause von Parma« die Intrigenwelt der frühabsolutistischen Kleinstaaten Italiens geschildert. Stendhal beschreibt hier mit Leidenschaft den nichtauthentischen Charakter einer Gesellschaft, die den Willen seiner jungen Helden – stärker noch als in den »Verlobten« von Manzoni – immer wieder durchkreuzt und bricht. Bis zum Ende aber sind die Helden von einer äußersten Anspannung des persönlichen Willens gekennzeichnet, der es bedarf, um das lähmende Gefühl des Nichtseins zu überwinden. Überall aber bleibt Stendhal dem Italien der Renaissance auf der Spur, der »Heimat der Leidenschaft und Lebenskraft« (»Promenades«).

Das 16. Jahrhundert markiert in diesem stark projektiven

Geschichtsbild den Übergang, eine Zeit, in der man sich mancherorts an eine »Despotie der Eifersucht« gewöhnen lernte. »Die Heiterkeit war entflohen, schon seit die Spanier sich Italiens bemächtigt hatten und ihm düster-schweigsame, mißtrauische, stolze Herren geworden waren, die jederzeit den Ausbruch von Revolten befürchteten. Indem die Unterworfenen die Sinnesart ihrer Herren annahmen, gaben sie sich mehr träumerischen Vorstellungen hin, wie sie die geringste Beleidigung durch einen Dolchstoß rächen sollten, als daß sie die Gegenwart zu genießen wußten.« Vollends im 17. Jahrhundert gelangte »alles Alte, Servile, Mürrische (...) zur Leitung der Staatsgeschäfte und wurde (...) in der Gesellschaft tonangebend«, wie es auch in Manzonis Priester Don Abbondio porträtiert ist.

Die Gestalt Vespasiano Gonzagas verkörpert diesen Übergang. Sie trägt Züge signoralen Eigensinns ebenso wie solche mißtrauischer Kleindespotie. Und von beiden Momenten zeugt auch das Lebenswerk Vespasianos, die Gründung Sabbionetas.

3. Die neue Stadt

Der Plan und die Politik

> Noi presso il fiume u' già codde Fetonte
> Di fossi e muri una perpetua mole
> Contra L'ira di Marte intenti ergemo.
> (Wir haben nahe dem Fluß, in den einst Phaeton stürzte,
> aus Gräben und Mauern ein dauerhaftes Bollwerk errichtet,
> gegen den Zorn des Mars.)
>
> *Vespasiano Gonzaga*

Der Ausbau seiner Residenz, dessen Vollendung Vespasiano noch miterleben konnte, hatte ihn zeit seines Lebens beschäftigt. Fast vierzig Jahre lang hat er an ihr bauen lassen. Der Plan für den Stadtumbau mag schon in den frühen 50er Jahren des 16. Jahrhunderts entstanden sein, als Vespasiano erste Anordnungen für die Aufschüttung eines Befestigungswalles traf. Und man darf annehmen, daß die Stadt trotz des Nacheinanders von drei größeren Bauphasen, in denen sie stufenweise ausgebaut und ausgedehnt wurde, und trotz der wiederholten Veränderungen und Erweiterungen der Monumente, eine von vornherein antizipierte Einheit bildet und das Ergebnis durchgreifender Planung ist.

Die bis heute erhaltene Einheit der Stadt in dem sie klar umgrenzenden Rahmen ihrer Bastion, die nach außen so prägnante Form eines sechszackigen Sternes und das labyrinthisch Verklausulierte ihrer inneren Ordnung legen es nahe, das Diskontinuierliche ihrer Entstehungsgeschichte zu vernachlässigen und die Stadt als eine Ganzheit zu betrachten, die alle nur zufälligen, kontingenten Momente ihrer Entstehungsgeschichte vergessen macht, als wäre sie wie im humanistischen Traum des Poliphilius direkt vom platonischen Ideenhimmel auf die Erde gefallen. (95)

Unter diesem Aspekt einer durchdachten Einheit soll die Stadt, wie wir sie im wesentlichen noch heute sehen und durchwandern können, im folgenden analysiert werden. Da die einzelnen monumentalen Gebäude, die sogenannten Sehenswürdigkeiten, in dieser Optik primär Momente eines Gesamtplans und symbolisch bedeutsamen Beziehungsgefüges sind, sollen ihrer detaillierten Beschreibung die der Befestigungswerke und des Straßenrasters, des funktionalen und symbolischen Gesamtgefüges und die Erörterung der politischen Motive des Stadtumbaus vorangehen.

Die neue Befestigungsanlage folgte nicht den Umrissen des alten Weilers, sondern schloß an ihn an und war weit größer bemessen als die bisherige Bebauung. Der alte *borgo* wurde beinah vollständig abgerissen, um der regelmäßigen Neuanlage Platz zu machen. Nach einer Angabe von Affò sollen damals unterhalb der Festung nur wenige vereinzelte Häuser gerettet und saniert worden sein, während alle anderen verschwanden. Der Bauplatz, der östlich des Weilers abgesteckt worden war, habe vor allem aus einem riesigen mit Gestrüpp bewachsenen Gelände bestanden. Aus einem Brief des Klosterbruders Ierotheo von Mantua an Kardinal Farnese von 1562, in dem er sich für seine Abwesenheit entschuldigt, geht hervor, daß Vespasiano zur Neubefestigung seiner Stadt das Servitenkloster samt der dazugehörigen Kirche San Biagio hat abreißen lassen, da sie den Mauerbau behinderten. Zum Wiederaufbau eben dieser Gebäude innerhalb der Mauern der Neustadt sei er, Ierotheo, als Bauaufseher aus Mantua nach Sabbioneta gerufen worden. (96) Diesen Umstand zog Forster heran, als er zum ersten Mal die These aufstellte, daß die Neuanlage Sabbionetas in hohem Maße auf dem Reißbrett festgelegt und auf vorhandenen Baubestand keinerlei Rücksicht genommen worden sei. Ebenso wie San Biagio wurde die alte Maria Assunta abgerissen und im neuen Areal wieder aufgebaut.

Die Frage, wer denn der Architekt gewesen sein könnte, der das Gesamtkonzept des Stadtumbaus entwickelt hat, konnte bis heute nicht eindeutig beantwortet werden. Sicher ist, daß Vespasiano 1557 die oberste Bauleitung einem Pietro Botazzo übertragen hat, der sie mehr als dreißig Jahre lang innehaben sollte.

Perina und Marani vermuten eine Mitwirkung des Architekten Bernadino Panizzari, genannt *il Caramosino*, aus Piacenza. Als gesichert gilt auch, daß Vespasiano sich für die Anlage der Befestigung von dem Novaresen Gerolamo Cataneo beraten ließ. (97)

Außerdem gibt es Hinweise auf eine Mitwirkung des 1505 in Prato geborenen Architekten Domenico Giunti. Als Ferrante Vizekönig des »Königreichs beider Sizilien« war, hatte jener Giunti die Befestigung von Palermo und Messina geleitet. Als Ferrante 1546 Gouverneur der spanischen Lombardei wurde, ernannte er Giunti zum Stadtbaumeister von Mailand. Dort arbeitete er auch im Auftrag von Ferrantes Frau Isabella da Capua, Prinzessin von Molfetta. Nachdem Ferrante das Territorium von Guastalla durch einige Neuerwerbungen vergrößert hatte, beauftragte er Giunti auch mit dem Entwurf eines kompletten Stadtneubaus mit polygonaler Bastion. Die Arbeiten kamen jedoch ins Stocken, und erst als Ferrantes Sohn Cesare Ende der 60er Jahre nach Guastalla übersiedelte, griff dieser das Projekt wieder auf. Inzwischen hatte allerdings die Entwicklung in Sabbioneta die in Guastalla überholt.

Forster vermutet nun, daß jener Giunti auch für Vespasiano gearbeitet haben könnte. Jedenfalls gibt es einige auffällige Übereinstimmungen der Grundrisse beider Städte. Wenn man allerdings die überlieferte Skizze Giuntis betrachtet und sie mit dem verwirklichten Plan vergleicht, dann hat es eher den Anschein, als habe Cesare sich an Plänen orientiert, die dem Neubau Sabbionetas zugrunde gelegt worden sind. Diese könnten freilich spätere, elaboriertere Versionen aus der Hand Giuntis gewesen sein. (98) Der auffällige Qualitätsunterschied legt aber nahe, zumindest die Einflußnahme eines anderen Architekten zu unterstellen, und als dieser andere könnte durchaus Vespasiano selbst in Betracht kommen. Tatsächlich hat er ja in den 70er Jahren als Vizekönig in Spanien bei der Errichtung, Reparatur oder Modernisierung der Festungen von Pamplona und Cartagena (1571), von Fuenterrabbia und San Sebastiano (1572) und des Castello di Santa Croce an der Nordküste Afrikas (1573/74) seine Qualifikation als Militärarchitekt unter Beweis gestellt. (99)

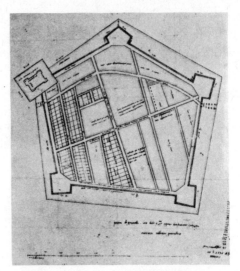

Domenico Giunti, schematischer Plan für den Stadtausbau, von Guastalla, 1549.

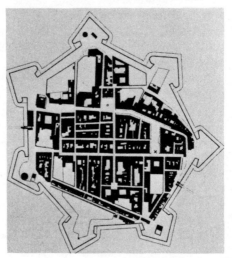

Guastalla, nach einem Kataster des 18. Jahrhunderts

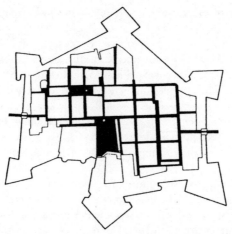

Sabbioneta, Plan der Straßen und Plätze

Außerdem kann zu Vespasianos Ausbildung als Offizier und zu seiner privaten Beschäftigung auch die Lektüre von Traktaten maßgeblicher Architekten gezählt haben wie Alberti, Barbaro, Cataneo oder der Traktat von Filarete, der in der Form einer Konversation während eines Banketts am Hofe des Sforza abgefaßt ist, in der Filarete dem Fürsten die Bedeutung der Architektur für die Ökonomie und die Regierung eines Staates erläutert. Vitruv wird an einer Stelle zu der Lieblingslektüre Vespasianos gerechnet. Da er schon in jungen Jahren zur Literatur hingeführt worden war, gemäß den pädagogischen Empfehlungen eines Da Feltre oder E. S. Piccolomini, könnte neben das Studium der Klassiker und der großen Italiener, der höfischen und politischen Traktate von Castiglione oder Machiavelli schon früh die Lektüre von Architektur-Traktaten getreten sein. Jedenfalls ist kaum anzunehmen, daß sich der junge Mann der Faszination der Stadtpläne und Befestigungssysteme, in damaliger Zeit ein »Männerspiel« ersten Ranges, entziehen konnte. (100)

So ist es gut möglich, daß Vespasiano die ideale Essenz in all dem Bildungsgut, mit dem er in Berührung kam, schon früh auch in der Architektur gesucht hat und seine Geburtsstadt Fondi sowie alle Orte, an die ihn seine Reisen führten, auch unter stadtplanerischem Aspekt studierte. Die sensationellen Stadtumbauten in Ferrara, Pienza und Rom dürften ihm ebenso wenig entgangen sein, wie die neuere Palastarchitektur in Mantua und Mailand. Neben venezianischen und florentinischen Neugründungen hat er auch Bastiden und Bastionen in den fortschrittlichen Niederlanden in Augenschein nehmen können. Überhaupt mögen die Eindrücke in dem »Juwel der spanischen Krone« für Vespasianos Raumordnungskonzeption maßgebend gewesen sein.

Im Bewußtsein, wenn auch in bescheidenem Rahmen zum Herrschen geboren zu sein, könnte sich der junge Vespasiano seiner bevorstehenden Rolle auch in der Form eines kenntnisreichen architekturtheoretischen Interesses vergewissert haben. Bei näherer Betrachtung der Stadt und ihrer Entstehungsgeschichte wird jedenfalls deutlich, daß die architektonische Konzeption in engem Zusammenhang steht mit politischen Prinzipien und staatstheoretischen Spekulationen. Wie groß Vespasianos eigener Anteil an der architektonisch-formalen Lösung auch immer gewesen sein mag, die Stadt zeugt von einem stringenten politischen Konzept, das Ferrante und Ercole Gonzaga entworfen hatten, das aber weder vor noch nach Sabbioneta so prägnant formuliert worden war, vor allem nicht mit so viel Eleganz und Beziehungsreichtum. Der Plan der Stadt, die Straßenführung, die Platzgestaltung, Anlage und Dekoration der herzoglichen Gebäude bilden einerseits die Infrastruktur eines rationalen Modellstaates, andererseits aber die Elemente eines ausgeklügelten, sehr persönlichen Kunstwerkes, eines *concetto*, dessen Bedeutungsgehalt durch kunstvolle Verrätselung noch gewinnt. Diesen doppelten Charakter muß man sich vergegenwärtigen, wenn vom Schema der Stadt und der Ikonographie der einzelnen Gebäude die Rede sein wird.

Über die Motive, die Vespasiano zu seinem Stadtneubau bewogen haben, sind – anders als etwa bei Papst Pius II. – keine schriftlichen Äußerungen erhalten. Man nimmt an, daß er von dem Gedanken beseelt war, sein aufgrund vorangegangener Erbteilungen relativ schmales Erbe in Konkurrenz zu Mantua zu einem modellhaften Gemeinwesen und kulturellen Kleinod zu entwickeln. (101) Seine Stadt sollte ihm Gelegenheit geben, einen Staat nach dem Vorbild der Renaissancefürsten zu regieren, einer Regierungskunst nachzueifern, die ihm in dem Fortbestehen der traditionsreichen Fürstenhäuser vor Augen stand.

Ein wichtiges Moment dieses Ideals bildete die großzügige und kenntnisreiche Förderung des Kulturlebens. Die Anwesenheit von Künstlern und Gelehrten fordert als Tätigkeitsfeld die Stadt, wie umgekehrt deren Wirken einen Ort erst zu etwas vom Land Unterschiedenem macht. Erst als Wirkungsbereich und sich entwickelndes Ergebnis permanenten künstlerischen und geistigen Schaffens kann sich humanistischen Vorstellungen gemäß eine Residenz in Kontrast setzen zur kruden Feudalherrschaft des Burgherrn und zur usurpierten, illegitimen Herrschaft des Tyrannen.

An erster Stelle aber stand die Verpflichtung der Herrschaft auf die allgemeine Vernunft und das Gesetz. Das Prinzip der nachprüfbaren Rationalität und einklagbaren Rechtmäßigkeit, das sich freilich in seiner funktionalen Orientierung als Staatsräson dem einzelnen gegenüber recht großzügig auslegen ließ, spiegelte sich in der rationalen Anlage, im durchdachten Plan der Stadt und verlangte diesen als greifbare Veranschaulichung und rhetorisches Mittel. Ein überzeugendes Argument der architektonischen Rhetorik bildet die Zentralisierung der Macht und der Verantwortung in der Hand des Fürsten, deren Vernünftigkeit mehr als in Einzelentscheidungen in der zentralisiert geplanten Einheit des Stadtplans anschaulich plausibel wird. Wie sich das moderne Regiment vom mittelalterlichen Patriarchat durch die Verpflichtung auf die Institution des Gesetzes und durch die Unterordnung des sozialen Lebens unter eine rationale Ordnung unterschied, so unterschied sich die moderne Stadt, in der die Dinge und die ausdifferenzierten Funktionen ihren angemessenen Ort haben und ihren Stellenwert im Gefüge eines rationalen Gesamtplans, von der Zufälligkeit der agglomerierten Häuser einer bloß gewachsenen Stadt.

Unterstützt wurde diese Rhetorik durch eine durchgehende Polarisierung des städtischen Raumes, durch Zeichen monopolisierter Gewalt und militärischer Macht auf der einen und der Recht- und Gesetzmäßigkeit von Regierung und bürgerlichem Alltag auf der anderen Seite.

Zur Feststellung der Motive, die Vespasiano Gonzaga zu seinem Stadtneubau bewogen haben mögen, darf man sich freilich auf den Aspekt des ideologischen Überbaus nicht beschränken. Eine allgemeine Betrachtung der Geschichte der Neugründungen und Idealstädte in Mittelalter und Renaissance lehrt, daß handfeste ökonomische Gründe in der Regel ausschlaggebend sind. Die deutliche Verbesserung der Rendite, die ein Großgrundbesitzer, sei es ein Landadliger oder ein Kloster, bei der Umwandlung von Acker-, Weideland oder Wald in Bauland schon damals erwarten konnte, bewog viele unter ihnen, durch Verpachtung an sogenannte *locatores* oder einen *sénéchal* oder auch durch eigene Vorfinanzierung Städte zu gründen. Dabei können die verkehrstechnisch vielversprechende Lage, der Wunsch, mit einer benachbarten Stadt wirtschaftlich in Konkurrenz zu treten, oder der momentane Grenzverlauf in Verbindung mit staatlichen Zugeständnissen eine Rolle spielen. Nicht selten entbehrt dieser Schritt jedoch der realistischen Einschätzung der Wachstumschancen der Neugründung. (102)

Neugründungen beruhen wie Stadterweiterungen in zweiter Linie auf einem steuertechnischen Kalkül. Die Städte des Mittelalters waren stets bestrebt gewesen, ihre Einwohnerzahl zu vermehren. Die Umsiedlung ganzer Städte, Vertreibung und Neuansiedlung waren im 12. und 13. Jahrhundert keine Seltenheit. Man bemühte sich auch im 14. und 15. Jahrhundert, die vorhandenen Arbeitskräfte am Ort zu verwurzeln und zusätzlich Landflüchtige anzuwerben, um die Zahl der direkt Abgabe- oder Steuerpflichtigen zu erhöhen, die geflohenen Leibeigenen oder landflüchtigen Kleinbauern für die eigenen Fabriken zu gewinnen, und auch die vornehmlich auf dem Land tätigen neuen Verlagsunternehmer als Steuerzahler zu binden. Städte mit einem großen Territorium oder solche, die bestrebt waren, das ihre zu erweitern, legten darüber hinaus Tochterstädte an. (103)

Es ist durchaus denkbar, daß Vespasiano aus ebensolchen steuerpolitischen Gründen bestrebt war, durch seinen Neubau das verstreute Kleingewerbe und den Kleinhandel und außerdem die neue Unternehmerschicht des Verlagswesens zu konzentrieren, die ihm zugleich in dem Interesse zu Hilfe kam, die Landbevölkerung zu verwurzeln. Das Verlagswesen basierte auf der Heimarbeit und damit auf der traditionellen ländlich-familiären Hauswirtschaft und war in Oberitalien vor allem in der Tuchindustrie verbreitet. Im Unterschied zu den größeren Städten der Nachbarschaft bestanden in Sabbioneta keinerlei zünftische Restriktionen. Wie in Bòzzolo könnte auch hier eine Seidenmanufaktur existiert haben. (103ª) An vielen Orten der Lombardei, insbesondere aber im mantovanischen Territorium, sorgte man für die Verbreitung der Maulbeerbaumkultur, welche die Basis für die Bearbeitung der Rohseide in der Heimindustrie bildete. Die Seide stellte noch vor dem Leinentuch den wichtigsten Exportartikel des Mantovanischen Handels dar.

Die Einrichtung geräumiger und teilweise überdachter Marktplätze und die polizeilich kontrollierte Verpflichtung, Markt nicht mehr auf dem Land abzuhalten oder durch Hausiererei zu ersetzen, sondern ausschließlich am dafür vorgesehenen Platz innerhalb der Stadtmauern stattfinden zu lassen, dienten der Eintreibung von gerne umgangenen Zollgebühren als einer wichtigen Einnahmequelle der Signori und speziell der Gonzaga. Auch durch die Errichtung von Brücken, Zollhäusern, Wachtürmen, Mauern und Stadttoren versuchte man, der Umgehung der Zollgebühren Herr zu werden.

Die neue Stadt konnte einer größeren Zahl von Großgrundbesitzern, Kaufleuten, Industriellen, Pächtern und Beamten Wohnsitz und mit ihrer Architektur und ihrem Warenangebot einen standesgemäßen Rahmen luxuriöser Lebensführung bieten. Der periodisch abgehaltene Markt, ständige Rechtsprechung, Anwälte, Ärzte, gute Straßen und militärische Sicherheit ziehen zahlungskräftige Konsumenten an, die wiederum die Steuer- und Zolleinnahmen verbessern.

Die Möglichkeiten zur Erhöhung der Steuereinnahmen waren eng begrenzt. Den vielfältigen Steuerbefreiungen und Sonderrechten der adligen Grundeigentümer ist es zu verdanken, daß die Grundsteuern den geringsten Anteil am Staatseinkommen bildeten. Eine Erhöhung der Grundsteuern war durch uralte Privilegien blockiert; auch die Anhebung der direkten Steuern wohlhabender Bürger war politisch nicht opportun.

Die Haupteinnahmen der Gonzaga bestanden denn auch nicht in direkten Abgaben sondern vielmehr in den indirekten Steuern, die von Steuerpächtern gezahlt wurden, die zusammen mit den Landpächtern, welche das Land der Großgrundbesitzer verwalteten, die Bourgeoisie auch Sabbionetas bildeten. Diese sogenannte *fermieri* trieben bestimmte, von ihnen gepachtete Steuern ein, vor allem die der kleinen Bauern auf dem Land, und taten dies mit mehr Disziplin und Unnachgiebigkeit als jeder Beamte. Eine Erhöhung der indirekten Steuern konnte langfristig die Landwirtschaft nur ruinieren. Eine Überdrehung der Steuerschraube, wie sie im Kirchenstaat notorisch war, führte unmittelbar zu rückläufigen Einnahmen. Eine realistische Erwartung höherer Steuereinnahmen konnte sich daher nur auf eine florierende Landwirtschaft gründen, die den *fermieri* auch bei der Erhöhung ihrer Pachtgelder keine Einbußen brachte.

Für eine Intensivierung landwirtschaftlicher Bodennutzung und für Investitionen zur Modernisierung der Bewirtschaftungs- und Verwertungstechniken mußten freilich Anreize geschaffen und fixierte Steuerveranlagungskriterien zugesichert werden. Darüber hinaus mußte der Staat den Grundbesitzern und Pächtern in ihren Bemühungen mit einer Verbesserung der Infrastruktur entgegenkommen, die es erlaubte, verbesserte Erträge ohne größere Verluste auf den Markt und zu guten Preisen an den Verbraucher zu bringen und die es möglich machte, den Anteil an gewinnbringender Exportware zu steigern. Die Urbanisierung Sabbionetas ist u. a. zu begreifen als Element derartiger infrastruktureller Maßnahmen. (104)

Die Überholung der Deiche, die Begradigung und Pflasterung der Straßen, die Schaffung geräumiger und durch Arkadengänge überdachter Marktplätze, die Errichtung von Regierungs- und Gerichtsgebäuden und die Befestigung einiger Zentren werden durch die Schaffung öffentlicher Einrichtungen ergänzt, durch Hospitäler, Waisenhäuser, Leihhäuser, Schulen etc.

Dem Neubau für die in die Stadt umgesiedelten Serviten, die sich immer schon der Kranken angenommen hatten, wurde ein Hospital angegliedert, das allen Teilen der Bevölkerung kostenlos offenstand und von öffentlichen Spenden finanziert wurde. (105) Ein *monte di pietà*, der zuerst seinen Sitz im Sanctuario di Vigoreto gehabt hatte, wurde in die Stadt verlegt und zunächst im Kastell, im Jahre 1565 dann im Palazzo della Ragione untergebracht. Der *monte* war eine Art Versatzamt oder Pfandleihe, eine Einrichtung auch zur zinsfreien Geldvergabe mit dem Ziel der Linderung der ärgsten Armut. In den Worten eines Kirchenmannes sollte er helfen, »die Armen vor dem Wucher des Juden Guardamale Foà zu schützen, des verdammungswürdigen Geldleihers von Sabbioneta«. Der Kardinal Ercole Gonzaga, Bischof von Mantua und Probst von Sabbioneta, und der Kardinal Benedetto Accolti aus Cremona hatten 1543 dem Antrag der Gemeinde auf Errichtung eines *monte* zugestimmt und, wie nach geltendem Recht erforderlich, zwölf Ehrenmänner als Präsidenten und Bürgen ernannt.

Diese Institution, die mit der Unterstützung des Fürsten rechnen konnte und mit Hilfe von Stiftungen und Almosen unterhalten wurde, ergänzt die Fülle der mildtätigen Handlungen einer in ihren Privilegien gänzlich ungefährdeten und selbstbewußten Aristokratie. Die *monti* zählen zu den Gesten patriarchalischer Verantwortung, die man als »Mission der Reichen« bezeichnet hat, die, wie wir bei Manzoni erfahren, damals besonders in der Lombardei Tradition hatte.

Verwaltungstechnisch gesehen hatten die *monti* ebenso wie die anderen genannten Einrichtungen die Aufgabe, im Rahmen der bestehenden sozialen Ordnung die Kontinuität der direkten und indirekten Steuereinnahmen und den sozialen Frieden zu gewährleisten. Letztlich geht diese Einrichtung auf eine Initiative der Franziskaner zurück, die einen derartigen Fonds erstmals 1463 in Orvieto gegründet hatten. (Später wurde ihnen von der Kirche erlaubt, zur Deckung der anwachsenden Verwaltungskosten für jedes gewährte Darlehen Bearbeitungsgebühren zu erheben.) (106)

In Krisenzeiten, nach Mißernten, bei Epidemien und im Krieg wurde der Getreidehandel monopolisiert und die Verteilung an Bedürftige in sogenannten *monte di grani* sichergestellt. Ein weiteres Element der infrastrukturellen Ausstattung des neuen Sabbioneta bildete die öffentliche Schule, die nach dem Vorbild der italienischen Humanistenschulen, etwa der von Gianfrancesco gestifteten Schule Da Felters in Mantua, einen Teil der Erziehung übernahm, die bis dahin ausschließlich in den Händen der Kirche gelegen hatte. (107)

In steuertechnischer Hinsicht bildet der Neubau von Sabbioneta nur einen, wenn auch den zentralen Baustein einer umfassenden raumordnungspolitischen Maßnahme, welche die Urbanisierung anderer Landstädte umfaßte und die Rationalisierung des Umlandes einschloß. Im Unterschied zu den anderen Orten ist Sabbioneta aber primär als Verwaltungszentrum und Residenz konzipiert worden. Dieser Bedeutung entspricht nicht nur die Konzentration eines Beamtenapparates und eines Hofstaates an diesem Ort, sondern auch die Ansiedlung, Verwurzelung und Förderung von aristokratischen Bedürfnissen gehorchenden Luxusindustrien. Eine Bauhütte, manche Art von Kunsthandwerk, Möbel-, Keramik- und Textilherstellung, Münzprägung, Kanonengießerei, Buchdruck dienten in erster Linie dem persönlichen Bedarf des Fürsten, in zweiter Linie aber auch dem bürgerlichen Konsum, und bildeten einen nicht unerheblichen Faktor für die Produktivität und den Wohlstand der ansässigen Bevölkerung.

Im Zusammenhang mit der Frage der Gewerbeförderung ist Vespasianos Unterstützung der jüdischen Gemeinde bemerkenswert, die unter seiner Regentschaft erheblich anwuchs. Unter den ca. 2000 Einwohnern, die Sabbioneta in den fünfziger Jahren des 16. Jahrhunderts zählte, sollen mehr als zweihundert Juden gewesen sein.

Die judenfreundliche Haltung steht in der mantovanischen Tradition nicht isoliert. Das kirchliche Verbot des Geldverleihs für Christen hatte Ende des 14. Jahrhunderts die Entstehung jüdischer Geldverleihinstitute begünstigt. In den 80er und 90er Jahren des 14. Jahrhunderts öffneten mehrere jüdische Banken in Mantua. Diese Bankiers bildeten den ersten Keim einer sich schnell vergrößernden jüdischen Gemeinde, die sich aus den jüdischen Zwangsemigrationen ganz Europas rekrutierte, vor allem aus Deutschland und Spanien, aber auch aus Frankreich und dem Kirchenstaat. 1420 existierte bereits eine stattliche Gemeinde, die auch eine Synagoge besaß und deren Rat einen politischen Machtfaktor darstellte. 1436 wurden auch in anderen mantovanischen Territorien jüdische Gemeinden zugelassen und Synagogen errichtet: 1436 in Sabbioneta, 1439 in Quistello, 1442 in Marcaria und Viadana, 1466 in Ostiglia. Die Populationen wurden zunächst fast ausschließlich von den Familien der Bankiers gebildet. Ende des 15. und Anfang des 16. Jahrhunderts betätigen sich die Juden auch in der heimischen Tuchindustrie. (108)

In einer Zeit, als in ganz Europa und zunehmend auch in Italien eine neue Welle der Judenverfolgung um sich griff, die Sondergesetze verschärfte und die Erwerbsmöglichkeiten drastisch eingeschränkt und auch in Mantua die Zeiten für die ansässigen Juden schlechter wurden, betraute Vespasiano die jüdische Gemeinde Sabbioneta mit der Lizenz des Buchdruckgewerbes. (109) Er verlieh 1550 dem Oberhaupt der Gemeinde die Konzession zur Gründung einer Druckerei, nach dem Vorbild der von Gutenberg inspirierten ersten italienischen Druckereien in Venedig und Rom. Hier erschienen prominente lateinische und italienische Schriften sowie Abhandlungen, Übersetzungen und Chroniken Sabbionetaner Bürger. Sie erlangte eine gewisse Berühmtheit durch besonders schöne Drucke hebräischer Literatur, und das in einer Zeit, in der vielerorts deren einstige humanistische Förderung in inquisitorischen Bücherverbrennungen ihr trauriges Ende gefunden hatte. (110)

Die Foà besaßen mit dieser Konzession ein Monopol. Das Verlags- und Druckgeschäft lag damals gewöhnlich in ein und derselben Hand, meist eines Familienunternehmens, das die Lizenz dynastisch vererbte. Mit der Buchdruck-Manufaktur mag der Betrieb von Papiermühlen an den Ufern des Po verbunden gewesen sein. Beides befand sich auch im nahen Casalmaggiore. (111)

Die Bankiers in der Familie sicherten Vespasiano als Gegenleistung Kredite zu, die für die Realisierung des ambitionierten Bauprojekts und die kontinuierliche Fortsetzung der umfangreichen Bauarbeiten in Sabbioneta unerläßlich waren. Die jüdische Gemeinde Sabbionetas bildete eine Art Vorläufer des »Hofjudentums« an den absolutistischen Höfen der folgenden Jahrhunderte.

Das Gewerbe Sabbionetas wurde vor allem jedoch durch die Bautätigkeit belebt und diversifiziert. Der Stadtumbau und die Errichtung und Ausstattung der herrschaftlichen Gebäude und im Gefolge der private Wohnungsbau schufen eine attraktive Auftragslage für viele Handwerker in der Umgebung, die darum nicht gezwungen waren, sich andernorts zu verdingen und sich in Sabbioneta ansiedeln konnten. Besonders florierte das Kunsthandwerk. Bernadino Campi unterhielt in seinem Haus an der Via Giulia fünf Jahre lang eine Malerschule, in der er Sabbionetaner Maler und Stukkateure ausbildete.

In diesem Zusammenhang läßt sich die Frage erörtern, ob Vespasiano sich nur notgedrungen auf die Beschäftigung zweitrangiger Kunsthandwerker der Region und der näheren Umgebung beschränkt hat. Campi genoß zwar zwischen Cremona und Parma einen nicht unbeträchtlichen Ruf, und auch die Gastspiele Carlo Urbinos und eines Niederländers sind kunsthistorisch nicht uninteressant, doch sind ihre Arbeiten nicht mit denen Giulio Romanos oder Parmigianinos zu vergleichen. Zunächst einmal wäre wohl den prominenteren Künstlern die Aufgabe in Sabbioneta nicht attraktiv genug erschienen. Auch hätten Vespasianos finanzielle Mittel für die von ihnen erwarteten Honorare wohl kaum ausgereicht. Es ist aber auch denkbar, daß die Begünstigung der lokalen Fachkräfte, die Campi und Urbino zur Seite standen, absichtlich geschah, und zwar weniger aus trotzigem Lokalpatriotismus als vielmehr mit dem politischen Ziel, die in Sabbioneta gebürtigen oder in der Region ansässigen Künstler durch Aufträge an den Ort zu binden.

Die zahlenmäßig größte und über mehrere Generationen tätige Malerfamilie in Sabbioneta war die der Pesenti. Sie alle firmierten nicht mit ihrem Namen, sondern mit »Sabbioneda«. Zuerst erwähnt wird Galeazzo Pesenti. Sein Bruder Andrea starb 1447. Dessen Sohn Galeazzo hatte wiederum einen Sohn Pietro Martire Pesenti, der sich Architekt, Maschinenerfinder, Maler und Gießer nannte. Bevor er nach Sabbioneta zurückkehrte, hat er die meiste Zeit in Cremona gelebt und u. a. im dortigen Dom gearbeitet. Anläßlich des Besuches des Erzherzogs Rudolf, des späteren Kaisers, im Jahre 1563, konstruierte er Maschinen und war verantwortlich für die speziellen Effekte der Festgestaltung. Pietros Brüder Francesco und Vincenzo, die weniger bekannt waren, arbeiteten ebenfalls in Cremona und in Sabbioneta. Weitere Pesenti werden bis ins 17. Jahrhundert hinein als Maler erwähnt.

Die Familie der Cavalli ist in Sabbioneta von 1573 bis 1600 tätig. Alberto Cavalli, in Sabbioneta gebürtig, arbeitete zeitweilig in Verona und dann als Maler und Stukkateur für Vespasiano. Durch eine Bezahlungsurkunde wird er 1584 aktenkundig. Andrea Cavalli war Münzmeister und Gießer in Vespasianos Diensten. Nach dessen Tod ging Alberto nach Guastalla, um dort für Cesare Gonzaga zu arbeiten, blieb jedoch weiterhin in Sabbioneta wohnen.

Einige Künstler der Umgebung wurden zeitweilig in Sabbioneta ansässig, außer B. Campi und C. Urbino die Brüder Giovanni und Cherubino Alberti aus San Sepolcro, die Brüder Tusardi, Fornaretto Mantovano, der Belgier Giovanni Villa, weiterhin der Cremoneser Alessandro Lamo, Bernadino Balsi aus Urbino, Camillo Ballino, Giuseppe Robone, Bartolomeo Conti, Andrea Sentellari.

Die herausragenden Persönlichkeiten, B. Campi, C. Urbino und P. M. Pesenti, denen der größte Teil der Fresken zugeschrieben wird, lassen sich in gewisser Weise als »Schüler« Giulio Romanos klassifizieren, den selbst nach Mantua zu holen es mehrerer Jahre hartnäckigen Werbens und überaus großzügiger Angebote Federicos Gonzagas bedurft hatte. Schließlich war es nur den fortgesetzten Bemühungen seines Botschafters Baldassare Castiglione und des Freundes Pietro Aretino zu verdanken, daß Romano einwilligte, Rom zu verlassen. Erst in den 8oer Jahren wird es Vespasiano wichtig und auch erst möglich, sich um erstrangige, überregional angesehene Künstler zu bemühen wie V. Scamozzi, Leone Leoni oder Ser Bernadino aus der Schule Veroneses. (112)

Dem ganzen Wesen nach handelte es sich bei dem Umbau Sabbionetas um zentral geleitete Arbeiten nach vorgefertigten Plänen, für die eine Menge Facharbeiter und eine große Zahl von Hilfsarbeitern benötigt wurden. Der Bau und die Erhaltung der modernen Befestigungsanlagen konnte nicht mehr wie der Mauerbau im 13. und 14. Jahrhundert von den Bewohnern der Stadtviertel in Eigenregie bewältigt werden. Teilung und Hierarchisierung der Bauarbeiten waren mit der Reformierung der Befestigungstechnik und mit der Entwicklung der Planung im 16. Jahrhundert erheblich fortgeschritten.

Mangel an Hilfsarbeitern dürfte kaum geherrscht haben, da zu jener Zeit stets eine große Anzahl von Tagelöhnern auf Arbeitssuche war. Zusammen mit entlassenen Soldaten bildeten die »freien« Bauern ein großes »Reservoir« an verfügbaren Arbeitskräften, aus dem auch die Unternehmer schöpften, die unter Umgehung städtischer Beschränkungen vorwiegend auf dem Land Heimwerker beschäftigten und in vielen Städten manufakturelle Betriebe eröffneten. Auf dasselbe Reservoir, aus dem sich die Söldnerheere, die saisonalen Erntearbeiter der Landpächter, das Industrieproletariat und die Ruderer der Galeeren rekrutierten, konnte man auch auf Großbaustellen wie Sabbioneta rechnen. Andererseits konnten durch die Bauprojekte Vespasianos die Tagelöhner der Region, die auch ein Sicherheitsproblem darstellten, gebunden werden. Der Stadtumbau stellt so gesehen ein stattliches Arbeitsbeschaffungsprogramm dar.

Im Zusammenhang mit den staatlichen Rationalisierungsmaßnahmen ist auch von einer Landwirtschaftsreform die Rede.

Grundeigentümer zu Reformen zu bewegen, war ohne Not in der Regel nicht zu erwarten. Zu jener Zeit wurden Einnahmesteigerungen im allgemeinen weniger durch Verbesserung der Betriebsmethoden erzielt als durch Raubbau und die Verschärfung der Abgabepflichten. An erst langfristig lohnenden, vorerst aber mit Kosten verbundenen Maßnahmen waren Großgrundbesitzer und Pächter im allgemeinen nicht interessiert. Anders als im Kirchenstaat und im Mezzogiorno wirkten sich aber in der Lombardei, insbesondere in der Poebene und im Mantovanischen, Wirtschaftskonjunktur und steigende Preise auf Grundeigentümer wie Pächter als Stimulus für die Modernisierung und Rationalisierung der Bewirtschaftung aus, bei der sie durch staatliche Initiativen zum Ausbau der Infrastruktur unterstützt wurden. Einen wesentlichen Faktor hierbei stellte der festgelegte Grundwert für die Besteuerung dar, da er die Eigentümer gegen Steuererhöhungen absicherte, wenn sich ihr Einkommen durch wachsende Erträge erhöhte. So läßt sich im Kleinstaat Sabbioneta im 16. Jahrhundert der seltene Fall beobachten, daß staatliche Maßnahmen zur Intensivierung der Steuerressourcen einhergehen mit einer allgemeinen Intensivierung der Landwirtschaft, mit Verbesserungen der Anbaumethoden, der Bewirtschaftungs- und Verwertungstechniken, der Trockenlegung von Mooren, der Entwässerung feuchter Niederungen und der Kultivierung ungenutzten Landes. (113)

Die erweiterte Nutzfläche kam vor allem dem Getreideanbau zugute. Gegenüber der immer teurer werdenden Fleischernährung war mit steigender Bevölkerungsdichte die Versorgung mit Getreide immer wichtiger geworden. Zwar war in dieser Gegend schon damals die Milch- und Käseproduktion, die Rinder- und vor allem die Schweinezucht heimisch. Doch einen wachsenden Anteil bildeten die großflächigen Getreidefelder, die von Entwässerungsgräben und Pappelreihen durchzogen wurden. In jener Zeit wurden in den Überschwemmungsgebieten des Po auch der Reisanbau und das Bastrohr heimisch.

Besondere Erwähnung verdient der Umstand, das Vespasiano als erster in Italien den Maisanbau einführte. Dieses ursprünglich indianische Getreide, das damals unter dem irreführenden Namen *granoturco* bekannt wurde, konnte Vespasiano aus Spanien beziehen. Der relativ ertragreiche und witterungsbeständige Mais war sowohl dazu geeignet, die Versorgung der Bevölkerung mit Grundnahrungsmitteln zu sichern und vor Hungersnöten schützen zu helfen, als auch dazu, den Grundbesitzern und Pächtern weiterhin Renditen zu sichern, die ein genereller Weizenanbau nicht mehr gestattet hätte.

Mais zählt zu den strapazierfähigsten Früchten. Andererseits aber strapaziert er seinerseits den Boden und laugt ihn schneller aus als andere Früchte und gibt ihn auch stärker der Erosion preis. Auch zählt Mais zu den minderwertigen Getreidesorten, wie Roggen und Hirse. Während der Mais für Landbesitzer und Pächter eine interessante Alternative zum Weizen darstellte, war er für die Landbevölkerung oft nicht gerade ein Segen. Wo er die fast ausschließliche Nahrung darstellte, wie bald in weiten Teilen Italiens, war die Verbreitung der Mängelkrankheit Pellagra die häufige Folge. In der fruchtbaren Poebene allerdings bedeutete der Maisanbau weder eine übermäßige Belastung des Bodens noch die generelle Gefahr einseitiger Ernährung.

Die weite Verbreitung des Maisanbaus in damaliger Zeit mag heute verwundern, ist doch Italien als das traditionelle Land der Nudeln bekannt. Die Teigwaren wurden jedoch erst später zum italienischen Volksnahrungsmittel. Ihre Verbreitung beruht auf dem in Süditalien produzierten Grieß. Den billiger arbeitenden Getreidemühlen Süditaliens konnten auf die Dauer die norditalienischen Mühlen nicht standhalten. Dem ruinösen Wettbewerb fielen zuerst die venezianischen Mühlen und dann die zum Opfer, die auf dem Po schwammen, von dessen Strömung angetrieben. In der Lombardei blieben neben den Nudeln allerdings bis heute der Mais bzw. die Polenta als Hauptnahrungsmittel heimisch. (114)

Schließlich sei noch erwähnt, daß man im Mantovanischen vereinzelt auch von der vorherrschenden Dreifelderwirtschaft, nach der Getreide nur zwei Jahre hintereinander auf dem gleichen Boden angebaut werden kann und der übrige Boden brachliegt, zur Fruchtwechselwirtschaft überging. In Verbindung mit dieser Technik wurde der Anbau von Bohnen, Erbsen und anderen Hülsenfrüchten sowie von Hanf oder Flachs für die gewerbliche Produktion verstärkt. Dies war eine Neuerung, die zu jenem Zeitpunkt lediglich noch in den Niederlanden zu verzeichnen ist, wo der Bevölkerungsdruck extrem hoch war und die Vermehrung der Nutzfläche auf natürliche Grenzen stieß.

Die raumpolitischen Rationalisierungsmaßnahmen und die wirtschaftlichen und fiskalischen Reformen setzten ein siedlungspolitisches Konzept voraus, etwa in Form gesetzlicher Handhaben zur Zwangsumsiedlung und Bauverpflichtung oder in der Bereitstellung von preisgünstigem Bauland und befristeter Steuererleichterungen oder aber in der Kombination von Zwangsverordnungen und finanziellen Anreizen, sich in der Neustadt niederzulassen. Von Ludovico Sforza wissen wir, daß er in Vigevano mit rücksichtsloser Härte enteignete und mit Hilfe einer Sondergesetzgebung alle Gebäude abreißen ließ, die sich auf dem Gelände befanden, das für die Stadtumbauten vorgesehen war, vor allem für die Anlage der zentralen Plätze. Enea Silvio Piccolomini mußte für seine Umbaupläne in Corsignano/Pienza sämtliche Grundstücke erst aufkaufen, einschließlich derjenigen, die sich einmal im Besitz seiner Familie befunden hatten. (115)

Wie einst Ludovico Sforza war auch Vespasiano Gonzaga in seinem Duodezfürstentum Staatsoberhaupt und oberster Feudalherr zugleich, und der größte Teil des zur Bebauung vorgesehenen Terrains befand sich ohnehin in seinem Privatbesitz. Pachtverträge konnten ohne größere Schwierigkeiten gekündigt werden. Doch konnte Vespasiano nicht ohne entsprechende Entschädigungen enteignen. Grundstücksschenkungen und Finanzhilfen, wie sie für die Umsiedlung der Klöster und Kirchen in den neuen Mauerring urkundlich belegt sind, mögen auch in anderen Fällen praktiziert worden sein.

Derartige Zugeständnisse bildeten jedenfalls ein verbreitetes siedlungspolitisches Instrument. Am weitesten sollte die Republik Venedig gehen, in deren abgelegener Festungsstadt Palmanova sich noch nach der Fertigstellung kaum ein Bürger niederlassen wollte. Da die für 20 000 Menschen angelegte Stadt noch 1622 fast ausschließlich von den dort stationierten Soldaten bewohnt war, sah sich der Rat genötigt, dem Zuzug dadurch aufzuhelfen, daß man Verurteilten Straferlaß und die Schenkung eines Baugrundstücks versprach. 1647 wird der stagnierende Bau trotzdem als Ruine bezeichnet. Enea Silvio Piccolomini, Papst Pius II., gab seinen Kardinälen und Beamten, um sie dazu zu bewegen, in seiner Stadt Pienza zu bauen und Wohnsitz zu nehmen, über die Grundstücksschenkungen hinaus noch weitreichende finanzielle Zuschüsse für Neubau- und Modernisierungsarbeiten. (116) Von der Gewährung befristeter Steuererleichterungen zeugen auch schon frühere Dekrete und Verordnungen. In der Regel waren solche Zugeständnisse mit einem Bauzwang verknüpft. So wurde einem Florentiner Statut von 1489 zufolge jedem Bürger auf fünf Jahre Steuerfreiheit zugesichert, der auf einem noch unbebauten Grundstück innerhalb der Stadt ein Haus errichtete. Besonders interessiert war man an wohlhabenden Bürgern. Man unterstützte sie überall mit Zuschüssen. Besonders mächtigen Familien schenkte man in Siena ein Grundstück und half bei der Errichtung eines Palastes, wenn sie sich dadurch bewegen ließen, in die Stadt überzusiedeln. Im Mittelalter finden wir in fast allen Städten Norditaliens ein Gesetz, das Bürgern, die in der Stadt siedeln wollen, vorschreibt, sich ein Haus zu bauen. Ein Bürgerausschuß trägt in Ravenna im 13. Jahrhundert dafür Sorge, daß die Bewohner des umgebenden Landgebietes, des *contado*, jährlich fünfzig Häuser in der Stadt bauen lassen.

Im Fall Sabbioneta belegen einige Dokumente Grundstücksschenkungen aus dem Besitz der Gonzaga sowie Land- und Hausverkäufe an private Hand in den Jahren 1557 bis 1561. Wenngleich von Steuererleichterungen oder -befreiungen definitiv nichts bekannt ist, kann man ihre Gewährung als allgemeinen Usus nicht ausschließen. Dem Siedlungszwang und der Arbeitsverpflichtung, die Vespasiano mit Strafandrohung dekretierte, hätten ohne Aufwandsentschädigungen viele wohl nicht nachkommen können.

Phaeton. Deckenfresko im Palazzo Ducale, Ahnengalerie

2 Luftbild Sabbioneta

Sabbioneta. Ansicht der Piazza Maggiore
Giorgio de Chirico, Geheimnis und Melancholie einer Straße
Sabbioneta. Ansicht der Piazza Maggiore

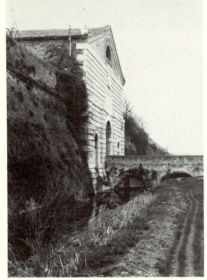

6 Via Porta Vittoria
7 Entwurf Leonardo da Vincis für eine Idealstadt mit zwei Verkehrsebenen
8 Kaisertor im Osten
9 Siegestor im Westen

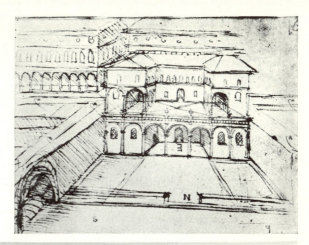

Entwurf Leonardo da Vincis für eine Idealstadt mit zwei Verkehrsebenen
Casino mit Verbindungsgängen zur Galerie und zur nicht mehr vorhandenen Burg

12 Vespasiano Gonzaga und sein Vater Luigi »Rodomonte« Gonzaga.
Bemalte Holzskulpturen. Palazzo Ducale

3 Vespasiano Gonzaga. Bronzeplastik von Leone Leoni, Teil des Grabmals.
S. Maria Incoronata

14 Ansicht Genuas. Palazzo Ducale

15 Szenenbild der Komödie »Gli inganni« von Curzio Gonzaga.
   Holzschnitt, Venedig 1592

Fresko im Teatro Antico

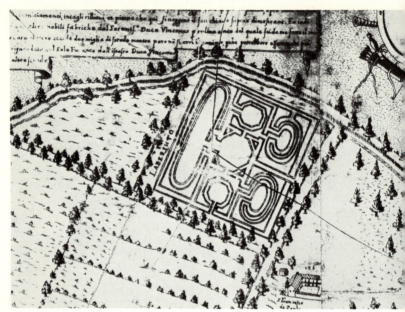
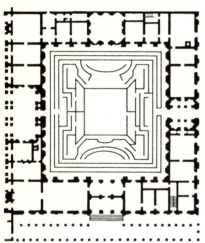

17 Heckenlabyrinth auf der Insel Te in Mantua. Vedute von Bertazzolo 1628
18 Unverwirklicht gebliebenes Labyrinth im Hof des Palazzo del Te in Mantua

Schloß des Hafens Plusiapoli

20 Akademie und Privathäuser in der Via Damiano Chiesa, der ehemaligen Stradone
21 Vicolo dell' Ospedale
22 Akademie und Privathäuser in der Via Damiano Chiesa, der ehemaligen Stradone

Via Prato Raineri
Via Dondi, die mit der Via Vespasiano Gonzaga, der ehemaligen Via Giulia, *cardo* und *decumanus* des neurömischen Straßenkreuzes bildet
Piazza Maggiore

26 Circus Maximus. Fresko im Casino

27 von l. nach r.: Ludovico Gonzaga, 3. capitano von Mantua, Gianfrancesco Gonzaga, Graf von Ròdigo und Baron von Bòzzolo und Sabbioneta, Luigi »Rodomonte« Gonzaga, Baron von Gazzuolo, Vespasiano Gonzaga-Colonna, 1. Herzog von Sabbioneta. Bemalte Holzskulpturen, Palazzo Ducale

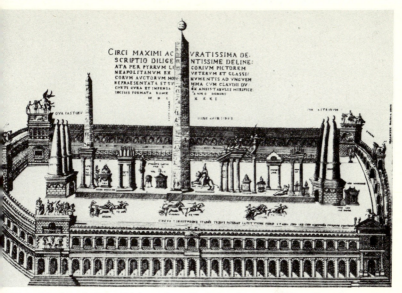

Circus Maximus in Rom, Stich aus dem »Speculum Romanae Magnificentiae«, 1581

Palazzo Ducale

30 Daidalus und Ikarus. Deckenfresko im Casino

31 Das trojanische Pferd. Fresko aus dem Aeneas-Zyklus im Casino

2 Sturz des Phaeton in den Eridanus. Deckenfresko im Casino

3 Die Jagd. Fresko im Spiegelsaal des Casino
4 Das Bad. Fresko im Spiegelsaal des Casino

35 Die drei Grazien und Grotesken im Casino

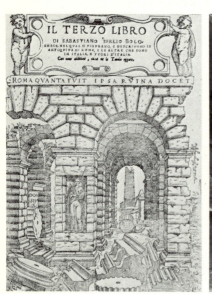

36 Frontispiz des 3. Buches der »Tutte l'opere d'architettura et prospettiva de Sebastiano Serlio Bolognese«, Venedig 1619

37 Teatro Antico an der Via Vespasiano Gonzaga

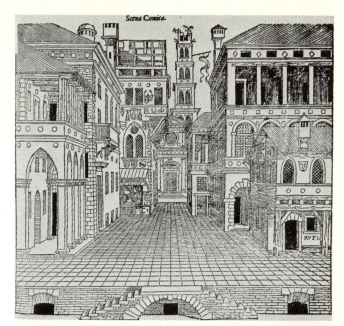

38 Modell für die »komische Szene« im Werk des Sebastiano Serlio, 2. Buch
39 Modell für die »tragische Szene« im Werk des S. Serlio, 2. Buch, Pol. 46 v.

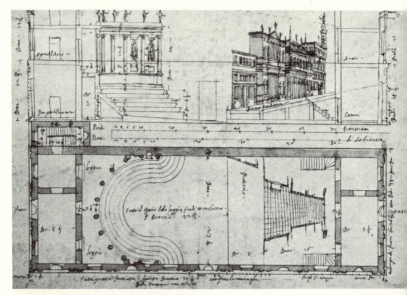

40 Entwurf Vincènzo Scamozzis für das Theater von Sabbioneta, 1588
41 Inneres des Teatro Antico
42 Portikus unterhalb der Galerie

3 Inneres der Galerie
4 Galerie oder »großer Korridor«

45 Detail der trompe-l'oeil-Malerei in der Galerie

46 S. Rocco
47 Via G. Oberdan mit Blick auf die S. Maria Incoronata

Inneres der S. Maria Incoronata

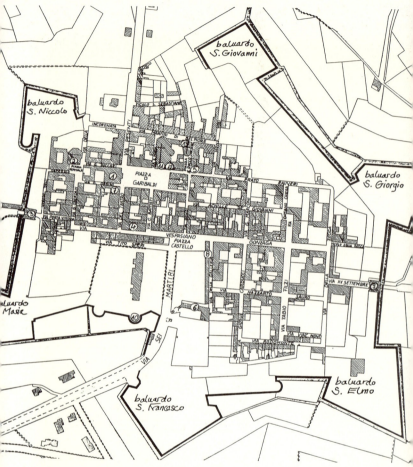

49 Stadtüberblick
 1 Palazzo Ducale, 2 S. Maria Incoronata, 3 Porta Vittoria, 4 Teatro Antico,
 5 Synagoge, 6 Casino, 7 Palazzo del Luogotenente, 8 Gallerie, 9 Porta Imperiale,
 10 Reste der Burg, 11 S. Maria Assunta, 12 Baptisterium, 13 S. Rocco

Die militärische Anlage

In einer der Chroniken ist die Rede von einem Ritterturnier, das in Bòzzolo vor erlauchten Gästen stattfand, und bei dem Vespasiano mit seiner Leibgarde und einem großen Aufgebot an Pagen Lanzenkämpfe austrug und Geschicklichkeitsübungen mit Waffen und Pferden vorführte. Zwei Wandfresken in einem der auf die Piazza d'Armi hinaussehenden Salons des Casino beschwören das römische Pendant derartiger Spiele, und es ist nicht auszuschließen, daß auch in Sabbioneta Ritterturniere stattgefunden haben. Am Fuße der martialischen Burg und vor der tribünenartigen Kulisse der Galerie hätten sie sich jedenfalls recht dekorativ ausgenommen. Als Volksfeste hatten sich derartige Spiele stets großer Beliebtheit erfreut, besonders unter den jungen Leuten. Mittlerweile jedoch waren sie zu einem Bestandteil ritterlicher Attitüden geworden, die mit der »Hispanisierung« des Lebens wieder um sich griffen. In den Stadtrepubliken der Renaissance, besonders in Florenz, war derlei schon in Verruf geraten. Die Attribute des Ritters waren für viele humanistisch gebildete Bürger Symbole der Nichtsnutzigkeit und geckenhafter Wichtigtuerei geworden, und auch noch das Hidalgogehabe der spanischen Soldaten kam vielen lächerlich vor.

In anderen Gegenden allerdings waren aristokratischer Hochmut und Attribute des Ritters nie aus der Mode gekommen. In Ferrara, das, wie Goethe feststellte, nicht durch das Volk zur Stadt gemacht, sondern durch seine Fürsten groß geworden war, oder auch in Mantua konnte der spanische Import zur Verfeinerung der ohnehin kultivierten Unterscheidungsmerkmale dienen. In dem Maße, wie sich der Geburts- und Waffenadel im 16. Jahrhundert konsolidieren und in seinem elitären Selbstgefühl bestätigt sehen konnte, gewannen die Traditionen des Rittertums nicht nur wieder an tatsächlicher Bedeutung sondern auch verstärkt symbolische Funktion für die Selbstdarstellung und Abgrenzung gegenüber bürgerlichen Parvenüs. Man entwickelte einen ausgeprägten Sinn für die Abzeichen der Militärhierarchie, waffenstarrende Rituale und die Ehrenrechte des Ritterstandes wie das Ausreiten mit Fahnen oder das Ausrichten von Turnieren, über deren Exklusivität man eifersüchtig wachte und deren Anmaßung unverhältnismäßig streng bestraft wurde. Wie zu erwarten, erfuhr der wiedererstandene Ritterkult besondere Ausprägung in den Landzentren der spanisch kontrollierten Lombardei. Über diese spezielle Variante des neuen Männlichkeitskultes hören wir u. a. in Bandellos Novellen. (117)

Der Renaissancemensch in Waffen war auch wieder eindeutiger Christ geworden. Unter dem Eindruck der Türkengefahr wurde im Sinne des spanischen Sendungsbewußtseins der Ritter zum Hoffnungsträger der christlichen Welt stilisiert. Eindeutiger als bei Ariost wurde bei Tasso das Bild des edlen Ritters am Ideal des frommen Kreuzritters orientiert. Der Ruhm des »frommen Gottfried« lebt vom Nachglanz des heiligen Georg in funkelnder Rüstung. Ins Märchenhafte gesteigerte Abenteuerlust geht einher mit der Absolutheit ritterlicher Ehrbegriffe, wie sie stärker noch Lope de Vega, zeitweiliger Sekretär Albas, gegen eine wertvergessene Welt wieder zur Geltung zu bringen suchte und für deren Fortgeltung sich auch Don Quijote einsetzte, denn »so viel Ungebühr harrte seiner, die er abzustellen, so manches Unrecht, das er gut zu machen, Mißbräuche, denen er zu steuern, Frevel, die er zu rächen, Pflichten, denen er zu genügen hatte«. (118)

Während der Feudalismus in Spanien noch gar nicht abgelaufen war, mußte seine Wiederbelebung im urbanisierten Italien vielen als künstlich erscheinen. Das wiederauferstandene Rittertum suchte seine Orientierung aber nicht nur im feudalen Mittelalter, sondern zugleich in der neuesten Technik und präsentierte sich gern in modernem Gewand. Entgegen den warnenden Prophezeiungen Ariosts und anderer, die neue Kriegstechnik müsse die Rittertugenden zerstören, wurden die technischen Neuerungen von den modernen Rittern begeistert aufgenommen. So galt es als Zeichen fortschrittlichen Geistes, wenn sich Barone und Fürsten Kanonen und explodierende Kanonenkugeln als Embleme auf die Kleider sticken ließen. Die modernen Rinaldos und Goffredos waren Kanonengießer wie Herzog Alfonso d'Este oder Festungsbaumeister wie Vespasiano Gonzaga. (119)

Man war humanistisch gebildet; und gemäß römischen Herrschertugenden, die in der Form der Belehrung über höfische Ideale, etwa durch Castigliones »Cortegiano«, auf die Renaissance übergegangen waren, hatte sich ein Fürst durch Gerechtigkeit und Milde auszuzeichnen, gemäß humanistischer Ideale war er auch in den Wissenschaften und der Literatur bewandert. Doch Bildungsauftrag und Gerechtigkeit blieben der ersten Herrschertugend, der Kampfkraft und Entschlossenheit, nur beigeordnet. Der Akzent in dem Topos *arma et litterae* lag klar auf den Waffen. Vespasianos Bronzestatue, die ihn in glänzender römischer Rüstung zeigt, folgt dieser Akzentuierung ebenso wie die Literatur jener Zeit. Ein Glanzstück von Boiardos Epos »Orlando innamorato« ist das nächtliche Gespräch über Waffen und Wissenschaften. Auch Ariost handelt das Thema ab. Größte Bedeutung gewinnt es wiederum bei den Spaniern.

Beispielhaft für das 16. Jahrhundert steht trotz ironischer Brechungen die Rede Don Quijotes, in der er dem Waffenhandwerk den Vorrang vor den Wissenschaften zuerkennt. Zahlreich sind in den Theaterstücken Calderóns die jungen Edelleute, »die das Studentenleben mit dem Soldatenstand, die Feder mit dem Schwert, Minerva mit Mars, Salamanca mit Flandern vertauschen«. Die von Ariost gerühmten Sonette Luigi »Rodomonte« Gonzagas hatten vor allem Kampfesmut und Kriegsruhm zum Gegenstand. (120) Vespasiano konnte sich der Mehrzahl der italienischen Fürsten überlegen fühlen, die in den auf die Florentiner gemünzten Worten Machiavellis »zwischen Müßiggang und Sorge um die Hunde, die Jagd, die Frauen und Narren verdorben sind für die Lust an kriegerischen Dingen«. (120[a])

Vespasiano war über das Format der kleinen Landbarone hinausgewachsen, die Machiavelli als überaus gefährlich und verderblich bezeichnet hatte, weil sie nicht nur über Landgüter, sondern »auch noch über Burgen verfügen und Untertanen haben, die ihnen gehorchen«. (121) Er mußte sich auch nicht mehr wie noch seine Vorfahren zu dem Typus von Adligen zählen lassen, wie ihn die Humanisten karikiert hatten, etwa der Florentiner Poggio in seinem imaginären Gespräch mit Lorenzo de'

Medici, in dem es u. a. heißt: »Vom wahren Adel sei einer nur um so viel weiter entfernt, je länger seine Vorfahren kühne Missetäter gewesen. Der Eifer für Vogelbeize und Jagd rieche nicht stärker nach Adel als die Nester der betreffenden Tiere nach Balsam.« (122) Ein zivilisierter Aristokrat habe vor allem unter seinesgleichen in der Stadt zu leben. Nur lächerliche Despoten würden noch vereinsamt in ihren Raubvogelnestern hausen, anstatt inmitten einer Bürgerschaft entwickelter Individuen zu leben.

Die auch als »teutsch« disqualifizierte Anschauung der Welt vom Bergschloß aus, in der Raubvogel-Perspektive, galt im hochurbanisierten Oberitalien als Relikt der Barbarei und fungierte als Topos der Unterscheidung legitimer und usurpierter Herrschaft. Wie schon andere vor ihm hatte Alberti die Burg des im Mittelalter gefangengebliebenen Tyrannen ausgemalt als einen Hort der Bosheit und des Elends, hoch und isoliert, voller Kerker und Lauschröhren. In diesen Burgen verdürbe alles Gute und Tüchtige und am Ende der Tyrann selbst.

Vespasiano hatte sowohl den Landgeruch verloren, als auch den Raubvogelblick mit der Aussicht auf ein ideales Stadtensemble vertauscht. Die herzoglichen Stadtpaläste geben sich offen und bürgerlich. Und doch haftet dem architektonischen Gestus Sabbionetas auch ein Element signorialer Illegitimität an, in einem Maße übrigens, das auch den Schriften Machiavellis und Albertis selbst eigen ist.

Alberti karikierte zwar den Tyrannen in seiner Trutzburg, konnte aber von der Legitimität nationalen Königtums nur im Konjunktiv sprechen. Machiavelli verwarf den Bau von Festungen, da sich der Herrscher vor allem auf die Zuneigung und das Vertrauen des Volkes stützen müsse, das die beste Festung sei, konnte aber nicht umhin, die partikulare Machtpolitik der Signori zu idealisieren, da in Italien nur vom stärksten der untereinander rivalisierenden Signori die nationale Einigung unter einer selbst hervorgebrachten Monarchie zu erwarten war. So müsse nach Auffassung Machiavellis Staatsführung zwar auf Vernunft und Gerechtigkeit gegründet sein, beides aber könne es nicht geben ohne ein schlagkräftiges stehendes Heer und ausreichende militärische Sicherheitsvorkehrungen. Und in schwierigen Zeiten sei die Furcht der Untertanen ihrer Zuneigung vorzuziehen. (123)

Auch Machiavellis zentralem Begriff der *virtù* eignet diese Ambivalenz. Als Tugend, die der obersten Führungsschicht Italiens gut anstünde, bedeutet sie zunächst in einem allgemeinen Sinne soviel wie Tatkraft, Tüchtigkeit, die jenseits von gut und böse steht und mit Logik und Strenge verfolgt werden soll. Im engeren Sinne bedeutet sie aber die Bereitschaft zum Kampf für den Staat und d. h. für die eigene Macht. – Und in eben diesem soldatischen Sinn ist sie in der Literatur auch Inbegriff von Männlichkeit und erotischer Ausstrahlung geworden. Der Fürst Machiavellis ist stets zum Kampf bereit und für die Verteidigung gerüstet. Für die innere Ordnung seines Staates und den Krieg braucht er im Eventualfall die entsprechenden Qualitäten, Soldaten und die nötigen architektonisch-strategischen Vorkehrungen. (124)

Während bürgerlich regierte Städte in der Regel an gemeinschaftlichen und unproduktiven Ausgaben und besonders an den »Protektionskosten«, wie sie die Errichtung und Unterhaltung von Wehranlagen darstellten, zu sparen versuchten, hatte für Vespasiano die Bastionierung absoluten Vorrang. Die Bastion bleibt der Stadt nicht nur äußerlich, sondern ihre militärtechnische Rationalität korrespondiert dem architektonischen Gestus der Stadt insgesamt. Von einigen Blickpunkten her, insbesondere in dem Viertel um die Piazza d'Armi herum, ist dies noch deutlich, auch nachdem die Burg verschwunden ist, die als Zwingburg drohend über der Stadt gethront hat.

Die Piazza d'Armi, die mit eisernen Ringen für die Pferde und Halterungen für die Fackeln bewehrten Paläste, die gebößhten Granitsockel einiger Häuser erinnern noch heute daran, da die Burg nicht mehr besteht, daß das Exquisite der Stadtanlage, das Outrierte und die Extravaganz der Architektur nicht unwesentlich von der Demonstration militärischer Stärke herrührten. Vor allem die Bauten um den Turnierplatz herum repräsentieren die Würde des Kriegshandwerks, das mit Machiavelli zur »Kriegskunst« avanciert war, und die Tugend der Wehrhaftigkeit. Im Ensemble mit der düsteren Burg mögen sie sogar von einem gewissen Geschmack daran gezeugt haben, Ehrfurcht und Schauder einzuflößen. Man kann sich noch heute die Stadt recht gut als Kulisse für die respektheischende, schwarz gekleidete spanische Reiterei vorstellen, die Vespasiano zu Diensten und in der Stadt stets präsent war.

Durch den Stadtneubau mit der Sechseckbastion zu einem einheitlichen Festungssystem verbunden, entsprach die Burg in Gestalt und Lage den Empfehlungen Albertis, der von den verworfenen Festungen recht präzise Vorstellungen hatte. Durch die Einbindung in Bastion und städtisches Ambiente wird die Burg auf die Rolle der Zuflucht und Zwingburg im Bedarfsfall beschränkt und bildet so etwas wie eine Stadt in der Stadt.

Eine kurze Seite der Burg bildete nun eine Flanke der Stadtmauern, wie Alberti in seinen zehn Büchern über die »Re aedificatoria« schreibt: »Besonders geeignet wird die Lage der Burg sein, welche sich allen Stadtmauern verbindet, indem sie wie ein ungeheures ›C‹ mit seinen eingebogenen Flügeln den Buchstaben ›O‹ umklammert, jedoch nicht umschließt.« Dies, damit »eine Burg gute Gelegenheit zu Ausfällen bieten (kann), um den Feind, die Bürger und die Einwohner der Festung selbst überfallen zu können, wenn es ein Aufstand oder ein Verrat erfordert, und daß man die eigene oder auswärtige Hilfe frei erlangen und ihr zu Lande, auf einem Fluß, einem See oder dem Meere Einlaß gewähren kann«. Die Burg selbst »muß drohend, finster und starr sein, hartnäckig und unbezwinglich«. (125)

Derlei Ratschläge gibt Alberti vor allem dem Tyrannen, der nicht nur den äußeren Feind, sondern auch die eigenen Untertanen fürchten muß. Aber auch der gute Fürst müsse für den Fall Sorge tragen, daß sich ein Aufstand gegen ihn richtet. Auch der gute Herrscher soll im Notfall gegen die unberechenbare Volksmenge gewappnet sein. Denn wie sagte doch Euripides: »Niemals war die Menge nicht voll schlechter Gesinnung.« (126) Und: »Euripides meint, daß eine feindliche Menge ihrer Natur nach sehr viel ausrichten könne, und daß dieselbe, wenn sie Trug und List zugleich anwendet, völlig unüberwindlich sei.« (127)

Die Burg, »in angemessener Entfernung von allen Gebäuden« der Stadt, bleibt für den Notfall reserviert, indem es sich für den von seinen eigenen Untertanen bedrängten Fürsten dringend empfiehlt, sich nur noch auf einige wenige Getreue zu verlassen, oder für den Fall, daß es nicht mehr möglich ist, die ganze Stadt gegen den Feind zu verteidigen, so daß sie den Bürgern und ihrem Hab und Gut letzte Zuflucht bieten kann.

Auch im weiteren liest sich Albertis Traktat stellenweise wie eine exakte Beschreibung der Gegebenheiten in Sabbioneta. Der Palast, in dem der gute Herrscher sich in Friedenszeiten aufhält, als Bürger unter Bürgern, »soll mitten in der Stadt liegen, leicht zugänglich und schön geschmückt sein, und mehr gewählte als stolze Pracht zeigen«. (128) An ihn sollen sich »das Theater, der Tempel und die Häuser der Vornehmen prächtig anschließen. Der Tyrannensitz aber muß sich ringsum in angemessener Entfernung von allen Gebäuden halten. Am würdigsten, was beiden ziemt und zugute kommt, wird der Bau sein, wenn weder der Königspalast derart freiliegt, daß man ihn vor Ausschreitungen nicht schützen kann, noch die Burg sich derart abschließt, daß sie eher ein Gefängnis als der Wohnsitz eines vornehmen Fürsten zu sein scheint.« Man sieht den Palazzo Grande und die *rocca* mit der Piazza d'Armi vor sich. Aus eben diesen Gründen, so fährt Alberti fort, »wird es erforderlich sein, den Königspalast mit einer Burg zu verbinden, damit auch der König bei plötzlichen Wechselfällen eine Burg, der Tyrann zum Genusse der Lockungen des Lebens einen Königspalast nicht entbehre«. Die *rocca* von Sabbioneta war in der Tat mit der Privatvilla Vespasianos direkt verbunden durch einen geschlossenen und erhöhten Gang, von dem nur noch ein Fragment steht. Der größte Teil dieses Verbindungsganges in Sabbioneta wurde abgerissen, um einer Straße Platz zu machen. Der Teil, der einmal das Zeughaus enthielt, wird schon mit dem Abriß der *rocca* beseitigt worden sein, die 1796 an einen privaten Abbruchunternehmer verkauft und von ihm zur Gewinnung von Baumaterial und zur Zuschüttung des Grabens bis auf die Grundmauern abgetragen worden war.

Außer diesem Gang zwischen Burg und Villa bestand ein solcher auch zwischen dem Stadtpalast und dem benachbarten Haus des Statthalters. Ein weiterer verbindet noch heute die Villa mit der Galerie, die in gewisser Weise insgesamt einen derartigen Gang darstellt. Auch das Theater war unabhängig von den öffentlichen Eingängen vom Obergeschoß, dem *piano nobile* des Nachbarhauses direkt zugänglich. Zusammen bildeten diese Gänge ein wenn auch nur fragmentarisch ausgebildetes zweites Verkehrssystem, das die Straßen und Gassen überlagert und neben seiner sicherheitstechnischen Bedeutung auch die symbolische Funktion besitzt, die soziale Hierarchie und die strikte Trennung zwischen Fürsten und Volk klar zum Ausdruck zu bringen. Für Stendhal freilich, der sich in seinen »Promenades« auf einen ähnlichen gedeckten Gang zwischen dem Vatikan und der Engelsburg und den von den Medici angelegten Gang zwischen Palazzo Pitti und Palazzo Vecchio bezog, symbolisieren sie das Mißtrauen des Tyrannen.

Auch das unter Ludovico »il Moro« Sforza Ende des 15. Jahrhunderts großzügig umgebaute Vigevano erhielt damals einen gedeckten Gang, der den alles überragenden, Bramante zugeschriebenen Wachturm direkt mit dem Kastell verband und einen weiteren, auch zu Pferde benutzbaren, 163 m langen Wehrgang, der das Residenzschloß mit der damals am Stadtrand gelegenen *rocca vecchia* verbindet und damit direkt aus der Stadt herausführt. Die *calvalcavia* überbrückt auf seinem Weg die Hauptstraße auf dem alten Stadttor und ermöglichte es Ludovico, unbemerkt Truppen aus dem Festungsbezirk in die Stadt zu schleusen oder unbemerkt mit seinen Leuten zu entkommen, falls der Feind bereits in die Stadt eingedrungen war oder ein Aufruhr in der Stadt die Flucht angeraten sein ließ.

Das Konzept erhöhter Gänge beschäftigte auch Alberti und Leonardo, bei dem zu den strategischen und symbolischen Erwägungen hygienische Gründe hinzutraten. Dessen weiterführende Idee war eine systematische Ausweitung zu einem eigenen Verkehrssystem in einer zweigeschossigen Stadt. Ihr Untergeschoß hatte dem alltäglichen Verkehr der *poveraglia* dienen sollen, während das lichte Obergeschoß für die lustwandelnden *gentilhuomini* reserviert bleiben sollte. (129)

Für die Befestigung von Sabbioneta wurde nach dem Modell der *cittadella* von Mantua verfahren. Die pentagonale Bastion, wahrscheinlich von dem Maler Leonbruno entworfen, war 1531 von ortsansässigen Architekten ausgeführt worden. In den 60er Jahren, als in Sabbioneta die Bastion Formen annahm, handelte es sich bereits um ein international gängiges Muster. Der allgemeinen Anwendung der modernen, polygonalen Bastionierung im gesamten spanischen Einflußbereich war aber eine Entwicklung vorangegangen, in der Italien führend gewesen war. Als Antonio da Sangallo 1534 die Fortezza da Basso von Florenz fertigstellte, war dieser Typus der Befestigung bereits ausgereift. Doch war sein Vater Sangallo der Ältere einer der ersten gewesen, die eine Aufschüttung von Wällen zur Absorbierung der Geschosse empfahlen. Diese Praxis wurde weiterentwickelt von spezialisierten Militärarchitekten wie Michele Sanmicheli (1484-1559). Francesco di Giorgio, von dessen Arbeiten leider nur die als vorgelagerter Schutz für Urbino angelegten Befestigungsanlagen von Montrefeltro erhalten geblieben sind, experimentierte als erster mit Eckbollwerken.

Über die Vorformen des zylindrischen Eckturms, der Geschützterrasse und des drei- oder fünfeckigen Mauervorsprungs, bei dem die strategische Aufmerksamkeit auf die Flankierung gelegt wurde, hatte sich schließlich das Bastionierungssystem entwickelt, mit dem es möglich wurde, jeden ungedeckten Winkel auszuschließen.

Bei dem neuen Befestigungssystem trat an die Stelle des durch Stadtkonturen und Gelände modifizierten, im Idealfall jedoch rechteckigen Mauerverlaufs der polygonale Grundriß, und aus der mittelalterlichen Mauer-Turm-Folge wurde das Verhältnis von Eckbastion und Wällen. Die Tore, bisher zwischen Doppeltürmen plaziert oder bloße Turmöffnungen, rückten in die Mitte eines Walles. An dieser exponierten Stelle war eine ästhetische Ausformulierung zu einem eigenständigen architektonischen Gestaltungselement möglich und angebracht, für die das klassische Vorbild der Triumphbögen nahelag.

Eine markante Station der Bastionierungskunst in Italien bildet u. a. die beispielhafte, unter Francesco I. de' Medici ausgeführte Neubefestigung von Livorno. In deren Entwurf hatte

Buontalenti das Schema Antonio da Sangallos für die Fortezza da Basso weiterentwickelt und auf die Erfordernisse einer Großstadt und Hafenanlage übertragen. Buontalenti selbst hatte im kleineren Maßstab bereits mit Terra del Sole in der Romagna, das 1564/65 im Auftrag des Großherzogs Cosimo I. de' Medici angelegt worden war, eine Probe seines Könnens gegeben. Den florentinischen Festungen waren bereits einige »Prototypen« der Bastionierung vorausgegangen, so die Befestigung von Verona 1520 und von Orzinuovo nach 1540 durch Sanmicheli und dessen Ummauerung für Peschiera am Gardasee. Dieser neuartige Typus der Befestigung wurde dann durch die »Opera nuova ...« von Gerolamo Cataneo 1564 weithin bekannt. (130)

Die Revolutionierung der Befestigungstechnik im 15. und 16. Jahrhundert war eine Folge der Entwicklung schwerer Geschütze, deren Bombardement die herkömmlichen Stadtmauern nicht mehr standhielten. Um die vervielfältigte Energie der Geschosse zu vernichten, war man darauf verfallen, abgeschrägte Wälle aufzuschütten oder aufzumauern. Um die verbesserten Wälle überwinden zu können, versuchte man wiederum, Sprengkraft und Reichweite der Geschütze zu vergrößern. (131)

Die Vergrößerung des Geschützkalibers und die Bastionierung der Städte sind Teil und Ausdruck einer Veränderung der Kriegführung insgesamt. Die Städte wurden zu strategischen Zielen erster Ordnung in den mit immer größeren Armeen geführten Kriegen, nicht zuletzt wegen der Schwierigkeit, derartige große Heere noch regelmäßig zu besolden, so daß die Hauptleute zur Befriedigung der Soldforderungen oft auf die Freigabe von Städten zur Plünderung und zur Erpressung von Kontributionen angewiesen waren. Die Kriege verwandelten sich in Belagerungskriege. Schon Cesare Borgia hatte keine einzige Feldschlacht geschlagen, sondern die Eroberungen allein durch Belagerungen erreicht. Zur Sicherung der den Kleinfürsten und Baronen abgenommenen Territorien ließ er die eroberten Städte befestigen oder vorhandene Festungen verstärken und modernisieren, um sie vor Belagerungen durch den Gegner zu schützen. Mit Leonardo da Vinci, der sein erster Architekt und Ingenieur wurde, hatte die Ära der »Bastionen« begonnen, der Kriegführung durch Bauen. (132)

Dieses frühe Ingenieurwesen stand auch im Dienst der innenpolitischen Aufgabe, Macht und Ordnung zu sichern, und zwar auf eine Weise, die manifeste Polizeigewalt wo nicht unnötig machte, so doch auf die Reserve beschränken half. Die materielle Gewalt konnte für außergewöhnliche Krisen reserviert bleiben, war aber dennoch in der Militärarchitektur stets präsent. Deren Eleganz täuscht heute leicht über ihren Zweck hinweg: Die von den Medici angelegten toskanischen Festungen nahmen nicht nur einen eventuellen Feind ins Visier, sondern auch die Städte selbst in die Zange. Gleich nach der Wiedereinsetzung der Medici durch päpstliche Hilfe 1534 hatten sie mit dem Bau der explizit gegen mögliche innere Opposition gerichteten Fortezza da Basso begonnen. Die Vertreibung der Medici aus Florenz sollte sich ein drittes Mal nicht wiederholen. Es folgte die Anlage eines ganzen Systems von weiteren Festungen, sogenannten *cassari*, in Siena, San Giminiano, in den unterworfenen oder »befriedeten« Städten Pistoia, Arezzo und die Neuanlage befestigter Städte wie Terra del Sole oder Cosmopoli (Stadt des Cosimo de' Medici, das heutige Portoferraio auf Elba). Die Päpste bauten ähnliche *fortezze* in Ancona, Perugia, Fano etc., hier wie dort »Sinnbilder der Unfreiheit«. (133)

Die Fähigkeit, über die Gestaltung von Einzelgebäuden hinaus städtische Ensembles unter architektonischem Gesichtspunkt als Einheit zu betrachten, verdankt sich nicht zuletzt jener Entwicklung der Militärarchitektur. Die militärtechnischen Überlegungen führen zur Entwicklung der Raumplanung als rationaler Wissenschaft, so daß Lewis Mumford vom »Krieg als Faktor der Stadtplanung« sprechen konnte. Ästhetisch-architektonische Überlegungen beeinflussen umgekehrt die militärtechnische Rationalität. Kriegstechnische Überlegungen und ästhetische Wahrnehmungsmuster befördern einander gegenseitig und bilden eine eigentümliche Einheit. Medium der Entwicklung war die Idealstadt, bei deren Grundriß und Gestalt die Systematik der Fortifikationen der Regularität im Innern entsprach.

Die hexagonale Bastion in Sabbioneta erhielt zwei einander gegenüberliegende Zugänge, die als Tore in formaler Anlehnung an antike Triumphbögen gestaltet wurden. Mit dem Bau des westlichen »Siegestores« an der Straße nach Cremona wurde bereits in der ersten Bauphase etwa um 1560 begonnen. Die nach Westen zur Landstraße nach Cremona gewandte Fassade präsentiert sich im unteren Teil mit vier rustifizierten Pfeilern, Lisenen, die drei von schlichten Profilen gerahmte Bogenöffnungen einschließen. Der mittlere Bogen ist bedeutend höher als die beiden seitlichen und bildet das Tor. Der obere Teil ist als Loggia gestaltet. Eine Reihe von Stützen, die auf der Außenfassade die Lisenen nach oben hin fortsetzen, tragen das flache Zeltdach. Forster führt zum Vergleich die Porta San Zeno von Verona an, die Michele Sanmicheli Anfang 1540 erbaut hatte. Die Porta Vittoria von Sabbioneta erinnert aber auch stark an den Mittelteil der wahrscheinlich von Giulio Romano für den Gonzaga in Mantua entworfenen Villimpenta. Eine Inschrift lautet: »Vespasianus Sablon(etae) March(ese) et Conditor Portam Hanc Auguratus Victoriae Dixit« (Vespasiano, Markgraf und Gründer von Sabbioneta, benannte dieses Tor als ein dem Sieg geweihtes).

Das östliche Tor zur Straße nach Mantua, zu Ehren von Kaiser Rudolf II., der Vespasiano zum Herzog und Sabbioneta zum Dukat erhoben hatte, Kaisertor genannt, wurde nach der Inschrift auf seiner Fassade 1579 fertiggestellt: »Vespasianus D(eo) G(ratia) Dux Sablonetae Portam Hanc Imperiali Nomine Decoratam Construendam Curavit Anno Salutis MDLXXIX« (Vespasiano, Herzog von Sabbioneta von Gottes Gnaden, veranlaßte die Errichtung dieses mit dem Namen des Kaisers geschmückten Tores im Jahre des Heils 1579). Die Fassade der Porta Imperiale ist vollständig mit weißem Marmor verkleidet. Ihr Vorbild könnte die Porta della Citadella in Mantua von Giulio Romano gewesen sein. Der untere Teil besteht wiederum aus drei Bögen, deren größerer in der Mitte das Tor bildet. Der obere Teil wird gebildet aus einem Giebel nach Art eines Timpanon, der von drei schlanken Fialen überragt wird. (134)

Straßenführung

Die Tore führen in ein schachbrettartiges Straßensystem, dessen neorömisches Schema auf eigentümliche Weise fragmentiert und verzerrt ist. Die rechtwinklig aufeinanderstehenden, aber einander nicht regelmäßig kreuzenden Straßen bilden bebaute Rechtecke, ähnlich den *insulae* der römischen Gründungen. Deren Vorbild ist in Sabbioneta allerdings eigenwillig interpretiert. Ohne dabei die Regel der Rechtwinkligkeit zu verletzen, wird die Straßenführung häufig unterbrochen. Beide Straßen, die durch die Torbogen hindurch ins Stadtinnere führen, enden sogleich in einer Querstraße, die den Blick auf den weiteren Straßenverlauf versperrt und an beiden Seiten abknickt. Die Hauptstraße, die beinah die gesamte Stadt durchmißt, liegt so zu den Torstraßen parallel versetzt. Die meisten Straßen enden in einem T oder L. Das Herz der Stadt, der Marktplatz mit dem Herzogspalast ist aus dem Zentrum herausgerückt und geradezu versteckt. In dem labyrinthisch anmutenden Straßensystem sich zu verirren steht freilich bei der geringen Ausdehnung der Stadt nicht zu befürchten. Und doch, ein Effekt der Desorientierung beim ersten Mal stellt sich leicht ein, und er mag beabsichtigt sein. Wenn man den Irregularitäten System unterstellt, dann liegt es nahe, einen militärischen Grund anzunehmen, oder zumindest einen ausdrücklichen Bezug auf Traktate von Militärarchitekten jener Zeit, in denen häufig empfohlen wird, eine Stadt mit Finten und Fallen zu spicken und die Straßenführung derart zu verkomplizieren, daß sie den ungebetenen Eindringling verwirren kann und der unbemerkten Einkreisung aussetzt. In der Traktatliteratur findet sich auch die Empfehlung von Militärarchitekten, die Toreinfahrten nicht direkt mit den Hauptstraßen zu verbinden und das Zentrum zu verbergen.

Alberti, der hier ein weiteres Mal zu Wort kommen soll, findet, »daß es den Alten gefiel, innerhalb der Stadt einige Straßen unentwirrbar und einige als Sackgassen anzulegen, bei deren Betreten der schuldige Feind schwankend und mißtrauisch zögert, oder, wenn er kühner ist und ausharrt, bald vernichtet wird. Es sollen auch kleinere Straßen vorhanden sein, die nicht weit führen, sondern bei der ersten Querstraße enden, so daß sie nicht etwa einen öffentlichen und freien Weg, sondern eher einen Zugang zu den ihnen entgegenstehenden Häusern bilden, denn dies wird den Häusern einen besseren Lichtzutritt gewähren und in der Stadt einen beabsichtigten feindlichen Auflauf schwieriger gestalten.« (135)

Auch eine andere Passage in den zehn Büchern »De re aedificatoria« legt den Gedanken an eine beabsichtigte Unregelmäßigkeit des Sabbionetaner Stadtplans nahe: ». . . . aber wenn es sich um ein Stück Land oder um eine Burg handelt, so gewährleistet sie (die Straße) einen sicheren Zugang, wenn sie nicht geradewegs zu den Toren führt, statt dessen biegt sie mal nach rechts, mal nach links auf die Mauer zu, ja sogar bis unterhalb der Mauertürme. Und innerhalb des Geländes soll sie nicht gerade verlaufen . . .« Alberti fährt dann damit fort, derartige Maßnahmen in ihrem gleichzeitigen ästhetischen Wert zu begründen. (136)

Die ästhetischen Erwägungen dienen der Kompensation der in der Planstadt problematisch werdenden Monotonie und nehmen Bezug auf das vitruvische Prinzip der »varietà nell'unità«. Als probates Mittel für die Neutralisierung von Langeweile werden sowohl die unterschiedliche Größe der *insulae* genannt, die durch den Raster gebildet werden, wie die platzartige Abschließung der Straßen durch ein Gebäude, Variationen in der Fassadengestaltung, Unterbrechung der Platz-Wände, das Alternieren von Säulengängen mit Arkaden und die Krümmung oder Abwinkelung der Straßen, was die Stadt auch größer erscheinen läßt. (137)

Neben einer militärischen und ästhetischen Berechtigung mögen die Irregularitäten des Straßennetzes aber auch symbolische Bedeutung haben. Albertis Formulierungen enthalten implizit den Labyrinthgedanken, und Forster hat daran erinnert, daß das Labyrinth ein Emblem der Gonzaga ist. Er verwies auf das Heckenlabyrinth im Garten des Palazzo del Tè sowie auf die

Decke der Sala del Labirinto im Palazzo Ducale von Mantua. Man kann das nicht verwirklichte Labyrinth im Hof des Palazzo Tè hinzufügen und auf einige Fresken des Mantovaner Herzogspalastes und zahlreiche Medaillen der Gonzaga verweisen. (138)

Die besondere Bedeutung, die das Labyrinthsymbol für die Gonzaga gewinnen konnte, hängt zusammen mit der Rückführung der italienischen Geschichte auf die griechische Antike, in der Weise, wie Vergil sie geleistet hatte.

In seiner Auslegung und Fortführung der Homerschen Epen und unter Verwendung heroisierender Geschichtswerke behauptet Vergil als Ursprung des trojanischen Volkes und seiner Kultur die Insel Kreta, die Heimat des mythischen Labyrinths des Daidalos. Seinen Helden Aeneas, der aus dem brennenden Troja fliehen konnte, läßt Vergil nach langen Irrfahrten an der Küste Latiums landen und zum Stammvater der Römer werden. Einer seiner Söhne wird die Stadt Albalonga gründen. Auch Rom wird seine Gründung von Aeneas ableiten. Troja verkörpert in der Vergilschen »Aeneis« sowohl den Archetyp Stadt als auch den direkten Ursprung Roms. Auch Padua soll der Legende nach von einem Trojaner gegründet worden sein. Mantua ist der Überlieferung nach älter als Rom. Seine legendären Gründer, die Etrusker, wähnte man ebenfalls aus Kleinasien herübergekommen. Vergil zufolge kam dieses Mantua dem gleich nach der Landung bedrängten Aeneas zu Hilfe.

Die philologische Bestimmung des Aeneas liegt darin, die Verlagerung des Weltzentrums von Kleinasien nach Italien zu begründen und dem römischen Kaisertum eine geschichtlich-heroische Legitimation zu verleihen. In der Fortsetzung der »Ilias« durch die italienische Geschichte werden die Städte in mimetischer Weise aufeinander abbildbar, als Abbilder eines Archetypus. Dabei wird mit der Zermonie der Stadtgründung die Labyrinthsymbolik eng verknüpft. Die mythische Herkunft der Trojaner führt die Reihe der Wiederholungen an, in denen die Städte ihren Ursprung zur geschichtlich interessanten Gründung idealisieren. Das Labyrinth stellt sich zudem als Grenze und idealer Schutz der Stadt dar. (139)

Den Gonzaga, die den Vergilschen Mythos wiederaufgriffen,

diente die Labyrinthsymbolik dazu, ihre Herrschaft über Mantua und ihre städtebaulichen Aktivitäten in der Geschichte zu verankern. Das Labyrinth zeichnet die Stadt als Neugründung eines antiken Vorbildes aus, unverletzlich wie im Innern eines Labyrinths, und von einem wahren Herrscher beschützt, der seine Legitimation und Macht bereits aus mythischer Vorzeit bezieht. Zusammengedrängt finden sich diese Konnotationen des Labyrinthsymbols in dem Labyrinthberg, der als Symbol der hervorragenden Eigenschaften der Gonzaga und ihrer Macht sowie der gegründeten und geschützten Stadt auch an Fassaden und auf Medaillen erscheint.

In Sabbioneta bleibt die Labyrinthsymbolik aus den Motiven der Fresken und den Deckenornamenten ausgespart. Einige Fresken des Casino handeln aber von den langen Irrfahrten, den kriegerischen und amourösen Abenteuern des Aeneas, die der Erfüllung seiner Bestimmung als Städtegründer vorangegangen sind. Das Vergilsche Leitmotiv ist zudem mit dem Mythos von Daidalos verknüpft, der ebenfalls mit der heroischen Vorgeschichte Italiens in Zusammenhang gebracht wurde. Die Geschichte des Daidalos – Urbild des Architekten – findet, wie bei Vergil der trojanische Heldenmythos, ihre Fortsetzung in Italien. Nachdem sich Daidalos aus dem selbst erbauten Labyrinth, in das ihn der König Minos zusammen mit seinem Sohn Ikaros für den Verrat des Geheimnisses an Ariadne eingesperrt hatte, befreien konnte, indem er Flügel konstruierte, die von Wachs zusammengehalten wurden, landete er schließlich in Sizilien, wo er am Hofe des Königs Kokalos Zuflucht fand. Ihm baute Daidalos eine labyrinthische Mauer, die seine Stadt Kamikos uneinnehmbar machte. Trotz der Nachstellungen des rachedurstigen Minos konnte Daidalos sich fortan in Italien noch mehrfach als Architekt und Symbollieferant nützlich machen. In der Spätrenaissance, der Zeit des Manierismus, steht Daidalos vornehmlich für das Ingeniöse der Erfindung und das Geheimnis, die Chiffrierungslust und die Erfahrung der Verrätselungen menschlicher Schöpfungen.

In demselben Salon des Casino, in dem man Daidalos mit Ikaros am Himmel fliegen sieht, dem die Flügel zu schmelzen beginnen, ist auch der Absturz des Phaeton in einem Deckenfresko festgehalten. Er steht in einer gewissen Verbindung zu Daidalos, da die unersättliche Pasiphae, für die »der Erfindungsreiche« eine Kuhattrappe konstruiert hatte, damit sie sich von dem Stier des Labyrinths begatten lassen konnte, eine Halbschwester Phaetons ist.

In Gestalt dieser mythologischen Darstellung ist die Labyriththematik also in Sabbioneta durchaus präsent. Für eine mögliche Verknüpfung von Labyrinthsymbolik und Städtebau läßt sich neben einer symbolischen Auslegung der zitierten Passage von G. B. Alberti auch eine Stelle Filaretes anführen, der schon früh den Labyrinthgedanken in die Theorie der Städteplanung eingeführt hatte. Dem Herren seiner idealen Stadt Sforzinda riet Filarete, den Platz vor dem Herzogspalast in der Form eines Labyrinthes anzulegen, als Warteraum für diejenigen, die sich untertänig dem Staatsoberhaupt nähern wollen. Das Volk, das als Bittsteller mit Beschwerden zu seinem Herrscher kommt, soll auf dem Platz keine selbstbewußte Menge bilden können, sondern verstreut werden: »Jeder, den Sie nicht sofort einlassen wollen, muß in diesem Labyrinth verweilen und muß innen durch ebenso viele Windungen und Gänge gehen wie draußen...« (140) Bei einer Übertragung dieser Konzeption auf Sabbioneta würde die ganze Stadt zu einem labyrinthischen Vorhof des Palastes.

Als weitere mögliche Referenz für die Annahme einer labyrinthischen Stadtanlage sei neben Vergil und Filarete auch Fra(n)cesco) Colonna genannt, der in seinem bereits erwähnten »Hypnerotomachia di Poliphilii« einen labyrinthischen Garten schildert, eines der Traumbilder des verliebten Poliphilius. Auch Torquato Tassos enigmatische Räume ließen sich heranziehen, als ein die architektonische Umsetzung provozierendes Motiv manieristischen Weltempfindens. (141)

Der Manierismus führte in die Klarheit der Renaissance Momente der Irritation und der Dunkelheit ein und bereitet vor auf die kunstvollen Täuschungsmanöver des Barock. Das Schema wurde gebrochen, subjektiv reflektiert. Der Plan und seine Notwendigkeit wurden dem Zufall und der Kontingenz geöffnet, das Rationale dem Irrationalen, die Regularität dem Irregulären.

Wie plausibel man diese Spekulation über Motive einer möglicherweise beabsichtigten Labyrinthik auch immer finden mag, sie entspricht der eigentümlichen Rätselhaftigkeit dieser Anlage, die ihr bei aller Rationalität anhaftet oder die gerade durch die Rationalität hervorgerufen wird.

Die Grundlage dieser Symbolik, das Material, das durch die Labyrinthik erst interpretiert und verformt wird, bildet das römische Vorbild. Durch den Stadtplan des neuen Sabbioneta scheint das Schema römischer Gründungen hindurch. Er erweist der ewigen Stadt seine Reverenz und geriert sich als Rekonstruktion einer römischen Siedlung, die sich an diesem Ort befunden haben könnte. Wie das Labyrinthsymbol dient das Rom-Zitat dem Ausweis der Stadt als gegründete und als geschichtlich verankerte zugleich. Das mittelalterliche Muster zweier parallel verlaufender »Hauptarterien«, die durch Nebenstraßen senkrecht geschnitten werden, wurde als Zitat römischer Stadtbau- und Vermessungskunst u. a. durch eine römische Säule akzentuiert, die den Kreuzungspunkt als den von *cardo* und *decumanus* interpretierte. Diese Säule, die im 19. Jahrhundert umgesetzt und vor dem Casino plaziert wurde, symbolisierte im antiken Verständnis die Verankerung der Stadt im Kosmos. Als Signum humanistischen Denkens zeichnete sie die neue Stadt als Wiederverkörperung Roms, als »Nea Roma« aus. Der Piazza del Castello verlieh sie einen palatinartigen Charakter.

Als Emblem der Colonna, deren alter römischer Familie zu entstammen Vespasiano sich rühmen konnte, spezifiziert die Säule den Archetypus Rom zum Zentrum des kaiserlichen Weltreichs, zum augusteischen und vergilschen Rom, zum Rom der Ghibellinen. Die Säule als Emblem der Colonna demonstriert auch ihre von Ariost immer wieder gerühmte Standhaftigkeit und Unbeugsamkeit, getreu ihrer Devise: »FRANGAR NON FLECTAR« (Ich werde brechen, nicht biegen). Mit ihrem pyramidalen Sockel erinnert die Säule auch an das Gonzaga-Emblem des von einem Diamanten gekrönten Olymp, das mit dem Labyrinthsymbol in engem Bezug steht. Es war mit Devisen verknüpft, die auf die Untadeligkeit des Herrschers aus dem Geschlecht der Gonzaga hinweisen: »AD MONTEM DUC NOS«. (142)

In dieses neorömische System fügen sich gleichsam als Intarsien weitere topologische und ikonographische Verweise auf Rom ein, die Forster dazu veranlaßt haben, die Stadt insgesamt als ein Rom-Zitat anzusehen, als eine Art Abbreviatur des römischen Vorbilds. Was Carpeggiani zurückhaltend eine »glückliche Intuition« nannte, mag der Prüfung nicht standhalten, schärft aber den Blick für die Vielfalt der Bezüge auch in der Malerei und ist geeignet, das Verständnis für das intellektuelle Vergnügen der gebildeten Anspielung zu wecken, dem man zu jener Zeit gefrönt hat. (143)

Forster bezieht sich vornehmlich auf die Wandmalereien im Theater, die nach seiner Meinung darauf verweisen, daß man dieses Gebäude auf eine Weise in Sabbioneta situiert hat, die das Gesamtgefüge der Stadt auf die wichtigsten Topoi Roms abbildbar erscheinen läßt. In dieser Sicht entspricht die *rocca* Sabbioneta der Engelsburg in Rom, das Ensemble der Piazza Maggiore mit dem Palazzo Ducale entspricht dem Kapitol mit dem Senatorenpalast, das Theater selbst dem Colosseum. Ergänzend könnte man in den nebeneinanderliegenden Palazzi des Herzogs und des Leutnants oder Statthalters eine signifikante Entsprechung zum Nebeneinander von *pretorio* und *questorio* in Rom sehen.

Die Annahme eines wie weit auch immer reichenden Rom-Zitats ist auch im Zusammenhang mit dem idealen Charakter Sabbionetas plausibel, da Rom als die Stadt der Städte zugleich die Idee der Stadt überhaupt verkörperte. Rom war Paradigma in mehrfacher Hinsicht: als idealer Ort einer historischen Synthese von Klassik und Christentum, als Bild der Einheit von menschlichem und göttlichem Geist, als historischer Ursprung fast aller italienischer Städte – auf diesen Ursprung gründeten sich ihre politische Würde und ihr Autonomiestreben – und als Zentrum der in mehreren Spielarten noch virulenten staatstheoretischen Idee des römischen Kaiserreiches, als Symbol einer nationalen Option Italiens auf ein im christlichen Geist wiederhergestelltes Imperium Romanum. In vielen Städten wurden Kopien des römischen Modells angestrebt, im Florenz der Medici, von Sanmicheli in Verona, von Palladio in Vicenza, oder in Mantua bereits durch den dokumentarischen und archäologischen Klassizismus Andrea Mantegnas und mehr noch unter Vincenzo durch Giulio Romano. (144)

Der bauliche und städtebauliche Bezug auf die römische Antike ist freilich so verbreitet, daß man statt nach Parallelbeispielen eher nach Ausnahmen suchen müßte. Venedig bildet gewissermaßen das eine wie das andere. Venedig ahmte Rom nicht nach, sondern konkurrierte mit Rom, präsentierte sich als legitimer Nachfolger und Erbe des republikanischen Stadtstaates, dessen Ideal in der nachfolgenden Geschichte vor allem durch die Politik der Päpste korrumpiert worden war. Venedig fühlte sich zu dieser Rolle berufen nach dem Untergang der Stadtstaaten Florenz und Mailand und angesichts des Vormarsches der Habsburger. Außerdem sah sich Venedig entsprechend seiner orientalischen Orientierung nach der türkischen Okkupation des Oströmischen Reiches als ein aus dem Geist des Handels und der Toleranz neu entstandenes Byzanz. Venedig stilisierte sich als drittes Rom, als letzter Hort der Freiheit und Kultur, umgeben von Tyrannei. Mit den Bauprojekten der 1535 beschlossenen »renovatio urbis« wurde bei Wahrung der mittelalterlichen Strukturen und der lokalen Besonderheiten Venedigs das Stadtzentrum in ein lateinisches Forum umgewandelt. Dabei handelt es sich vor allem um den Bau der Münze, der Libreria als Verherrlichung des Ortes der öffentlichen Weisheit, und der Loggetta als Versammlungshalle der *nobili*. Die Bauwerke Scamozzis symbolisieren den Bezug auf das republikanische Rom.

Besondere legitimatorische Bedeutung besaß der Rombezug für Dynastien, die zu jung waren, um ihre Genealogie mit der Geschichte der Stadt verknüpfen zu können, oder deren Herrschaft immer wieder unterbrochen wurde. Die Medici rekurrierten auf die römische Geschichte, um in der Größe Roms ihre historische Identität und Legitimität zu finden. Florenz wurde als Nachfolgerin der ehemaligen römischen Kolonie Florentina begriffen und dargestellt, obwohl es hier ebenso wenig ein Monument des römischen Altertums gab wie im erst 604 gegründeten Ferrara, dessen schwelgerischer Hof vielleicht gerade darum der ideale Boden für die romantische Verklärung der mittelalterlichen Heldenzeit hatte werden können. Auch in Florenz gehörte alles dem Mittelalter an. Aber es genügten wenige archtitektonische Zitate und ikonographische Anspielungen, um auch Florenz zur Verkörperung des wahren Rom werden zu lassen.

Mantuas Geschichte wurde unter der Regierung der Gonzaga selbstbewußt mit der Roms verknüpft. Der Familienkult, mit dem die Gonzaga am Ruhm der römischen Cäsaren zu partizipieren beanspruchten, gipfelte in den Projekten des ersten Herzogs von Mantua, Federico, für deren Verwirklichung er dank der Hilfe seines Botschafters Castiglione und seines Freundes Pietro Aretino den Raffael-Schüler Giulio Romano verpflichten konnte. Das römische Idiom des neuen Hofmalers und Stadtarchitekten, sein »moderner Klassizismus« und seine hedonistische Haltung zur Kunst, schienen Federico die besten Voraussetzungen dafür, Mantua in ein neues Rom zu verwandeln.

Hier ist nicht nur das antike Rom der Maßstab, sondern zugleich das »moderne« päpstliche Rom als »urbs restaurata«, als Metropole verschwenderischen Mäzenatentums und der künstlerischen »Avantgarde«, mit der G. Romano zu wetteifern verstand. Die kühne, sehr private und oft laszive Wandmalerei des Palazzo del Tè wurde jedenfalls für die Künstler der Zeit eine Herausforderung.

Als erst heidnische, dann christliche, einst glänzende, dann zerstörte und nun prachtvoll wiedergeborene Stadt erbrachte Rom den sichtbaren Beweis der humanistischen Überzeugung, daß Geschichte immer Geschichte der Stadt sei. Wohl keine andere Stadt hat eine derartige Permanenz in der wechselvollen Geschichte behauptet, so daß sie selbst zur Verkörperung von Geschichte werden konnte.

Mit der Beschwörung des römischen Vorbildes begab sich eine Stadt symbolisch auch unter den Schutz der Ordnung, die einst von dem antiken Götterhimmel garantiert worden war, in Jupiters »imperium sine fine« (Aeneas), d. h. unter Jupiters göttliche Herrschaft, die alles und allezeit regiert.

Der Humanist Erasmus von Rotterdam hatte Papst Julius II. den »irdischen Jupiter« genannt. Die Gonzaga hätten es wohl gern gesehen, wenn das Wort auf sie übertragen worden wäre. Die Kunst, die im Auftrag des ersten Herzogs von Mantua, Federico Gonzaga, entstand, enthält zahlreiche Anspielungen auf Jupiter. In der Tat gipfelte während seiner Regierungszeit (von 1519 bis 1540) der außenpolitische Erfolg und der Ruhm der Gonzaga, wenngleich sie primär durch Federicos Verwandte errungen worden waren. Immerhin war er selbst Herzog, sein Bruder Ercole war Kirchenfürst und einer der Kandidaten für den Stuhl Petri, sein Bruder Ferrante des Kaisers Statthalter in Italien, der Vetter Vespasiano General des Kaisers.

Auch Vespasiano stilisierte sich als Jupiter auf Erden. Während bei Federico die imperiale Bedeutung dieses Verweises durch die erotische Komponente Jupiters überlagert wird, verwandte Vespasiano die Insignien Jupiters, den Adler und die Donnerkeile, primär im Sinn militärischen Ruhmes. Sie finden sich als heraldisches Dekor immer wieder in den Kassettendecken und im Wandschmuck, in Stukkaturen und Bronzesockeln, und werden zum Leitmotiv für die Ausstattung der herzoglichen Gebäude. Darstellungen der mythologischen Liebesabenteuer Jupiters, wie sie sich zuhauf im Palazzo del Tè finden, fehlen in Sabbioneta fast völlig. Alle diese ikonographischen Bezüge auf Rom, die Statue, die Säule, das Schachbrettraster, die Freskenprogramme im Theater und im Casino, die Allgegenwart der Jupiter-Pfeile, sie sprechen dafür, daß die pragmatisch-funktionalen Grundlagen des Stadtplanes von Sabbioneta mit symbolisch-ideologischen Verweisen verknüpft sind. Die Funktionen werden derart nicht nur eingeräumt, sondern zugleich in Szene gesetzt. »Die Stadt ist zugleich sie selbst und ein Bild von sich.« (145)

Während die praktische Seite der Funktionalität in die Zukunft weist als vorausgreifende, vorschreibende und »moderne« Planung, rekurriert das symbolische Element auf die glorreiche Geschichte Roms und die in vielem als vorbildlich erkannte

Antike. Diese Kombination ist charakteristisch für die Architektur der Renaissance und den humanistischen Geist überhaupt, den Gregorovius als »Modernität im alten Gewand« bezeichnet hat.

Derart symbolisch überhöht und abgestützt, ordnet der Plan der Stadt ihre Elemente und Funktionen. Er zerlegt das Ganze in funktional eindeutige Bereiche, die zu einem rationalen Gesamtorganismus wieder zusammengefügt werden. Schon um des mittelalterlichen Städtelobs würdig zu sein, mußten in einer Stadt alle Dinge, Funktionen, Berufe, Institutionen etc. ihren eigenen Ort haben, ihren sicheren Platz und ihre angenehm auffindbare, praktisch sinnvolle Lokalisierung. (146) Hier werden fundamentale Ordnungsfunktionen des Raumes bezeichnet. Die klare Differenzierung und eindeutige Lokalisierung bildet auch den Kern der Idealplanungen, wenngleich hier vor das Bedürfnis der Identifizierung und den ästhetischen Genuß der ordentlichen Reihung das Anliegen tritt, das funktional Verschiedene voneinander zu trennen und es nach Maßgabe der Lebensvollzüge wieder miteinander zu verknüpfen.

Der Plan Sabbionetas weist eine solche Differenzierung in deutlich unterschiedene Bereiche urbanen Lebens auf, die vermittels der Straßen unter funktionalen Gesichtspunkten zusammengefügt sind. Nach Forster lassen sich drei homogene Areale unterscheiden: die Sphäre der politischen und bürgerlichen Öffentlichkeit, die der herzoglichen Privatsphäre und die der Wohnungen und der Produktionsstätten der Sabbionetaner Bürger. (147)

Die herzogliche Privatsphäre wurde in den Süden der Stadt verlegt und wird gebildet durch die Villa Suburbana, auch Casino genannt, die gleichsam vorstädtisch liegt, wenngleich innerhalb der Mauern. Im Süden blickt sie auf Parkanlagen, im Norden ist sie auf die Piazza del Castello ausgerichtet, im Osten durch die Galerie abgeschirmt und im Westen mit dem Sicherheitsbereich der Festung direkt verbunden.

Die Öffentlichkeitssphäre, im Nordwesten lokalisiert, konzentriert sich im Palazzo Ducale, der auf der einen Seite vom Palazzo della Ragione, der Administration der Justiz, vom Haus des Statthalters auf der anderen Seite flankiert wird. Der Platz im Zentrum dieses Bereiches, den auch die Pfarrkirche säumt, gehört zu diesem Bereich in seiner Eigenschaft als Versammlungsort. Zu dieser Einheit zählen auch das Hospital, die Bibliothek und die Hofkirche. Wo private und öffentliche Sphäre einander überlappen, liegt das Theater. Hier werden private und öffentliche Funktionen ritualisiert und auf ein Publikum hin ausgerichtet.

Den dritten Funktionsbereich bilden die Privatwohnungen und Produktionsstätten der Bürger im Norden und Osten der Stadt sowie die Piazza Grande als Marktplatz. Hier befinden sich auch die Münze, die Druckerei, die Akademie, die kleine Kirche von San Rocco und nebenan die Synagoge. Die Überlappungen dieser Sphäre mit den beiden Bereichen des Herzogs sind als Plätze gestaltet, die gleichsam als »Dach der Gemeinschaft« private und öffentliche, staatliche und bürgerliche Bereiche zur Einheit der *civitas* verbinden. Die Piazza Grande ist zugleich der Ort der rechtlichen und der kirchlichen Administration sowie der rechtlich geschützten Marktsphäre. Der zweite Platz formuliert die Garantie des militärischen Schutzes der Bevölkerung und den Bildungsauftrag des Herzogs.

Die Planungen wurden zweifellos primär im Hinblick auf die Anlage und Situierung der herzoglichen Gebäude getroffen, die als Brennpunkte der einzelnen Areale die Gestalt des Ganzen bestimmten. Über diese allgemeine Praxis schrieb Scamozzi in seinem Traktat: »Der Architekt muß besonders darauf achten, daß die vornehmsten und bedeutendsten Gebäude gleichermaßen an ausgezeichneten Orten errichtet werden, sozusagen von ihrer besten Seite sichtbar werden und zur Geltung kommen, so daß sie, neben vielen anderen Vorteilen, die sie durch ihre beherrschende Lage genießen, auch größer und majestätischer wirken...« (148)

Die Stadtsilhouette wird in der Tat geprägt durch die herzoglichen Monumentalbauten, die zusammen mit den Kirchtürmen die übrigen Gebäude eindeutig überragen. Die Häuser der Sabbionetaner Bürger bilden gleichsam einen amorphen Wald, aus dem die herzoglichen Gebäude in Dimensionen, Ausstattung und Unterscheidbarkeit als Individuen herausragen, wie der Herzog selbst aus der Gemeinschaft seiner Untertanen. Ihre deutliche Dominanz reduziert die übrigen zur Anonymität. In einem Vergleich aus der Sphäre des Militärs wären die Bürgerhäuser ohne die dominierende Monumentalarchitektur des Herzogs wie ein gutgeordnetes Heer ohne Kommandant erschienen. Ein vorgeprägtes Muster, dem sich die Bürgerhäuser, die »maisons particuliers«, gleichsam anpassen, wird durch die Herzogspaläste ignoriert, man könnte sagen, »vergewaltigt«: der soziale Antagonismus wird deutlich auf der Ebene der Monumente ausgetragen. Die Häuser der *nobili* und der Reichen, der Vertreter der staatlichen und der kirchlichen Macht, die sich im Nordwesten, um die Piazza Maggiore herum, an der Via Giulia und an der Stradone konzentrieren, sind strikt normiert in Geschoßhöhe und Grundstücksbreite und einander ähnlich in der Ausstattung. Die Verpflichtung der Adligen, ihrem sozialen Rang gemäß zu wohnen, und das Bedürfnis der Reichen nach Selbstdarstellung sind auf eine Weise reguliert, die Individualität, Ausdruck, Mode und Prunk für die herrschende Familie reserviert. Die Häuser der einfachen Leute treten auch hinter jenen bescheiden zurück. (149)

Die Stadtanlage bildet in ihrer Disziplin und Hierarchie ein Vorbild für das soziale Leben in ihr. In ihrer streng geometrischen Anlage duldet sie weder räumliche noch gesellschaftliche Unregelmäßigkeiten. Das Planungsschema und die Hierarchisierung der Gebäude trennen die Bevölkerung scharf in privilegierte Akteure und passive Zuschauer, die keine »Rolle spielen«. In der Hierarchisierung der Gebäude spiegelt sich das Eindringen des Staates in die Stadt, die als Fürstenresidenz und Amtssitz ihre Selbständigkeit verliert. Sie dient anderem als sich selbst, muß dem Staat mit Kasernen und Behörden aufwarten. Sie wird zum Vorhof der Residenz, zur Kulisse des Hoflebens und zur Dramaturgie seiner ritualisierten Selbstdarstellung.

Die Plätze

Die Plätze haben in der derart organisierten Stadt im Unterschied zu ihren mittelalterlichen Vorgängern eine zusätzliche Bedeutung. Die zentrale Piazza ist einerseits, entsprechend der mittelalterlichen Bestimmung, Ort der bürgerlichen Öffentlichkeit und des Marktes, andererseits aber Aura und Vorhof des fürstlichen Palastes, *cour d'honneur* für die Zeremonien fürstlicher Selbstdarstellung und Mittel zur Verwandlung urbanen Lebens in ein von der Regie des Fürsten abhängiges Schauspiel. Der Platz liegt dem Palast des Fürsten zu Füßen und setzt das Geschehen auf ihm dessen Kontrolle aus. Die Bürger sind verpflichtet, ihren Markt unter den Augen des Herzogs oder seines Vertreters abzuhalten. Seine Macht über alle zivilen Vorgänge ist so auch architektonisch stets gegenwärtig.

Der Platz hat gemäß seiner Bestimmung eine regelmäßige Form. Seine Elemente summieren sich nicht einfach zu einem Komplex, sondern gehorchen einem übergeordneten Plan, dessen Brennpunkt der Herzogspalast bildet. Um die Veränderungen nachvollziehen zu können, die das mittelalterliche Grundschema der Platzorganisation hier erfahren hat, müssen wir uns jenes Schema noch einmal vor Augen führen. Die Differenz scheint in Sabbioneta zunächst geringfügig und ist doch eine wesentliche.

Die Piazza Grande in Sabbioneta wird auf den ersten Blick nicht anders als in mittelalterlichen Städten gebildet durch einen freigelassenen Block im Straßenraster und die umstehenden Häuser. Und dennoch manifestiert sich hier bereits ein ausgeprägtes Bewußtsein für die perspektivische Inszenierung des Platzes als räumliche Einheit und hierarchisches Gefüge, als Ausdruck eines verbindlichen Willens. Es handelt sich nicht um einen passiven Zwischenraum, der von der privaten Bebauung ausgenommen blieb, sondern um ein selbstbewußtes herrschaftliches Gebilde.

Ein besonders geeignetes Vergleichsbeispiel stellt Monpazier dar, eine englische Gründung im Süden Frankreichs aus dem 13.

Jahrhundert, die ihren ursprünglichen Charakter so gut wie unverändert erhalten hat. (150) Diese »Bastide« ist über einem regulären schachbrettartigen Grundriß erbaut. Ihr Grundschema besteht aus einem durch je zwei parallele Straßen gebildeten Kreuz, dessen Herzbezirk der Marktplatz ist. Um »Platz« zu gewinnen, bleibt das zentrale Carré des Schachbretts unbebaut. An der spezifischen Gestaltung dieses Marktplatzes läßt sich ablesen, an welche Schranken der einheitliche Planungswille, welcher der Anlage dieses Stadttypus der Bastiden zugrunde liegt, in seiner gestalterischen Artikulation hier noch stößt.

Da der Platz als unbebaut gebliebener Block gewonnen wurde, laufen die Zufahrtsstraßen an seinen vier Seiten entlang, so daß man ihn über die Ecken betritt. Rundum ist er mit hölzernen oder steinernen Laubengängen umgeben, über denen sich die Obergeschosse der angrenzenden Häuser in den freien (auch steuerfreien) Raum hineinschieben. Da die umlaufenden Arkaden in ganzer Breite über den vier Tangentialstraßen stehen, war der direkte diagonale Zugang zum Platz jedoch nur über die Diagonale zu erreichen, da unter den Lauben die Händler ihre Stände aufgeschlagen hatten. Die bauliche Korrektur dieser Situation besteht nun darin, daß jeweils im Erdgeschoß der beiden Eckhäuser die aneinandergrenzenden Pfeiler der Arkaden zurückgenommen werden, so daß unten ein schmaler Durchlaß entsteht, während oben die Häuser nach wie vor aneinanderstoßen, sogenannte *cornières, couverts* oder *ouvents* bilden. (151)

Bei den »Bastiden« hatte man durchaus die Planung der Gesamtanlage im Auge. Die Privatgrundstücke wurden nach der einheitlichen Einteilung zugeteilt. Man begann die Stadt wieder stärker als Einheit zu sehen, als das lange Zeit möglich war, da die komplizierten Besitzverhältnisse des Frühmittelalters, die hohe Eigenständigkeit der einzelnen Institutionen und der Viertel mit streng getrennter Verwaltung die Stadt kaum als Einheit denkbar machten.

Die Gestalt des Platzes offenbart jedoch die »Konkurrenz« zwischen dem bürgerlichen Privatinteresse und der Planungsinstanz, die sich spiegelt in der »Konkurrenz« zwischen dem ästhetischen Primat des Einzelhauses, das in traditioneller Hand-

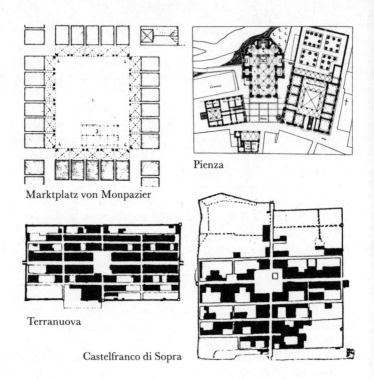

Marktplatz von Monpazier

Pienza

Terranuova

Castelfranco di Sopra

werksmanier errichtet wird, und dem Totalitätsanspruch des Vermessungsingenieurs und Planungsvereidigten. Zwei verschiedene Auffassungen von der Einheit der Einzelteile und vom Bauen »stoßen hier hart aufeinander«. Die *cornières* sind im einzelnen sorgfältig ausgestaltet und in einer erstaunlichen Vielfalt variiert. Die sich in ihnen ausprägende Steinmetzkunst steht aber in eigentümlichem Gegensatz zu ihrem Notlösungscharakter bezüglich der Gesamtplanung: als Platz, dessen Zugänge man sozusagen »vergessen« hat, erinnert die Anlage gar an die Schildbürgerstreiche. Die Realisierung der einheitlichen Planung scheint hier vorerst in der Umsetzung eines zweidimensionalen Schemas und in der additiven Reihung der Elemente zu bestehen. Die Grenzen des Einzelgebäudes sind in hohem Maße auch die Grenzen des Gestaltungshorizontes. Viele der im 14. Jahrhundert entstandenen italienischen *terre murate* zeigen bereits eine veränderte Platzauffassung, die auch eine von den Bastiden unterschiedene Rechts- und Interessenlage der Bauherren, der sich territorialstaatlich ausdehnenden Stadtstaaten spiegelt. Die Plätze der *terre* zeigen bereits Ansätze zu einer herrschaftlichen Inszenierung des öffentlichen Raumes.

Sie werden u. a. nicht mehr nur von den Ecken her erschlossen, sondern größtenteils zusätzlich von Straßen gekreuzt, so daß man direkt auf ihre Mitte gelangt, wie das später von Alberti und von Palladio gefordert wird. (152) Als Beispiel seien hier Castelfranco di Sopra genannt, 1300 von Arnolfo di Cambio erbaut, im Tal zwischen Florenz und Arezzo, und Firenzuola, 1330 »zur Ehre des florentinischen Staates« erbaut, mit ihrem Festungsquadrat und den schönen Tortürmen. Die eigentliche Geburt des Renaissanceplatzes aber läßt sich exemplarisch an dem Umbau Corsignanos durch Enea Silvio Piccolomini, Papst Pius II., verfolgen. Für die Neugestaltung seines Geburtsortes, den er in Pienza umbenannte, hatte Pius eine den Prinzipien Albertis in hohem Maße entsprechende Platzlösung gefunden, und er hat einen städtischen Organismus zu schaffen vermocht, der in reinster Form dem Geschmack der Renaissance entsprach, obwohl er das ursprünglich mittelalterliche Gewebe der Stadt beinahe unverändert ließ. Bernardo Rosselino, den der Papst mit den Entwürfen für die Umbauarbeiten beauftragt hatte, war ihm womöglich durch Alberti empfohlen worden, der 1459 im Gefolge des Papstes über Corsignano nach Mantua gereist war. Pius hatte sich bei dieser Gelegenheit aber sicherlich auch von Alberti selbst beraten lassen. (153)

In Pienza entstand aus einem mittelalterlichen planimetrischen Verhältnis einer leicht gebogenen Straße mit einem an die konvexe Seite rührenden Platz ein dynamisches räumliches und volumetrisches Verhältnis, das zu den reinsten und vollendetsten der Renaissance gehört. Der Prospekt der Domfassade wird von zwei Palästen auf eine Weise eingerahmt, die den Blick richtet und Raumtiefe erzeugt. Das römische Kapitol erhielt durch Michelangelo eine vergleichbare Anlage. (154)

Einheit und Ordnung werden nicht mehr nur geplant, sondern sie sollen sich auch in der Raffinesse ihrer Geplantheit sichtbar darstellen. Die sinnliche Erlebbarkeit der einheitlich geplanten Gestaltung ist zu einem Bestandteil der Planung selbst geworden, zu der eigentlichen, ästhetisch anspruchsvoll zu lösenden architektonischen Aufgabe. Entsprechend der dreidimensionalen Gestaltung des regulären Grundrißschemas nach den Gesetzen der Perspektive entwickelt sich der Platz von einem zwangsläufigen Produkt der zweidimensionalen Straßenführung zu einem auf optische Sensationen berechneten Raumkunstwerk.

Die wesentliche Veränderung in der Platzgestaltung besteht in der Betonung des Sichtbaren. Der mittelalterliche Schönheitsbegriff war weitgehend mit dem Ordnungserleben identisch. Das traditionelle »Städtelob« des 13. und 14. Jahrhunderts bezog sich primär auf die Ordnung der Institutionen und Dinge. Weil sie ihren eigenen und angemessenen Ort haben, um ihre Aufgabe zu erfüllen, ist die Stadt schön, nicht weil sie besonders prunkvoll und prächtig ist. Übertriebener Prunk und Protzigkeit konnten Dante zufolge der Schönheit eher abträglich sein. Den Sehgewohnheiten scheint die variable Reihung in der Fläche, an man entlangschreitet, ein narratives Element, am ehesten entsprochen zu haben. Am Beispiel von Pienza ist der Übergang – wenn auch dichotomisch überzeichnet – verdeutlicht worden:

»Die mittelalterliche Platzanlage kennt nur die beziehungslose Verteilung von mehreren Einzelmonumenten auf einer großen Fläche, wie etwa in Pisa Dom, Campanile, Baptisterium und Campo Santo als isolierte Baukörper ohne kompositionelle Beziehung zum anderen auf dem weiten Rasenfeld verstreut erscheinen, oder die feste Aneinanderreihung von Bauwerken zu einer Häuserwand, die sich, wie etwa in Volterra, zu einem rechteckigen geschlossenen und machtvoll wirkenden ›Platzhof‹ oder, wie in Siena, zum von vornherein planmäßig geschwungenen Arenarund zusammenfügen. Die bewußte Unterscheidung der doppelten Wirkungsmöglichkeiten einander räumlich zugeordneter architektonischer Monumente als Einzelbauten und die Gesamtgruppe im Freiraum ist von Rosselino in Pienza zum ersten Mal in Anwendung gebracht worden.« (155)

Nun hat in Italien die Inszenierung der Architektur immer schon eine größere Rolle gespielt als im übrigen Europa. Schon darum ist die Dichotomie nur mit Abschwächung zu akzeptieren. Auch in Pisa sind die Monumente von dem Bestreben nach Sichtbarkeit und Raumartikulation mitbestimmt. In Siena umgeben die Häuser den großen Platz wie Logen und Galerien den Theaterraum. Doch das Bestreben wächst, die Monumente aus ihrer Umgebung durch Freiraum und Inszenierung hervorzuheben. Im 15. Jahrhundert wird die Redeweise von einem gelungenen Platz als einem schönen Theater gängig. Das aus den Schauseiten der Gebäude geformte Ganze bildet eine Bühne, die den optisch genießenden Zuschauer voraussetzt. Der Platz wird als Hohlkörper erlebt, in dessen Mitte sich der Mensch geborgen fühlt. Diese Platzauffassung wird in der Barockzeit weiterentwickelt und verfeinert. Die von Raguzzi entworfene Piazza San Ignazio in Rom bildet schließlich als raffinierter Bühnenprospekt einen Höhepunkt dieser Entwicklung. Vorbild für den Raum des Platzes wird der Innenraum, insbesondere der Theaterraum. Die Straßeneinmündungen erhalten den Charakter von Türen, durch welche die Akteure eintreten oder besser: auftreten.

Negativ formuliert haben die einzelnen Gebäude, die den Platz umstehen, ihre Selbstgenügsamkeit zugunsten des Gesamteindrucks aufgeben müssen. Ihre Fassaden haben sich als Schauseiten von den Einzelgebäuden gelöst und sind zu »Wänden« des Platzraumes geworden. Brennpunkte, Achsen und Symmetrien ziehen die Aufmerksamkeit von den Einzelgebäuden ab und weisen ihnen ihre Bedeutung als Teile eines übergeordneten Ganzen erst zu, an dessen Pracht und Herrlichkeit sie wiederum partizipieren können – ein architektonisches Abbild des signoralen und später des absolutistischen Hofes.

Um einem Platz Innenraumcharakter zu verleihen, ging man dazu über, die Zugänge nur noch in die Mitte der Seitenwände zu legen und die Ecken zu schließen. Dieser Lösung gegenüber, wie sie u. a. in Charleville, einer späteren Gonzaga-Gründung, gewählt wurde, muten die mittelalterlichen Plätze an wie Zimmer, deren Türen in die Ecken gequetscht sind. Exquisite Beispiele für diese hochentwickelte Platzkonzeption finden wir u. a.

in Vitry-le-Francois (1545), Charleville (1608), Richelieu (1631-35). (156)

Bei dem Hauptplatz von Sabbioneta haben wir eine Übergangsform vor uns. Er besitzt sowohl Zugänge durch die Tangenten, als auch seitliche Zugänge durch eine Straße, die den Platz schneidet. Obwohl das alte mittelalterliche Formschema noch beibehalten worden ist, sind die Elemente in ein inszeniertes Ganzes integriert, dem durch die umlaufenden Arkaden und Kolonnaden ein ausgesprochen bühnenhafter Charakter eigen ist. In seinen wohltuenden Proportionen strahlt der Platz eine geradezu intime Atmosphäre aus und vermittelt ein angenehmes Gefühl der Geborgenheit und Ruhe. Von einer erstaunlich guten Akustik zusätzlich begünstigt, läßt er sich zum Zweck theatralischer Aufführungen ohne weiteres in eine Art Freilicht-Kammertheater verwandeln.

Der Herzogspalast an der Stirnseite ist durch seine Architektur, seine Größe, das optisch angehobene Niveau und seine Einfassung durch Straßen das dominierende Gebäude des Platzes. Durch seine Dominanz entwickelt sich eine Art Kraftfeld, in das die Elemente des Platzes hineingezogen werden, deren Linien optisch im Herzogspalast zusammenlaufen. Durch einen vorgeschobenen Flachbau dem Palast gegenüber weichen die beiden eigentlich in der Mitte der Längsseiten auf den Platz stoßenden Straßen förmlich vor dem Herzogspalast zurück. Selbst die durch ihren Campanile und ihre auffällige Fassade zum Palast in Konkurrenz tretende S. Maria Assunta muß sich in das dynamisch ausgerichtete Spalier des Platzensembles einreihen.

Wenn man an der Fassade der Assunta entlangblickt, gibt der Palast an der Seite den Blick frei auf ein geschickt in die Tiefe gestaffeltes urbanes Ensemble mit dem »Tempel«, dem Rundbau der Incoronata im Hintergrund, das den Herzogspalast selbst zusätzlich hervorhebt und zugleich die Rauminszenierung des Platzes durch eine Art Hinterbühne bereichert.

Das relativ niedrige Gebäude gegenüber dem Herzogspalast, das aus der Regierungszeit Kaiserin Maria Theresias, also aus dem 18. Jahrhundert stammen soll, erinnert in Lage und Form, nicht zuletzt wegen der Kolonnaden im Erdgeschoß, die ihm eine gewisse Leichtigkeit verleihen, an die alten offenen Markthallen vieler mittelalterlicher Städte. Aus einer transparenten Halle auf dem Platz ist hier jedoch eine Platzfront geworden, die eine gewisse Räumlichkeit gewinnt durch die seitlich in die Tiefe laufenden Längstangenten des Platzes, deren eine selbst wiederum Platzcharakter besitzt.

Man darf aus der späteren Datierung dieses Gebäudes wohl nicht schließen, daß an seiner Stelle vorher kein Gebäude gestanden und der Platz bis an die kurze Osttangente herangereicht hat, die im Norden in den *largo* von San Rocco mündet. Das im Rücken der kleinen Loggia befindliche Ensemble müßte man als unbefriedigenden und unfertigen Abschluß des Platzraumes empfinden. Der Palazzo, der mit seinem Portal und der Fensterachse exakt den Abschluß einer der Gassen seitlich der Loggia, der Via Serviti, bildet, müßte dann ebenfalls späteren Datums sein. Das hofseitig zur östlichen Platztangente gelegene Nachbargebäude kann seinerseits kaum die ehemalige Platzbegrenzung dargestellt haben, da das Grundstück versetzt liegt und die Fassade nicht zum Platzraum hinzeigt.

So muß man annehmen, daß sich an der Stelle dieses Gebäudes, dessen Säulen übrigens älteren Datums sind, schon vorher ein ähnliches befunden hat. Es wäre möglich, daß die vorhandene Loggia, die eine optisch ähnliche Nachbildung einer Markthalle darstellt, tatsächlich eine solche zur Vorgängerin hatte. Der Neubau, der vielleicht eine baufällig gewordene Holzkonstruktion ersetzen mußte, trug wohl auch dem Bedarf an fest installierten Läden Rechnung. Immer wieder tauchte auch die Behauptung auf, bei diesem Gebäude oder seinem Vorgänger habe es sich um den Palazzo della Ragione gehandelt. Für diese Behauptung spricht der Umstand, daß in den Markthallen der mittelalterlichen Gründungen zugleich Recht gesprochen wurde. (157)

Auch in anderen Details weicht die heutige Gestalt der Piazza mit Sicherheit von der ab, die sie im 16. Jahrhundert besessen hat. Die Assunta hat ihr gegenwärtiges Aussehen erst im 17. und 18. Jahrhundert erhalten, und die kleine Seitenkapelle mit dem vorgeblendeten Rundbogen ist sogar erst im 20. Jahrhundert hinzugefügt worden. Fraglich bleibt aber, ob die Platzgestalt auch schon zu Lebzeiten Vespasianos Änderungen erfahren hatte. Gestochene Ansichten, welche die ursprünglich intendierte Gestalt vorwegnehmen, sind nicht vorhanden. Es wäre denkbar, daß die Platzbebauung ursprünglich in einer größeren Einheitlichkeit beabsichtigt war. Das Interesse an einer einheitlichen Platzgestalt könnte sich aber auch erst im Laufe der Urbanisierung Sabbionetas herausgebildet und verstärkt haben. Dafür sprechen die relativ späten dirigistischen Verordnungen bezüglich der Dekoration der Häuser.

Die *Piazza del Castello* oder Piazza d'Armi läßt heute ihren einstigen räumlich geschlossenen Charakter nur noch ahnen, da ihre westliche Begrenzung durch das Kastell und den Burggraben verlorengegangen und ihre südliche Einfassung durch den teilweisen Abriß der *cavalcavia* mit dem Zeughaus fragmentiert worden ist. An der Stelle des ehemaligen Kastells hat man in den dreißiger Jahren eine Schule gebaut, bei deren Gestaltung man sich immerhin bemühte, ein Pendant zur Galerie zu bilden. Seine ursprünglichen klaren Konturen besitzt der Platz nur noch in der südöstlichen Ecke, die von dem langgestreckten Casino und dem gewaltigen Korridor gebildet wird, der die Galerie beherbergte und den Platzraum wie ein breiter Vorhang gegen das Wohnviertel im Osten abschirmt.

An der Nordseite des Platzes, die von der Hauptstraße, der ehemaligen Via Giulia, heute Via Vespasiano Gonzaga, geschnitten wird, hat sich als Markierung des Kreuzungspunktes von *cardo* und *decumanus* die Minerva-Säule befunden, die heute vor dem Casino steht, inmitten einer parkähnlichen Bepflanzung, welche die ehemalige Nutzung als eine Art Turnier- oder Truppenübungsplatz vergessen läßt.

Ein dritter Platz befindet sich an der Rückseite des Palazzo Ducale, an dem die Incoronata und das Hospital liegen. Diese kleine Piazza, auf die vier Gassen zuzulaufen scheinen, ist eigentlich nur eine Kreuzung und hat dennoch eine intime Raumwirkung. Das Prinzip der Abwinkelung und Versetzung der Straßen ist hier virtuos zur Gewinnung eines Platzraumes variiert worden.

Palazzo Ducale

Der Palazzo Grande und spätere Palazzo Ducale war das erste öffentliche Bauwerk Sabbionetas. Mit seinem Bau wurde schon 1554 begonnen, und 1568, bei der Abreise Vespasianos nach Spanien, soll es in seiner ursprünglichen Form fertiggestellt gewesen sein. Nach der Rückkehr Vespasianos als Herzog 1577 wurden noch einige Umbauten und Erweiterungen vorgenommen, auch die Fassade wurde verändert. 1586 wurden das Dach mit einem Söller oder Altan versehen und die Fenster mit Marmor eingefaßt. Auch die Balustrade der Loggia, die erst 1590 hinzugefügt worden sein soll, und der Balkon in seiner heutigen Gestalt, entstammen der zweiten Bauphase. An seiner Stelle soll sich vorher ein bleigedeckter Erker befunden haben. 1589 sollen an den Dachfirsten zwei Fialen aufgesetzt worden sein. Sie sind heute nicht mehr vorhanden, ebenso wie fünf Büsten über den Fenstergiebeln und die illusionistisch freskierte Architekturgliederung, Girlanden und Grotesken in *chiaroscuro* (Helldunkelmalerei) von Michelangelo Veronese. Auch von den zwei Engeln, die das Wappen Vespasianos hielten, und von der Madonna mit Kind, ein Fresko von Bernadino Campi in einer Nische der Attika, die in Werkverzeichnissen der Künstler genannt werden, fehlt heute jede Spur.

Als Architekten des Gebäudes nimmt man die Brüder Tusardi an, denen jedoch mit größerer Sicherheit der 1587 errichtete Palazzetto del Luogotenente an der Seite des Herzogspalastes und der Palazzetto del capitano am Fuße der Piazza d'Armi an der Via Giulia zugeschrieben werden können.

Der Umbau war zugleich eine erhebliche Erweiterung des Gebäudes, das im rückwärtigen Teil zusätzliche Räume erhielt, u. a. einen Salon, der in der damals besonders kultivierten Fixierung auf den Ranghöhen dem militärischen Vorgesetzten Herzog Alba ständig reserviert war; ferner einen Ehrenhof und einen Turm, der den Palast überragte, »wodurch die Bewegung jedes einzelnen sofort um so sicherer bemerkt wird«. (158) Der Salon des Herzogs von Alba und der Turm sind nicht mehr vorhanden. Später hat man auch die Brücke zum benachbarten Haus des Luogotenente entfernt.

Mit der Fassade des Palazzo Ducale kam in den sonst lokalen, »padanischen« Baustil der Stadt ein römisches, michelangeleskes Element, das heute ohne den wohl an deutschen Vorbildern orientierten Wandschmuck vielleicht noch besser zur Geltung kommt. Insbesondere die Gestaltung der Fensteröffnungen im Obergeschoß erinnert an Arbeiten Michelangelos. Der untere Bereich der Fassade erinnert mit seiner feinen Putzrustizierung dagegen eher an das Vorbild der Gonzaga-Villen von Giulio Romano, die Villa del Tè und die Villimpenta.

Die Fassade öffnet sich gegen den vorgelagerten Platz in einer Loggia mit fünf Bogenöffnungen, deren mittlere zum Portal entwickelt ist, während die übrigen mit Balustraden geschlossen sind. Die hallenartige Öffnung des Untergeschosses erinnert an administrative Gebäude der Lombardei, etwa die Loggia del Consiglio in Verona oder den Palazzo Communale in Brescia, Kommunalpaläste der italienischen Stadtrepubliken, die seit dem 12. Jahrhundert erbaut worden waren. Sie besaßen in der Regel ein durch Arkaden geöffnetes Untergeschoß, das den großen Saal trug, in dem sich der Rat versammelte. Das offene Erdgeschoß jener Stadthallen symbolisierte deren Funktion, im Prinzip und der Idee nach für alle dazusein.

Die grundlegende Differenz zwischen jenen Hallen und der Loggia des Palazzo Ducale wird jedoch u. a. deutlich durch die Anhebung der Loggia gegenüber den Arkaden der Platzbebauung. Die Loggia des Palazzo Ducale in Sabbioneta steht am Ende einer Entwicklung, in der sich seit dem 15. Jahrhundert die Loggien in Elemente adliger Selbstrepräsentation und in Symbole der Tyrannis der Signorien verwandelten. Die von Pius II. in Siena gestiftete Loggia der Piccolomini und die Loggia der Rucellai in Florenz sind bereits ausgesprochene Adelsloggien. Sie dienen nicht dem Volk, sondern dem einzelnen, der die Staatsmacht an sich reißt und die anderen zum Publikum degradiert. (159)

Den schweren düsteren Bogen im Erdgeschoß entsprechen im Obergeschoß Fenster, deren Marmorrustizierung abwechselnd von Segment- und Dreiecksgiebeln gekrönt wird. Jeder der Fenstersimse wiederholt die Inschrift: »Vesp D g Dux Sablon I.« – Vespasiano, dank Gottes Gnade erster Herzog von Sabbioneta. Die Treppe vor dem Portal und der Balkon vor dem mittleren Fenster bilden eine vertikale Achse, die durch den Söller oder Altan betont wird, der das flache Dach überragt, ein in der Lombardei verbreitetes architektonisches Element. Speziell provoziert er den Vergleich mit den Mailänder Palästen der Stampa und Spinola, Arbeiten von Cristoforo Lombardo, und mit der Villa Lante in Bagnaia, die wahrscheinlich nach Plänen von Vignola erbaut ist. Der Söller mag auch der Nachrichtenverbindung mit dem Bergfried der Burg gedient haben.

Die Raumaufteilung im Inneren entspricht dem langgestreckten, durch den Ehrenhof eingeschnürten Baukörper. Das Vordergebäude mit großzügigen Räumen ist mit den Resten des ehemals weitläufigeren Rückgebäudes durch einen schmalen Trakt verbunden, in dem sich mehrere kleine Salons aneinanderreihen. Der Palast ist wie auch die anderen herzoglichen Gebäude spätestens seit dem Einmarsch der napoleonischen Truppen, möglicherweise auch schon beim Durchzug der italienischen Jakobiner, die nach der Ausrufung der »Cisalpinischen Republik« das Land durchstreift und auch in Sabbioneta Zeugen der feudalistischen Vergangenheit beschädigt und geplündert hatten, vollständig seines Mobiliars beraubt. Die Wanddekoration ist stark beschädigt, z. T. gänzlich zerstört.

Die Dekoration der Innenräume entspricht der primären Bedeutung des Gebäudes als Stadtpalast und Amtssitz eines Landesfürsten und wird bestimmt von den Insignien der Herrschaft und den Symbolen ihrer öffentlichen Repräsentation. Wie die Außenansicht bildet auch die Innendekoration des Palastes eine Manifestation aristokratischer Geltungsansprüche. Vor allem der Adlersaal und die Ahnengalerie demonstrieren das Selbstbewußtsein einer Herrschaft, die im Unterschied zur traditionellen, nur belehnten Feudalherrschaft auf dem Eigenbesitz des Territoriums und den erblichen Titeln einer Familiendynastie gründet, wie sie paradigmatisch von den Medici etabliert worden war. Sie sprechen von dem Geist der hohen Abstammung, vom *spirito di lignaccio*, und von dem Aufstieg einer ritterlich-feudalen Gründerfamilie aufgrund militärischer Verdienste und kriegerischen Wagemutes und dank der erworbenen Gunst der einzig rechtmäßigen Autorität des römischen Kaisers zur souveränen und legitimen Herrschaft eines legalen Staatswesens.

Der sogenannte Adlersaal, seit dem Abriß des Salone del Duca d'Alba der größte Raum des Palastes, bildet das Foyer des Obergeschosses, des *piano nobile*, in das man über die große Treppe gelangt. Hier wird man von vier überlebensgroßen Reiterstatuen empfangen, den letzten der ursprünglich zwölf bemalten Holzstatuen, die einst im Salone del Duca d'Alba aufgestellt waren. Sie stellen Ludovico Gonzaga dar, den zweiten Marchese von Mantua, Gianfrancesco Gonzaga, den Grafen von Rodigo, Luigi »Rodomonte«, den Vater von Vespasiano, und Vespasiano selbst. In diesen Statuen eines unbekannten venezianischen Holzschnitzers drückt sich, wie Marani und Perina bemerkten, am stärksten der deutsch-spanische Geschmack der Dekoration aus. (Der nicht mehr vorhandene Salon des Herzogs von Alba enthielt außerdem eine Büste jenes Mannes, dem zu Ehren er eingerichtet worden war, sowie eine solche von dem zeitweiligen Gouverneur von Mailand, Ferrante Gonzaga, wie Vespasianos Bronzestatue, Werke von der Hand Leone Leonis, die bei Vasari erwähnt werden.)

Den Namen erhielt die Sala delle Aquile von dem festlichen Fries P. M. Pesentis, auf dem die Adler Jupiters, zum Ruhme des Herzogs mit ausgebreiteten Flügeln und dem Wappen Vespasianos auf der Brust, Jupiters Donnerkeile und eine um den ganzen Raum laufende Girlande aus Blumen und Früchten herbeizutragen scheinen.

Von hier gelangt man in alle übrigen Räume des Vordergebäudes. Der Thronsaal, oder die Sala Reale, die als Zeichen der Loyalität allein dem spanischen König reserviert war, besitzt als Wandschmuck einen Fries mit Fruchtbuketts. Die Kassetten-

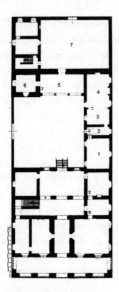

Palazzo Ducale

Erdgeschoß:
1 Kabinett der Diana
2 Vestibül
3,4,5 Räume mit Kassettendecken
6 ehemaliger Turm
7 einstiger Ort des Salons
 für den Herzog Alba

Obergeschoß:
1 Adlersaal
2 Thron- oder Königssaal
3 kleiner Vorraum
4 Ahnengalerie
5 Elefantensaal
6 Löwensaal
7 Salon der Hafenstädte
8,9,10 Salons mit Kassettendecken

decke enthält das Wappen Vespasianos mit den Insignien der Gonzaga, der Colonna und der Aragonen.

Auf der anderen Seite der Vorderfront befindet sich der Elefantensaal, so genannt wegen der unter der Decke entlanglaufenden Fresken, welche diese Dickhäuter an der Seite dunkelhäutiger Frauen darstellen. Afrikanische Szenen erfreuen sich allgemein großer Beliebtheit, nachdem aufsehenerregende Reiseberichte und koloniale Eroberungen das Interesse am Exotischen und Gigantischen geweckt hatten. Außerdem hatte sich Vespasiano in der Eigenschaft eines spanischen Vizekönigs selbst in Afrika aufgehalten, wenn auch nur an der Mittelmeerküste.

Zwischen diesen beiden Räumen befindet sich die Ahnengalerie. Man gelangt in sie durch einen kleinen Vorraum, dessen Kuppel mit einer goldenen Sonne auf blauem Grund bemalt ist – ein Familienemblem der Gonzaga. Die *Sala degli Antenati* enthält einundzwanzig Porträts der Ahnen und Familienmitglieder Vespasianos in Stuckrelief, die der römischen Mode entsprechend gestaltet und angeordnet sind. Die Ahnengalerie, mit der Vespasiano seine noble Abstammung dokumentierte, ließ er mit Luigi, dem ersten *capitano* von Mantua, und dessen Ehefrau Maria Ramberti beginnen. Ihm folgen Guido mit seiner Frau Viridia Beccaria, Ludovico I. mit Ala d'Este und Francesco I. mit Margherita Malatesta, der erste Markgraf Gianfrancesco mit seiner Frau Paola Malatesta, Ludovico II. mit Maria von Brandenburg und Gianfrancesco der Jüngere, der die Linie von Sabbioneta und die von Bòzzolo begründete. Ihm folgt seine Frau Antonia del Balzo aus der provençalischen Familie des Beaux (1441-1538), die in einer Novelle Matteo Bandellos erscheint und die »Mutter von allem« genannt wurde, deren Sohn Ludovico mit Francisca Fieschi, der Tochter eines Genueser Dogen, Luigi »Rodomonte« mit Isabella Colonna, Vespasiano selbst mit der Mutter seiner Kinder, Anna d'Aragona, und schließlich sein eigener Sohn Luigi.

Vespasiano selbst wird mit dem Titel des Marchese dargestellt. Die Reliefs müssen demnach vor 1574, dem Jahr seiner Erhebung zum Herzog, angefertigt worden sein. Nach den Aufzeichnungen Affòs hatte Vespasiano seinen Sekretär Muzio Capiluppi 1556 mit der Mission nach Mantua geschickt, Porträts der darzustellenden Ahnen zu sammeln, nach denen die Reliefs angefertigt werden sollten. (160) Das Gewölbe über ihnen ist durch Stuckbänder in verschiedenförmige Felder unterteilt. Zwischen Merkur und Mars ist im zentralen großen Oval in extremer perspektivischer Verkürzung Phaeton dargestellt, wie er mit dem Sonnenwagen gerade die gemalte offene Kugel zu überfliegen scheint (kurz vor seinem Absturz in den Po, der im Casino dargestellt ist).

Phaeton könnte für Vespasiano einen besonderen Stellenwert wegen seiner Nähe zur Daidalos-Legende besessen haben. Als italienischer Lokalmythos war die Figur des Phaeton außerdem dazu prädestiniert, eine poetisch überhöhte Landschaft der Poebene und des »Königs der Flüsse« (Vergil) mit dem mythischen und für die Gonzaga emblematisch bedeutsamen Sonne und mit Jupiter zu verbinden, von dessen Blitz getroffen Phaeton schließlich stürzt.

Primär jedoch muß man eine politische Interpretation der gängigen allegorischen Bedeutung unterstellen, derzufolge das Schicksal dieses wagemutigen Sterblichen, der versucht hatte, den menschlichen Begrenzungen zu trotzen, das Schicksal eines jeden verkörpert, der so vermessen ist, die Schranken seiner ihm zugewiesenen Beschaffenheit überwinden zu wollen.

Der Mythos ist kurz erzählt: Phaeton, der sich in seiner Jugend Neckereien darüber gefallen lassen mußte, daß sein Vater nicht bekannt sei, machte sich eines Tages auf dessen Suche und fand ihn schließlich in Richtung Sonnenaufgang in seinem Palast. Helios, gerührt und um seine väterliche Liebe zu beweisen, versprach, seinem Sohn jeden Wunsch zu erfüllen. Dieser wünschte sich, einen Tag lang den Sonnenwagen seines Vaters über den Himmel zu lenken. Helios, wenn auch über die vorwitzige Forderung entsetzt, ließ seinen Sohn gewähren. Trotz genauer Anweisungen verlor Phaeton aber den Kopf, und die Pferde gingen buchstäblich mit ihm durch. Sie rissen zuerst eine große Wunde in den Himmel, die heutige Milchstraße. Dann tauchten die Pferde zu tief hinunter und drohten die Erde zu verbrennen. Die Hitze verursachte eine große Dürre, die Wüsten in Afrika, und schwärzte die Haut der Äquatorbewohner.

Von den Zerstörungen alarmiert, schleuderte Jupiter (Zeus) einen Donnerkeil, der den Jüngling aus dem Wagen warf. Sein brennender Körper stürzte, wie im Casino zu sehen, in den Eridanus, den heutigen Po. In einer italienischen Überlieferung heißt es, Jupiter habe nach dieser Katastrophe eine große Flut geschickt, um die Erde wieder abzukühlen – eine mögliche Mythologisierung der alljährlichen und zuweilen verheerenden Überschwemmungen des Po. Die Schwärzung der Äquatorbewohner bringt einen auf den Gedanken, den Elefantensaal nebenan mit den afrikanischen Schönheiten als eine Art Kommentar zum Phaeton-Mythos zu betrachten.

Phaeton wurde bestraft, weil er den väterlichen Sonnenwagen in seinem jugendlichen Leichtsinn und vielleicht, um mit dem lange entbehrten Vater ein wenig anzugeben, nicht in der Gewalt behielt und zum Schaden der Menschen mit ihm fahrlässig umgegangen war. Für Vespasiano verschiebt sich die Relation von Vergehen und Strafe zum heroischen, wenn auch melancholisch überschatteten Verhältnis von Wagemut und Risiko. Wie in vielen Gonzaga-Devisen wird der Wert hochfliegender Pläne durch ihre gefährliche Nähe zur Vermessenheit noch gesteigert: Nur Gipfelstürmer und Furchtlose riskieren den Fall; Liebe und Strafe der Götter liegen nahe beieinander. Die Einrahmung Phaetons durch Merkur und Mars legt dem Betrachter nahe, den Höhenflug und die Risikobereitschaft auf Intelligenz und Kampfesmut zu beziehen, zwei Aspekte der »Mannestugend«.

Phaeton fliegt in diesem Fresko durch einen bereits entzauberten Himmel. Sein Fliegen ist glaubhaft allein schon durch die Geschwindigkeit, die durch die wehenden Gewänder zum Ausdruck kommt. Während der Wagen noch in der Luft schwebt, haben die Pferde auf einer Wolke bereits wieder relativ festen Boden unter den Füßen. Der Bildausschnitt suggeriert, Phaeton mit dem Himmelswagen genau in dem Moment zu sehen, als er den Herzogspalast von Sabbioneta überfliegt. Eine derartige naturalistische Steigerung mit Trompe-l'œil-Effekten hat bei Giulio Romano und schon bei Mantegna mantovanische Vorbilder. Die mythologischen Figuren allgemein gern zugestandene Unachtsamkeit in der Kleidung unterstreicht hier das Ungestüm Phaetons. In der Untersicht auf den nackten Jüngling liegt ein Übermut, der dem Übermut Phaetons gewissermaßen entspricht. Das Spruchband verkündet den Anspruch Vespasianos, mit seinen Werken weltweiten Ruhm zu erringen. (161)

Im Kontrast zum ausgelassenen Phaeton-Fresko stehen die seitlich angeordneten, nüchtern-gravitätischen Stuckvignetten, die ernst und belehrend an den Mut und die Tugendhaftigkeit römischer Heroen erinnern. Die Episoden der römischen Heldengeschichte stimmen thematisch mit denen überein, die von einem Schüler Sebastiano del Piombos, Tommaso Laureti, für den römischen Senatorenpalast auf dem Kapitol angefertigt worden waren. Eine stellt den sagenhaften Helden Gaius Mucius Scaevola dar, der während einer Belagerung Roms durch die Etrusker deren König Lars Porsenna umbringen wollte, sich in dessen Lager einschlich, aber entdeckt wurde. Der Gefangene beeindruckte Porsenna dadurch, daß er für sein Volk seine rechte Hand ins Feuer hielt, und erreichte schließlich einen Waffenstillstand und die Aufhebung der Belagerung.

Ein anderes Feld stellt den legendären Konsul Decius Mus dar, dem die Überlieferung »Devotion« zuschreibt, d. h. den freiwilligen Opfertod auf dem Schlachtfeld für den Gott Mars, um den Sieg des eigenen Heeres zu erkaufen. Ein weiteres zeigt Horatius Cocles, angeblich ein Nachkomme der Horatier, der ebenfalls im Krieg der jungen Republik gegen Porsenna die Tiberbrücke so lange hielt, bis sie von seinen Leuten demontiert war, um den Feinden das Eindringen in die Stadt zu erschweren. Dann sprang er in voller Rüstung in den Fluß und erreichte lebend das sichere Ufer. Für seine heldenhafte Rettung der Flüchtenden und der Stadt wurde Cocles mit Land und einer Statue geehrt. Ein viertes Feld stellt Cäsar beim Überschreiten des zugefrorenen Rubikon dar. (162)

Die zwei Landschaftsdarstellungen in der Mitte der Gewölbeseiten haben in ihrer allgemeinen Formation und insbesondere durch die Gebäude des Hintergrundes einen nordischen, deutsch-flämischen Charakter und stammen möglicherweise vom (1562 ertrunkenen) Giovanni da Villa. Abgesehen von diesen Landschaften hat man die Malereien dieses kleinen Salons dem Sabbionetaner Alberto Cavalli zugeschrieben. Die zentrale Phaeton-Darstellung stammt wahrscheinlich von B. Campi.

Durch den Elefantensaal gelangt man in einen schmalen Verbindungstrakt, in dem auf ein kleines Privatgemach der *Löwensaal* folgt. Im Zentrum seiner kassettierten Holzdecke sieht man zwei Löwen das Wappen Vespasianos halten, das hier bereits die Inschrift LIBERTAS trägt und somit zeitlich Vespasianos Erhebung in den Herzogstand voraussetzt.

Die Wände des anschließenden Kabinetts schmückten einmal Ansichten von vier Hafenstädten, deren Auswahl sich wohl ihrem engen Bezug zur Familiengeschichte der Gonzaga von Sabbioneta verdankt. Die beiden erhaltenen und sorgfältig restaurierten Fresken stellen mit ziemlicher Sicherheit die Hafenstädte Genua und Konstantinopel dar. Bei den beiden zerstörten Fresken soll es sich um Ansichten Roms und Neapels gehandelt haben. (163) Wenn man familiäre Bezüge annimmt, stünde Rom für die Colonna, Genua für die Fieschi und die Doria, Konstantinopel für die Paleologa, Neapel für die Aragona und ebenfalls die Colonna. In einer anderen Interpretation würden mit Genua und Neapel die beiden wichtigsten Hafenstädte des spanischen Italien vorgestellt, während Rom und Konstantinopel die beiden Zentren des antiken Italien darstellen, dessen legitime Nachfolge das Habsburgerreich angetreten hatte.

Die drei folgenden, ebenfalls recht kleinen Räume werden wie der Löwensaal von ihren schweren und überladenen »spanischen« Holzdecken nahezu erdrückt. In der Mitte der ersten Decke wiederum das Wappen Vespasianos, hier von einem Engel gehalten, eingerahmt von Weintrauben und Blumenschmuck, die ähnlich dem Fries im Adlersaal Festgepränge imitieren und hier speziell an Erntedankfeste denken lassen. Auch in den anderen Decken dominieren Fruchtbarkeitssymbole. Die zweite besteht aus achteckigen Kassetten mit weit herunterhängenden, riesigen Pinienzapfen. Die Decke des letzten Raumes hat wiederum ein Ornament aus den Früchten der Natur dieser Region.

Im Erdgeschoß gelangt man an nicht zugänglichen Räumen vorbei in den wohl privat genutzten Teil des Palastes. Das *Kabinett der Diana* enthält stark beschädigte, dem Cremoneser Bernadino Campi zugeschriebene Fresken, die Diana, Göttin der Jagd und guter Geist der unberührten Natur, Beschützerin der wilden Tiere und der Unschuld, mit Endymion in Zusammenhang bringen, einem sterblichen Enkel Jupiters. In der Renaissance, insbesondere durch den Platonismus war die Figur der Diana zu einem der komplexesten und dunkelsten Mythen geworden, dessen Bedeutungsreichtum die Künstler immer wieder besonders gereizt hat. (164)

Die Liebe Dianas zu Endymion variiert das Thema der Liebe eines Gottes zu einem Sterblichen als poetische und philosophische Darstellung der Liebe und des Todes und der Nähe beider zueinander. Wahre Liebe und tiefste Glückseligkeit wurden als tiefer Schlaf symbolisiert, der dem Sterben gleichkam. Umgekehrt konnte das Sterben im Reich der mythologischen Figuren als Symbolisierung innigster Liebe verstanden werden. Wirkliche Nähe zur geliebten Person erlangt man nur durch eine Art von Sterben hindurch, bei dem man alles zurückläßt, was das Leben bisher ausgemacht und sicher gemacht hat. Ein solches Sterben war in der Gestalt Endymions präfiguriert, der von Diana in einen tiefen Schlaf geküßt wurde. (165)

Die gewölbte Decke erinnert an die Räume des Palazzo Ducale von Mantua, die zur Zeit Isabella Gonzagas entstanden sind. Die Grotesken werden Fornaretto Mantovani zugeschrieben. Die Putti und die mythologischen Figuren gelten als Arbeiten des Sabbionetaners Pietro Martire Pesenti, der sie wohl nach Entwürfen B. Campis angefertigt hat.

Jenseits des Gabinetto di Diana befinden sich zwei, durch einen kleinen Flur abgetrennte Räume, die heute zu einem einzigen zusammengefaßt sind. Die *Sala dei Dardi* besitzt eine schwere vergoldete Holzkassettendecke, die von einem wuchtigen Gesims getragen wird. Im mittleren Feld ist das Wappen Vespasianos dargestellt und das Goldene Vlies, das ihm 1585 verliehen worden war. Den Namen »Salon der Pfeile« hat man dem Raum wegen der Blitzpfeile oder auch Donnerkeile Jupiters gegeben, die das Dekor der Decke bestimmen. Der zweite Salon hat eine ähnlich kostbare, ebenfalls vergoldete Decke.

Die Ahnenporträts und Reiterstatuen, die Emblemtiere und Symbole der Gonzaga, die heraldischen Ehrenzeichen Vespasianos, die formellen Verbeugungen vor den habsburgischen Herren, die Jupiter-Insignien und das Festgepränge, politische Allegorien, all diese Motive, die das Bildungsgut zu einem »Pantheon des Weltruhms« (Burckhardt) zurechtbiegen, dienen der öffentlichen Repräsentation und sprechen von Gelehrtheit als einem Mittel, den Fürsten ins Zentrum der Welt zu rücken.

Casino

Dem öffentlichen Charakter des Palazzo Ducale und seines Dekorationsprogramms steht der private Charakter des Casino gegenüber. Mit dem Bau des Casino oder des Palazzo Giardino wurde ca. 1580, vielleicht schon nach der Rückkehr Vespasianos vom spanischen Hof 1578 begonnen. Gegen 1588 sollen das Gebäude und bereits der größte Teil der Ausmalungen fertig gewesen sein.

Das Gebäude ist äußerlich als einfaches Landhaus konzipiert, ohne Außenschmuck, für ein zurückgezogenes Leben. Nach De' Dondis Angabe war die verputzte Fassade ursprünglich weiß getüncht, das Gesims dunkelblau gestrichen. Der einzige Schmuck sind reich geschnitzte Balkenköpfe unter dem Dach und ein hölzerner Fries, wohl als Zitat antiker Tempeldächer intendiert. Von den drei Portalen hat nur das mittlere mit der einfarbigen Marmoreinfassung sein ursprüngliches Aussehen bewahrt. Die Rückseite öffnet sich auf einen kleinen, ringsum von Mauern eingefaßten Park, der als ein *locus amoenus* eine Grotte, Springbrunnen, ein Nymphäum und Marmorstatuen enthielt.

Die Funktion dieses Gebäudes entspricht etwa jener der Villa del Tè vor den Toren Mantuas oder der einstigen, heute spurlos verschwundenen Villa Suburbana außerhalb Guastallas, die vermutlich im Osten der Stadt am Ufer des Crostolo stand. Sie dienten der Erholung und dem Vergnügen im Kreise der engeren Freunde, dem Rückzug aus der Sphäre der öffentlichen Angelegenheiten, dem intimen Zusammensein. Im Unterschied zu jenen, die außerhalb der Stadtmauern lagen, ist die Villa von Vespasiano in die Stadt integriert, so daß der Herzog auch als Privatmann in der Stadt anwesend bleiben konnte. Einige Grafiken lassen allerdings vermuten, daß außerdem ein Casino vor den Toren Sabbionetas bestanden hat.

Die ehemalige architektonische Konstellation, in der das Bauwerk als Verbindungsglied zwischen Burg und Galerie und als südliche Begrenzung des »Platzes der Waffen« fungierte, ist nicht mehr gegeben, wodurch die ikonographische Bedeutung dieser

Anordnung als Vermittlung zwischen strategischem Interesse des Contottiere auf der einen Seite und humanistischem Bildungsauftrag des Fürsten auf der anderen Seite nicht mehr sinnfällig ist. Die gewölbten Innenräume (zumeist Tonnen mit Stichkappen) sind nach dem Vorbild des Mantovaner Herzogspalastes und des Palazzo del Tè, vielleicht auch der Engelsburg, im Geschmack der Zeit – flächendeckend mit teilweise als Themenzyklen konzipierten Wandmalereien – ausgestaltet. Über die einstige Funktion der einzelnen Räume und ihre Möblierung ist nichts bekannt. (166)

Wenn man das Gebäude durch das mittlere Portal betritt, gelangt man zuerst in einen kleinen Flur mit einer illusionistischen Deckenbemalung, die den Raum als eine efeuberankte Laube unter freiem Himmel erscheinen läßt. Links davon liegt die *Sala dei Venti*, der Saal der Winde. An der von B. Campi ausgemalten Decke machen sich zwischen bedrohlichen Wolken Stürme zu schaffen, die als riesige Putti mit aufgeblasenen Backen

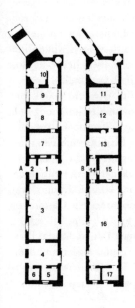

Casino: Erdgeschoß
1 Vorraum des Hauptportals
2 Vorraum des Gartenportals
3 Saal der Winde
4 Vorraum des linken Seitenportals
5 Kabinett der Venus
6 Geheimtreppe
7 Saal des Augustus
8 Saal der Träume
9 Vorraum des rechten Seitenportals
10 Treppe

Obergeschoß
11 Saal der Kaiser
12 Saal der Arenen
13 Mythensaal
14 Korridor des Orpheus
15 Saal des Aeneas
16 Spiegelsaal
17 Kabinett der drei Grazien

dargestellt sind. In der manieristischen Symbolik der Spätrenaissance steht das Heulen der Stürme, das Wüten des Unwetters häufig für die Seufzer der Liebe und die Heftigkeit der Triebregungen, so wie das natürliche Rankwerk im Korridor in seinen Verknotungen als ein Bild der Gefühle und Umarmungen interpretierbar ist. Es folgt ein weiterer Flur, der dem linken Portal zugeordnet ist, und dessen Decke durch Stuckrahmen in zahlreiche Felder unterteilt ist, die kleine Tierfiguren enthalten, deren Bedeutung sich teilweise wiederum aus dem Katalog der Gonzaga-Embleme erschließt, zum Teil eher aus einer Art pantheistischer Naturmythologie. (167)

Im anschließenden *Gabinetto di Venere* ist in einer Darstellung B. Campis eine eigenartige Version der Venus zu sehen. Sie lenkt unbekleidet einen römischen Streitwagen, der statt von Pferden von vier weißen Tauben gezogen und von Wolken getragen scheint. Sie erinnert an die auf Gonzaga-Medaillen vielfach variierten Aurora-Darstellungen und mutet an wie ein weibliches Gegenstück zum Phaeton-Fresko im Palazzo Ducale. Sofern es sich tatsächlich um Venus handelt, was durch die beiden innerhalb der Stuckumrandung angebrachten Amor-Figuren nahegelegt wird, die mit ihren Liebespfeilen auf die Besucher zielen, läßt sie am ehesten an die römische *venus victrix* denken, die allerdings in der Regel mit Helm und in Rüstung erscheint. Mit ihrer Frisur ähnelt sie auch den Merkur-Darstellungen, und tatsächlich hat die neuplatonische Philosophie Venus u. a. in die Nähe Merkurs gerückt, der entweder als Führer der drei Grazien oder in Begleitung von Venus auftritt.

Mit den Attributen Merkurs versehen, symbolisiert Venus zuweilen das Lob auf die schöne und intelligente Frau. Als eine Art weiblicher Merkur eignen ihr dessen Fähigkeiten, die Wolken zu teilen und den Wind zu vertreiben. Merkur galt nicht nur als der schnellste und schlaueste der Götter, sondern auch als der findige Gott des prüfenden Verstandes, weil er Ficino zufolge durch die Macht der Vernunft die Seele zu klarem Denken befreit. Die Bedeutung der Venus als Verherrlichung der intelligiblen Schöpfung in der sinnlichen Schönheit hatte in der ästhetisierenden Adaption durch Bembo und Castiglione besonders der oberitalienischen Malerei des 16. Jahrhunderts vielfältige Anregung gegeben. (168)

Die seitlich sichtbaren Grisaillen kämpfender Seeungeheuer verweisen auf die Herkunft und Geburt der Venus aus dem Wasser als Element des Chaos, über das sie sich strahlend und mit himmelwärts gerichtetem Blick erhebt. In den Gewölbebögen sind noch zwei als Medaillons gefaßte Darstellungen der Kraft und der Gerechtigkeit hinzugefügt. Die Zwischenfelder sind angefüllt mit Grotesken Fornaretto Mantovanos, zeichenhaften Darstellungen von Nymphen, Putti, Satyrn, hieroglyphischen Fabelwesen, olympischen Göttern, Kriegern und Amazonen.

Rechts neben dem Hauptportal liegt zunächst der sogenannte *Saal des Mars*, der aber eigentlich Augustus gewidmet ist und dessen acht Wandnischen ursprünglich Büsten römischer Kaiser beherbergten. Stuckleisten teilen die Decke in verschiedene Felder ein, die vermutlich von Alberto Cavalli mit Tierdarstellungen, Phantasiegeschöpfen und biblischen Szenen bemalt sind, die möglicherweise einer hermetischen, alchemistischen Symboltradition verpflichtet sind.

Auf den nächsten *Saal der Träume* genannten Raum, der mit Ausnahme eines Kamins aus Veroneser Marmor seiner Dekoration vollständig beraubt ist, folgt der zum rechten Nebenportal gehörende Flur mit einer Treppe, auf der man in den oberen Stock gelangt.

Hier betritt man zuerst die vor allem von P. M. Pesenti ausgemalte *Saletta dei Cesari*. Aus einem gemalten Bogengang grüßen die Statuen der Kaiser Galba, Otho, Vitellius, Vespasian, Titus und Domitian, nach der kanonischen Liste Suetons. (Ihre möglichen Vorlagen, Tizians Kaiserporträts für das Gabinetto dei Cesari [1536-1540] in Mantua, sind bei einem Brand in Spanien 1734 zerstört worden.) An einer Schmalseite des Raumes wird die Göttin Roma dargestellt, geflügelt und mit dem Siegeskranz in der Hand, an ihrer Seite gefangene Barbaren. Eine weitere geflügelte Figur bläst eine Kriegsfanfare. In die Decke sind einfarbige Medaillons mit im Profil gegebenen weiteren römischen Imperatoren dargestellt: Augustus, Germanicus, Claudius, Tiberius. Im Oval des Mittelfeldes befindet sich ein mit Vorbehalt

Bernadino Campi zugeschriebener musizierender Putto, der flankiert wird von zwei Grisaillen, die Szenen der römischen Geschichte darstellen, eine davon erneut die Episode um Mucius Scaevola.

Auf Rom bezogen ist auch die Dekoration des anschließenden Saales, der irreführenderweise nach den Olympiaden benannt wird. Mit mehr Berechtigung hieße er *Sala dei Circi*, wegen der in seinen Wandfresken abgebildeten römischen Wagenrennen in den Arenen des Circus Flaminius und des Circus Maximus. Diesen Darstellungen haben mit großer Wahrscheinlichkeit die 1570 erschienenen Rekonstruktionen von Lafrèry zugrunde gelegen, die zu jener Zeit vielen Künstlern als Vorbilder dienten.

Auf der zum Platz gelegenen Schmalseite ist eine perspektivische Straßenansicht dargestellt, eine theatralische Idealisierung, der das Herzstück Sabbionetas um die Piazza Grande nahe kommt. Die gegenüberliegende Seite zeigt einen weitgespannten Bogen, der den Blick, soweit man das aus den Resten des Fresko entnehmen kann, auf eine agrarische Landschaft freigibt. Die Decke ist in zahlreiche, durch Stuckbänder gebildete Medaillons und Lünetten gegliedert, deren Felder mit Grotesken verziert sind. In der Mitte das von Löwen gehaltene Wappen Vespasianos.

Der folgende Saal, die *Sala dei Miti*, zählt zu den am reichsten ausgeschmückten Räumen des Casino. Die Decke ist in fünf Abschnitte unterteilt. Im rechteckigen Mittelteil wird der Mythos der Philyra dargestellt, einer Tochter von Okeanos und der Meeresgöttin Thetis. In der griechischen Sage erblickte Kronos sie, als er nach dem Säugling Zeus suchte, den seine Frau Rhea vor ihm versteckt hatte, damit er ihn nicht töten könne. Kronos, von dem Anblick der Philyra entzückt, ließ sich von seinem Vorhaben ablenken. Er nahm die Gestalt eines Pferdes an, um von Rhea nicht erkannt zu werden, und weil Philyra sich, um ihm zu entkommen, in eine Stute verwandeln wollte. In der eindeutig erotischen Interpretation dieser Darstellung ist Philyra von der animalischen Gestalt des Kronos überaus angetan. (169)

Ein anderes Medaillon enthält eine Darstellung des Mythos

von Arachne, einem lydischen Mädchen, das als hervorragende Weberin die Schutzgöttin der Webkunst, Athene, zum Wettkampf herauszufordern wagte. Athene wirkte einen Teppich, der das Schicksal vermessener Sterblicher darstellte. Als sie sah, daß Arachnes Arbeit, in die sie die Skandalgeschichten der Götter verwoben hatte, der ihren ebenbürtig war, zerriß sie diese. Arachne nahm sich daraufhin das Leben und wurde von der Göttin in eine Spinne verwandelt, die die Kunst Arachnes seither bewahrt. Mars, ursprünglich Gott der Landwirtschaft und der Natur, war zum römischen Kriegsgott und nach Jupiter zum obersten Schutzgott des Staates avanciert. Er soll mit der Vestalin Rhea Romulus gezeugt und so das römische Volk begründet haben. Mit Arachne und Mars stehen einander die Kunst und das Kriegshandwerk gegenüber als die zwei humanistischen Pole fürstlichen Selbstverständnisses. (170)

Die dominierenden Gemälde des Mythensalons sind die Darstellungen von Ikarus auf der einen und Phaeton auf der anderen Seite des Gewölbes. Nachdem Phaeton den Palazzo Ducale überflogen hat, sieht man ihn hier mit Pferd und Wagen in den Po stürzen, den antiken Eridanus. Seine Schwestern, die Augenzeugen dieses Sturzes werden mußten, sieht man in ihrem Gram zu Pappeln erstarren, wie sie noch heute die Landschaft um Sabbioneta prägen. So erzählt auch dieser Teil des Mythos von Phaeton nebenbei eine melancholisch-poetische Entstehungsgeschichte der Landschaft.

Das eigentliche Thema ist aber wiederum der tödlich ernüchternde Sturz nach einem unvergleichlichen Höhenflug, freilich nicht im Sinne der bürgerlichen Moral, derzufolge der Hochmut vor dem Fall kommt, auch nicht etwa als kleinmütige allegorische Warnung vor der Hybris. Mit der humanistischen Adaption ist eine poetische und heroisierende Umdeutung verbunden: Nunmehr stellt der Absturz einen rühmlichen Beweis dafür dar, alles getan zu haben, der Mittelmäßigkeit zu entgehen. Spektakulär scheitern kann nur derjenige, der alles gewagt hat. Eine von den Göttern verhängte Strafe ist für einen Menschen noch allemal ein Kompliment, das ihn aus der Masse der gewöhnlichen

Sterblichen heraushebt. Selbst in der Vernichtung liegt noch eine Auszeichnung. Auch Arachne hatte ja die Strafe nur ereilt, weil ihre Kunstfertigkeit und Intelligenz den Vergleich mit denen Athenes nicht hatte zu scheuen brauchen.

Diese Heroisierung des Mythos stand wiederum im Zusammenhang mit einem Kult der Melancholie, in dem Einzigartigkeit und Genialität in unmittelbare und gefährliche Nähe zu Verdüsterung und seelischen Qualen rückten. Aber auch die platonischen Konnotationen wirken nach, wie dies bei dem großen Symbol der grenzenlosen Wünsche und der begrenzten Macht des Menschen auf der Hand liegt. Phaetons Sturz illustriert nicht nur die platonische Erkenntnis der Sinnlosigkeit blinder Leidenschaft, sondern er symbolisiert auch die Begeisterung über die Gegenwart des Idealen in der stofflichen Welt und alltäglichen Wirklichkeit und die gleichzeitige Klage über das Gefängnis der materiellen Existenz und gesellschaftlichen Bindung. Und schließlich ist der Phaeton-Mythos auch für die subjektive erotische Deutung offen gewesen, in der die Kühnheit mit dem rettungslosen Verfallensein des Liebenden und das tödliche Feuer seiner Leidenschaft mit den flammenden Strahlen verglichen wurde, durch die Phaeton unterging. (171) Wie bei anderen Phaeton-Darstellungen der Zeit, von Michelangelo oder P. P. Rubens, ist der Fall des Jünglings allein durch die Schwerkraft motiviert. Auch in Sabbioneta stürzt er aus sich selbst, und Jupiter bleibt nahezu unbeteiligt. (172)

Der Höhenflug von Daidalos und Ikarus stellt eine weitere Variation dieses heroischen Themas dar. Auf dem Deckengemälde sieht man das Wachs aus den Flügeln des erschrockenen Ikarus tropfen, der sich, selbstvergessen und der Warnungen seines Vaters nicht achtend, zu weit der Sonne genähert hat und nun zu verbrennen droht. Die Sonne, platonisches Symbol vollkommener Erkenntnis, der Idee selbst, die nur in Annäherungen erreichbar und nur in Brechungen erträglich ist, fungiert in der Gonzaga-Emblematik als Maß und – wenn auch unerreichbares – Ziel allen, und nicht nur intellektuellen Strebens. (173) Diese vier mythologischen Darstellungen werden B. Campi zugeschrieben.

Unter der Decke befindet sich ein umlaufender freskierter Fries von Pesenti, der von Nischen für Büsten unterbrochen wird. Mit Hilfe alter Listen der von den Gonzaga benutzten Devisen lassen sich einige der Figuren, die auch in anderen Zusammenhängen wiederkehren, deuten und Wahlsprüchen zuordnen. Zum Maulkorb, der Vespasianos Ärger über seine politische Abhängigkeit vom Kaiser Ausdruck geben soll, gehört der Leitspruch »E IN LIBERTÀ MI GODO« (Und in der Freiheit liegt mein Glück) sowie die Warnung CAUTIUS; das weiße Hirschkalb steht oft in Verbindung mit dem Bekenntnis zu gerechter Machtausübung BIDER CRAFT; der ausgerissene Zweig symbolisiert das Motto VRAI AMOUR NE SE CHANGE; der brennende griechische Tempel stellt den Tempel der Diana dar, der von Herostratus in Brand gesetzt wurde und gehört zu der Devise ALTERUTRA FAMA (jede Art von Ruhm) oder zu der Devise, die Luigi »Rodomonte« nach seiner Teilnahme am *sacco di Roma* adaptiert hatte: SIVE BONUM SIVE MALUM FAMA EST (Ruhm ist weder gut noch böse); der Adler ist ein Wappentier der Gonzaga, wie auch der Löwe; der Stufenberg steht oft in Verbindung mit dem Lob der Untadeligkeit AMUMOC!; der Igel ist ein kriegerisches Symbol: DECUS ET TUTAMEN IN ARMIS (Waffen sind mein Ruhm und mein Schutz). Wenn der Igel von Hunden angegriffen wird, rollt er sich zu einem stachligen Ball zusammen. Das Kamel stellt harte Arbeit und Unerschütterlichkeit dar: JUVAT EMPTA LABORARE GLORIE (in hartem Ringen erworbener Ruhm allein taugt) ... (174)

An den Mythensaal schließt sich der winzige *Korridor des Orpheus* an. Dessen Mythos, der wenig später in Mantua nach einer Dramatisierung Polizianos von Monteverdi vertont wurde, hat dem gebildeten Geschmack der Zeit besonders entsprochen. Er bildete eines der zentralen »heidnischen« Mysterien der Renaissance. Er wird hier in vier Szenen dargestellt: Das erste Bild zeigt die ganze Natur in seine Musik verliebt, welche die häßlichen und unangenehmen Töne vertreibt. Das zweite Bild zeigt Orpheus in der Unterwelt, in die er gelangt war, nachdem seine Leier schon Charon und Zerberus gerührt hatte. Selbst Hades hatte sich erweichen lassen und ihm erlaubt, Eurydike im Reich der Toten zu besuchen, und sie mit ins Leben zurückzuholen, wenn er voranginge, ohne sich umzusehen. Da er sich bekanntlich dennoch umsah, mußte sie endgültig sterben. In der Trauer über den Verlust Eurydikes mied er fortan die Frauen, auch die Bacchantinnen, mit denen er bisher die kultischen Feste seines Vaters Dionysos gefeiert hatte. Sie fühlten sich vernachlässigt und rissen ihn in ihrer Wut in Stücke, wie auf dem dritten Fresko zu sehen ist. Nur sein Kopf blieb verschont. Er fiel in die Fluten und wurde ins Meer gespült, wo er unaufhörlich weinend nach Eurydike rief (viertes Bild).

Der Orpheus-Mythos hatte eine ähnliche philosophische Bedeutung wie der von Diana, nämlich die Liebe als ein Todesmysterium zu idealisieren. Wie Lorenzo de' Medici im Sinne Platons in einem seiner Sonette geschrieben hatte, muß ein jeder, der wirklich liebt, für alle anderen Dinge sterben. Orpheus gab für ihn wie auch für Poliziano ein Beispiel für diejenigen, die in ihrer Sehnsucht, durch den Tod zur Geliebten zu gehen, den Weg – durch Musik verweichlicht – nicht zu Ende gehen wollen. Aufgrund seiner Halbherzigkeit hat er nicht zu Eurydike gelangen können und statt ihrer nur einen Schatten gesehen. (175)

Es folgt die *Saletta di Enea*, deren Malereien einige Schlüsselszenen des Vergilschen Epos darstellen. Die Fresken werden B. Campi oder Carlo Urbino und deren Mitarbeitern zugeschrieben. Das erste Bild zeigt den trojanischen Poseidonpriester Laokoon, der davor gewarnt hatte, dem Geschenk der Griechen, dem hölzernen Pferd, zu trauen. Diese Warnung, die gegen die Prophezeiung Athenes und Poseidons verstieß, daß Troja dem Untergang geweiht sei, wurde ihm zum Verhängnis. Zusammen mit seinen Söhnen ließen ihn die erzürnten Götter zur Strafe von Seeschlangen erwürgen. (176) Die Trojaner, über die Reaktion der Götter auf die Verweigerung der Opfergabe entsetzt, beeilten sich, Laokoons Warnungen zum Trotz, das recht lebendig gezeichnete riesige Pferd in die Stadt zu ziehen. Das trojanische Pferd, dessen Bauch bekanntlich mit Kriegern gefüllt war, galt in der Renaissance auch als Sinnbild der List, wie sie Machiavelli gepriesen hatte. Das dritte Bild zeigt die vernichtende Feuersbrunst, das vierte die Flucht des Aeneas und seine Einschiffung nach Italien.

Durch schwere Stürme, die Juno schickte, um die Gründung eines neuen Troja zu verhindern, wurden die von Aeneas geführten Schiffe immer wieder an fremde Küsten verschlagen, unter anderem nach Nordafrika, wo sie in Karthago, dem Reich der Königin Dido, freundliche Aufnahme fanden. In der fünften Szene ist dargestellt, wie sich Aeneas und Dido, von einem Sturm überrascht, in eine Grotte flüchten, in der sie sich lieben werden.

Die Legende der Dido war ursprünglich eine griechische Lokalsage. Auf der Flucht vor ihrem Bruder Pygmalion, der ihren Gatten ermorden ließ, gelangte sie nach Afrika, wo sie Karthago gründete. Den Werbungen eines Eroberers gab sie scheinbar willig nach, in Wahrheit jedoch nur, um die Stadt zu retten. Aus Treue gegenüber ihrem ersten Mann beging sie zur Sühnung ihrer Schande ehrenvoll Selbstmord. Römische Historiker haben dann diese rührend-tragische Legende mit der Gründungssage Roms und dem Aeneas-Stoff verknüpft, in einer Weise, die Vergil später episch ausgeführt hat: Aeneas, den es nach der Flucht aus dem brennenden Troja nach Karthago verschlägt, verliebt sich in Dido. Als er sie nach einer kurzen Liebesbeziehung verläßt, um dem Wunsch der Götter zu gehorchen, nach Italien zu segeln und im Latium eine neue Heimat zu finden, liefert er Dido ihrem Selbstmord aus.

Als mythische Erklärung der Gründung Roms und der göttlichen Abstammung der Cäsaren bildet der Aeneas-Stoff möglicherweise ein thematisches Zentrum des Casino und einen Hauptpfeiler des ideologischen Überbaus von Sabbioneta insgesamt. Er behandelt das Thema der Stadtgründung und ihrer Verankerung in der heroischen Geschichte Italiens und holt gewissermaßen den Schauplatz des Epos in die Landschaft Vergils zurück, der in der Nähe von Mantua aufgewachsen und gestorben ist.

Doch würde eine solche Interpretation nur die ikonographische Tiefenschicht dieser Fresken kennzeichnen. An der Oberfläche war in der Spätrenaissance das Motiv der göttlichen Sendung zur Gründung Roms hinter die Liebesgeschichte zurückgetreten.

In den spanischen Dido-Romanen oder etwa bei Boccaccio hatte sie durch ihre etwas anrüchige Vergangenheit besondere erotische Attraktivität gewonnen. Entsprechend konnte für Aeneas der Wille der Götter keine hinreichende Entschuldigung mehr sein für ein bewußt eingegangenes und genossenes sexuelles Abenteuer. Gegenüber einer schematischen Moralisierung in früheren Versionen des Stoffes, in denen Dido als Verlassene und Betrogene erscheint, wird in späteren Bearbeitungen versucht, die beiderseitig gewollte Liebe in ihrer Hoffnungslosigkeit zu schildern. Angesichts des trotz einer gewissen Unbeholfenheit in der Ausführung bewegenden melancholischen Ausdrucks der Personen und der ebenfalls melancholisch anmutenden Landschaften darf man wohl annehmen, daß die Fresken vor allem den romantischen Nuancen der Geschichte Raum geben wollten. (177)

Im Anschluß an die Saletta di Enea gelangt man in die *Sala degli Specchi*, den Spiegelsaal. Er ist der größte und noch immer repräsentativste Raum des Casino, obwohl die venezianischen Spiegel an seinen Schmalseiten, die ihn ins Unendliche vervielfacht haben, nicht mehr existieren. Korinthische Säulen an den Wänden stützen ein kunstvoll geschnitztes Holzgesims, das wiederum eine Kassettendecke trägt. Über den Fenstern befinden sich sechs Flachreliefs von Andrea Cavalli mit Darstellungen von Episoden der römischen Legende. Zu den bereits bekannten Gestalten Mucius Scaevola, Decius Mus und Horatius Cocles gesellen sich hier M. Atilius Regulus, römischer Feldherr im Zweiten Punischen Krieg, Q. Fabius Maximus, Gegner Hannibals, und die Brüder Romulus und Remus, die von Mars gezeugten und von einer Wölfin gesäugten Zwillingssöhne der Rhea Silvia, von denen der Legende nach Rom gegründet wurde und die bei Vergil späte Nachkommen des Aeneas sind.

Vier große Fresken, die Carlo Urbino zugeschrieben werden, stellen ländlich-pastorale Szenen dar, denen man genrehafte Titel gegeben hat. Tatsächlich geben sie dem Zeitgeschmack entsprechend der Poesie der Genreszene großen Raum. Das jeweilige Thema wird von der atmosphärischen Stimmung nahezu absorbiert. Die niederländisch inspirierten Landschaften sind nicht nur auswechselbarer Hintergrund oder bloße Staffage für den Auftritt mythologischer Figuren und bieten weniger einen heroischen als einen idyllischen Anblick. Spaziergänger und bürgerliches Getriebe lockern die Szene zusätzlich auf.

Dennoch bedurfte die Präsentation offensichtlich des mythologischen Vorwurfs. In der schlicht »Einschiffung« betitelten Darstellung bildet eine augenscheinlich vornehme und klassisch gewandete Dame, die auf das Schiff gebeten wird, den Grund der ganzen Veranstaltung. Der »Ausritt« läßt einen adligen Herrn in Begleitung seiner Pagen zwei ähnlich unalltäglich gekleideten Damen begegnen, welche die Waldlandschaft in ein erotisch gefärbtes Idyll verwandeln. Das »Spaziergang« oder neuerdings »Bad« genannte Bild zeigt bis auf wehende Tücher und Schleier unbekleidete Frauen, die besonders mythologisch anmuten. In der »Jagd« mit Hundemeute – wie es scheint, handelt es sich um eine Schweinehatz –, haben sich nicht nur Reiter aus einem Schlachtengemälde, vielleicht türkische Gäste, verirrt, sondern auch hier bildet das Zentrum eine Frau nach der Art mythologischer Darstellungen.

Es ist denkbar, daß es sich bei den Figuren um mythologische Versatzstücke handelt, die nicht das Thema der Darstellung für sich beanspruchen, sondern lediglich zu Lob und Verehrung der Landschaft beitragen wollen. Sie bilden in dem Fall wie die Flußgötter und Nymphen in Boccaccios »Ninfale d'Amento« und »Ninfale fiesolano« oder wie in Bembos Huldigungen an die lombardische Landschaft ein Stück Schönheit und Poesie, das jedem Thema beigemischt werden konnte.

Für wahrscheinlicher halte ich allerdings, daß diesen Fresken, wenngleich in der Stimmung pastoraler Elegie fast verflüchtigt, eine philosophische Konstruktion zugrunde liegt. Sie könnten verspielte Kommentare der *misteri amorosi*, der Verkörperungen geläuterter und wahrhaftiger Liebe darstellen, die ein Grundthema der Malereien im Casino bilden. In Anlehnung an ein Gemälde Tizians könnten sie die Lebensalter darstellen, die in mythologischem Verständnis von verschiedenen Gottheiten beherrscht werden, von Diana, der keuschen Jägerin, von Hermes, dem Boten und Hirten, von Venus, der Göttin der Liebe. Die abschließende Einschiffung könnte die nach Kythera sein, dem irdischen Paradies und Arkadien. Die Schweinehatz läßt auch an eine Stelle bei Ariost denken, die wiederum eine Reminiszenz an Vergils Bucolica darstellt und an den Mythos der Atalanta. (178)

Der letzte und kleinste Raum des Casino ist das *Gabinetto delle Grazie*, dessen Wände von Fornaretto Mantovano vollständig mit Grotesken auf weißem Grund verziert sind. Darstellungen der Grazien, von Venus und Apoll sind hervorgehoben. Apoll, der zuweilen mit Helios, dem Sonnengott identifiziert wurde, ein Sohn Jupiters und Zwillingsbruder Dianas, römischer Schutzpatron der Künste, verkörpert Weisheit und die Helligkeit wachen Geistes. Als Gegenüber steht Venus für das dunkle Prinzip übermächtiger Leidenschaften. Als Vermittlung dieser beiden Pole fungieren die drei Grazien.

Sie selbst bilden eine triadische Einheit gegensätzlicher Momente, die sich in unterschiedlicher Blickrichtung und Haltung und der labyrinthischen Verschränkung ihrer Gesten ausdrücken soll, als Eintracht widerstreitender Kräfte und melodische Mäßigung unmittelbarer Impulse. Die ikonographische Bedeutung dieser Töchter Jupiters, die meist als Begleitung von Venus auftreten, verflachte zu Personifizierungen von Anmut, Schönheit und Freundschaft, besaß in damaliger Zeit aber stärkere Prägnanz: Die zierlichen Begleiterinnen oder Zofen der Venus standen bei den platonisierenden Humanisten in einem philosophischeren Verhältnis zu ihrer Herrin, nämlich als dreifache Modifikation der Wesenheiten, deren Einheit Venus selbst war, als eine Art »heilige Dreifaltigkeit« der Schönheit.

Zuweilen ergänzen sie die zweifache Venus, die himmlische und die irdische, sinnliche Liebe durch einen dritten Typus: Als Erzieherinnen des blinden Amor vom Anstifter leichtfertiger Liebschaften zum Diener ehelicher Liebe sollen sie den Sinn von fleischlicher Lust zur Reinheit läutern. Zwischen Venus und Apoll bilden die drei Grazien die Mitte, leisten die Versöhnung zwischen hell und dunkel, Klarheit des Gedankens und Tumult der Leidenschaften, Geist und Wollust. (179)

Zusammenfassend gesagt, beschwört die Themenwahl der Fresken im Casino im Unterschied zu der auf politisch relevante Selbstpräsentation verpflichteten Dekoration des Palazzo Ducale eine unbeschwerte Atmosphäre höfisch-kultivierten Müßiggangs, die geziert-feinsinnige Bühnenwelt des »Idealen Hofmannes« von Castiglione und eine Welt der amourösen Abenteuer und Intrigen. Die Darstellungen nehmen wiederum Bezug auf den Kanon der Familien-Emblematik der Gonzaga, auf die Landschaft der Poebene und das Thema der Stadtgründung, vor allem aber kreisen sie um das Thema der vollkommenen Liebe.

Liebe ist die Macht, die den Göttern einen Hauch von Sterblichkeit verleiht und Sterbliche über den Tod emporhebt. Liebesqualen ähneln denen des Todes. Die wahre Liebe ist eine, die durch den Tod hindurchgeht. Diese platonische Identifikation, von der die Renaissance insgesamt durchdrungen war, gipfelte in dem »bitter-süßen« Stil der Poesie und Malerei der Zeit. Die Malerei Campis, Pesentis und Urbinos im Casino von Sabbioneta entspricht in hohem Maße der Dichtung des *dulce amarum* Polizianos oder Lorenzo de' Medicis. Der Hang zu den »heidnischen« Mysterien antiker Literatur und der souveräne poetische Umgang mit dem Gehalt griechischer und römischer Mythologie entsprach einer radikalen Auffassung von Kunst, die gleichwohl das Bekenntnis zum christlichen Glauben nicht ausschloß. Mythos und Christentum, Sinnlichkeit und Frömmigkeit standen in einem fruchtbaren Spannungsverhältnis zueinander, das vor allem in der Philosophie ausgetragen wurde, von dem aber auch die Malerei profitierte.

Die Ansicht einer innigen Verknüpfung antiker Mythologie, altorientalischer Lehren und christlichen Gedankenguts kommt unmittelbar bei den Grotesken zum Tragen, die als rein dekoratives Element in vielen Fällen sicherlich unterschätzt würden. Die literarisch gebildeten Maler der Groteskenprogramme konzipierten die Figuren ähnlich den in der Renaissance vielfach versuchten Rekonstruktionen der ägyptischen Hieroglyphen, deren Prinzip man überall am Werke sah, auch in der Bibel und in der göttlichen Schöpfung selbst. (180)

Für die Malerei wurde das »heidnische« Material in seiner

philosophischen Aufbereitung u. a. auch deshalb interessant, weil es die Welt der Affekte und Emotionen begreifen half. So gehörte zur humanistischen Auffassung die Erkenntnis, daß die menschlichen Leidenschaften und das mächtige Irrationale nicht nur als an der Klarheit des Verstandes zu messende Verirrungen auszuklammern und nur unter dem Aspekt ihrer Läuterung zu begreifen wären, sondern selbst der Thematisierung würdig seien. In den Figuren und Beziehungen der klassischen Mythologie hatte man eine Artikulation jener Welt des Unbewußten erkannt, hinter deren Sinnlichkeit und Differenziertheit das vergleichsweise rationalistisch-nüchterne und monolithische Christentum zurückfallen mußte. So lassen sich humanistische Schriften zum Teil als Begründungen dafür lesen, den scholastisch trainierten Intellekt auch für die Aneignung jener unsterblichen Bilder zu nutzen. Man erkannte, gleichsam in Vorwegnahme psychoanalytischer Einsichten, daß die Seele sich danach sehnt, sich wie die *anima* des Poliphilius in das Reich der Königin Venus entführen zu lassen, sozusagen auf die Antike zu regredieren. (181)

Die Ausflüge in die von Ideen- und Bilderreichtum überfließende Welt der Antike hatten dabei keineswegs nur beiläufigen Charakter. Der aus esoterischen Quellen schöpfende Platonismus des 16. Jahrhunderts mußte in seiner die unversöhnlichsten Widersprüche und krassesten Extreme einräumenden und bändigenden Dialektik in einer Zeit wachsender geistiger Spannungen der Suche nach neuen Ausdrucksformen für die krisenhaften Spannungen der Epoche entsprechen. So kreist auch die Malerei um die erschreckenden Konflikte zwischen Freiheit und Zwang, Glauben und Denken, grenzenlosem Verlangen und begrenztem Gelingen.

Die Malerei hat aber gleichzeitig von einer in der Literatur vorbereiteten Trivialisierung der neuplatonischen Philosophie profitiert. Der »Lobpreis einer hohen, von den ›niedrigen Trieben‹ geschiedenen Liebe, die dennoch das entspannte Vergnügen an sichtbarer und fühlbarer Schönheit zugestand, mußte den Geschmack einer kultivierten oder scheinkultivierten Gesellschaft ansprechen«. (182) Bembos »Asolani« und Castigliones

»Cortegiano« hatten durch die Verlegung der esoterischen Traktate in die Sphäre der ästhetischen Stilisierung und der verfeinerten gesellschaftlichen Atmosphäre ihre Popularisierung und Simplifizierung erleichtert. Über ihre Vermittlung gewann der Platonismus einen nicht weniger großen Einfluß auf die Malerei, nicht zuletzt auch deshalb, weil er eine moralisch, religiös und intellektuell »erklärte« Darstellung weiblicher Nacktheit erlaubte.

Die philosophische Idee einer intelligiblen Schönheit des Göttlichen, die von der körperlichen Sinnlichkeit gerade unterschieden war, wurde so zur Gelegenheit sinnlich anregender Kunst. Die platonischen Traktate über die Liebe hatten denn auch längerfristig mehr Echo bei Künstlern und Dichtern, als in der Philosophie selbst. Etliche dilettierende Aristokraten Oberitaliens fühlten sich zu »Dialogen über die Liebe« angeregt, so daß aus einer esoterischen Philosophie eines der beliebtesten Gesellschaftsspiele wurde, an der sich nachweislich auch Vespasiano beteiligte. (183)

Die zum Selbstzweck tendierende Betonung erotischer Motive und das Schwelgen in Götterfesten, wie es sich besonders stark in der Malerei Giulio Romanos in Mantua ausprägte, dessen Auftraggeber Federico Gonzaga »keine Heiligen (wollte), sondern etwas, das hübsch anzusehen ist«, wird in der Folgezeit allerdings wieder zum Wagnis. Mythologie und heroische Geschichte wurden bald als Lebensführer und moralische Allegorik strapaziert. Die Figuren wurden mit Bedeutung überfrachtet und gleichsam zur Aussage gezwungen. (184) Eine leichtfertige Virtuosität, wie sie G. Romano und seine Zeitgenossen an den Tag gelegt hatten, geriet durch die aggressive Frömmelei der Gegenreformation in Mißkredit. Die Verbannung Aretinos aus Rom und die kleinliche, schikanöse Zensur der Dichtungen Tassos lassen die späteren Exzesse der Meinungsunterdrückung schon zu Vespasianos Lebzeiten ahnen.

Die wachsende Vorliebe für das Arkadische, das man im Rückgriff auf Vergils Eklogen und mehr noch im Sinne Tassos und seiner »Aminta« zu kultivieren begann, läßt sich auch als Antwort auf diese bedrückende Tendenz interpretieren. In Sannazaros »Arcadia« (1502) bildet Arkadien wie dasjenige Vergils ein utopisches Reich, das aber im Unterschied zu jenem unwiederbringlich verloren ist, und das durch den Schleier der Melancholie gesehen wird. Bei Tasso verschärfte sich die Sehnsucht nach einer idealen Vergangenheit zur bitteren persönlichen Kritik an der Gegenwart. Seine Hymne auf das goldene Zeitalter wird als Schmähung des eingeengten, gewissensbesessenen Geistes der Gegenreformation angestimmt.

Von demselben Geist, der Tassos Dichtungen durchdringt, ist teilweise auch die Malerei des Casino von Sabbioneta beseelt. Die sinnliche Leichtigkeit der Themen einer trivialisierten platonischen Liebesphilosophie wird hinter eine sehnsüchtig arkadische Stimmung zurückgenommen. Die Figuren scheinen eingetaucht in eine Atmosphäre der Melancholie. Die olympischen Feste der Liebe werden immer wieder unterbrochen durch Reflexion. Stimmungen und die Vagheit der Gefühle scheinen eher das Thema zu sein als klar konturierbare Gegenstände und Charaktere. Zumal die Landschaften sind wie mit schwebendem Pinsel hingehaucht. Bäume, Berge, Flüsse verschleiert ein zarter Dunst. Die Personen wirken eher träumend als handelnd. Es fehlt die unerschütterliche Kontur alles Dargestellten. Das die Dinge verflüssigende *sfumato* ist es auch, was die Themen eher zusammenhält, als ihre ikonographische Einheit, wenngleich eine solche sehr wohl suggeriert wird.

Die Fresken erwecken schon auf den ersten Blick den Eindruck einer einheitlichen Grundthematik. Das zu vermutende Programm erschließt sich aber erst einer Berücksichtigung all der gelehrten Anspielungen und mehr oder weniger versteckten Bezüge und der wechselseitigen Verweise der Elemente aufeinander. Die Vielfalt der mythologisch-philosophischen Rekurse und ikonographischen »Intarsien« soll den Betrachter jedoch nicht anstrengen, sondern ihm eher schmeicheln, als jemandem, der gelehrter ist, als der Maler selbst. Die Darstellungen grenzen häufig eng aneinander. Stukkaturen, welche die Fresken medaillonartig rahmen, sind meist eingebettet in Grotesken. Insgesamt ergibt sich eine lückenlose Flächeneinteilung, so daß die Malereien die Wände und Decken mit beinah kalligraphischer Dichte wie ein riesiges Vexierbild überziehen, wie ein fortlaufender Text voller Rätsel, ein *concetto*, das entziffert sein will.

Mit diesen Eigenschaften entspricht die Malerei des Casino eher spanischem als italienischem Geschmack. Ihr analytisch-literarischer Charakter, der deutsch-flämische Einschlag, das Atmosphärische sind aber typisch für die lombardische Malerei jener Epoche, die spanische und nordeuropäische Einflüsse am stärksten in sich aufgenommen hat. Der Spätmanierismus des Cremonesers B. Campi, dem einige exponierte Arbeiten zugeschrieben worden sind, läßt sich dem von Primaticcio, Parmigianino, Giulio Romano und Bertoja vergleichen. Die Autorenschaft C. Urbinos wird durch den Vergleich mit dessen Arbeiten für Ferrante Gonzaga in der Villa Simonetta nahegelegt. (185) Mit den Arbeiten aus der Werkstatt Giulio Romanos, die in der Region Schule gemacht hat, teilen die Fresken in Sabbioneta, insbesondere die nach Entwürfen Campis und Urbinos von ihrer Mannschaft aus Sabbionetaner Künstlern ausgeführten Arbeiten, die Schwächen der Serienproduktion. Schon Romanos Kunst hatte man bescheinigt, daß sie notwendig »einer öden Schnellproduktion anheimfallen mußte«. Burckhardt sah in ihr das erste große Beispiel »seelenloser«, manchmal »renommistischer Dekorationsmalerei« (»Cicerone«). Erst recht wirken die Malereien im Casino etwas wie unter Zeitdruck entstanden. Nicht nur der Künstler scheint überfordert, sondern auch das Material. Man hat es gewissermaßen weniger mit Handwerk als mit Industrie zu tun.

Galerie oder Corridore Grande

Der in den Jahren 1583/84 fertiggestellte Bau, dessen Architekt bis heute unbekannt blieb, ist verglichen worden mit der Galleria dei Mesi (dei Marmi) von Giovan Battista Bertani in Mantua. Im Unterschied zu dieser ist Vespasianos Galerie jedoch freistehend und von beiden Seiten durch Fensterreihen beleuchtet, wie das nur in einer Neuplanung wie Sabbioneta möglich war. Marani hat auf formale Ähnlichkeiten mit dem Palazzo della Pilotta in Parma hingewiesen, der etwa zur gleichen Zeit von Giovanni Boscoli entworfen wurde. Die auffallendste Ähnlichkeit hat das Gebäude mit der für Ottavio Farnese in Parma errichteten Galerie von Paciotto und mit den Arbeiten seines Lehrers Gerolamo Genga. (186)

Das extrem schmale und in seiner Länge Rekordmaße erreichende Gebäude schirmt die Piazza del Castello und den Privatbereich Vespasianos nach Osten ab. Der wohl im Farbton der Burg leuchtende Backsteinbau bildet im Erdgeschoß einen Portikus, einen offenen Gang mit beiderseitigen Arkaden. Das Obergeschoß wiederholt die Arkaden als flach zurückgesetzte Rundbögen; die Arkadenpfeiler werden als gegliederte Pilaster nach oben fortgesetzt. Die in die Rundbögen hineingesetzten Fenster wechseln mit Statuennischen in den Pilastern ab. Den oberen Abschluß bildet ein in Stein ausgebildetes, weit auskragendes Gesims. Die strikte Wiederholung der Bögen ist geeignet, den Eindruck erstaunlicher Länge rhetorisch zu verstärken.

Die Fassade, deren markantes Relief sich auf der Rückseite wiederfindet, ist in ihrem architektonischen Purismus durch Formelemente gekennzeichnet, welche bereits die lombardische Frührenaissance aus dem Backsteinbau entwickelt hatte: ungegliederte Pfeiler, halbrunde Abschlüsse und weitgespannte Bögen, die in Backstein kühner darstellbar sind als in Stein, der eine sehr konsequente Durchführung des Details und mühsame Messungen verlangt hätte. Extreme Formen waren Burckhardt zufolge geeignet, den »mangelnden Adel des Materials« auszugleichen.

Die Innenausstattung wird Alessandro Alberti zugeschrieben, der sich von 1586 bis Ende 1587 in Sabbioneta aufhielt, und seinem Bruder Giovanni, der ein halbes Jahr später nach Sabbioneta kam. Die Handschrift der beiden Maler hat man aufgrund der speziellen perspektivischen Trompe-l'œil-Effekte identifiziert, wie sie B. Peruzzi in der Villa Farnesina in Rom zur Meisterschaft geführt hatte. Wie dort geht in der Galerie auf einer der Stirnseiten der Blick durch Scheinsäulen hindurch über Dächer und Türme einer gemalten Stadt.

Aus Dokumenten geht hervor, daß die Ausstattung innerhalb von nur zehn Jahren dreimal verändert und der Mode angepaßt worden sei. In der ersten Phase waren hier Fresken berühmter Condottieri zu sehen, deren Porträts durch Büsten und Statuen antiker Heroen ergänzt wurden. 1589 ließ sich Vespasiano nach französischer Mode eine »Galerie des Cerfs« einrichten, wofür er sich – laut Dondi – Geweihe, *certi corni di diversi animali,* aus Prag kommen ließ, wo sich Kaiser Rudolf eben eine solche Galerie hatte ausstatten lassen. Zuletzt soll die Galerie vor allem eine umfangreiche Antikensammlung beherbergt haben. Hier sollen einst 50 Statuen, 160 Büsten, 80 Reliefs und eine Unzahl von Fragmenten aufbewahrt gewesen sein. (187)

In der heute leerstehenden Galerie wechseln Büstennischen mit bemalten Wandfeldern ab. Über jedem zweiten der von gemalten Scheinsäulen gerahmten und mit Knick- und Volutengiebeln abwechselnd gekrönten Fenster sind auf jeder Seite dreizehn Götter und Allegorien der Künste und Tugenden zu erkennen. Über den Türen der durch Scheinarchitekturen optisch noch verlängerten Schmalseiten sieht man das Wappen Vespasianos, von Putti getragen.

Der künstlerische und museale Wert der Schätze, die diese Galerie einmal barg, soll nicht unerheblich gewesen sein. Ob sie allerdings mit der von Vincenzo I. Gonzaga am Ende des Jahrhunderts errichtete Galleria della Mostra, der Statuengalerie der Villa Medici oder mit der von Katharina de' Medici in Chenonceau eingerichteten Galerie hätte konkurrieren können, darf man wohl bezweifeln. An Länge jedenfalls wurde sie damals nur von der 120 m langen Galleria della Carte Geografiche im Vatikan übertroffen. Mit der Galerie und ihren Statuen, Fragmenten und Gipsabdrücken wurde ein weiteres Stück Rom präsent gemacht, dem klassischen Schönheitsideal gehuldigt und die Kontinuität zwischen römischen Cäsaren und italienischen Condottieri beschworen. Unter der Regierung der österreichischen Kaiserin Maria Theresia wurden 1773/74 (einer anderen Angabe zufolge schon 1771) die Antiken und Kunstschätze der Galerie nach Mantua überführt. Was davon heute noch übriggeblieben ist, kann man im Museo greco-romano in Mantua besichtigen.

Teatro Olimpico

Das Theater wurde 1588-1590 nach Plänen des Vicentiners Vincenzo Scamozzi erbaut, wie er selber in seinem »L'idea dell' Architettura universale« (Venedig 1615) schrieb, kurze Zeit, nachdem die Arbeiten am Theater in Vicenza beendet waren, die er nach Palladios Tod 1580 geleitet hatte. (188)

Die Außenansicht des Theaters ist reicher ausgestaltet als die des Teatro Olimpico in Vicenza. Das Gebäude ist von drei Seiten sichtbar und auffällig in die Via Giulia eingerückt. Die drei Putzfassaden mit der schweren Rustikarahmung der Fenster, Türen und Hausecken, das Abwechseln von Fenstern mit Segmentgiebeln, die von einem stehenden Oval unterbrochen sind, und Nischen mit Dreiecksgiebeln, alle diese Formelemente gehen nicht auf lokale Bautraditionen zurück. Dieses zuletzt entstandene Gebäude importiert einen sich universal gerierenden, römisch inspirierten klassizistischen Stil. Die Seitenansichten tragen als Inschriften das Motto eines der Bücher über die Antike von Sebastiano Serlio, die 1540 in Venedig erschienen waren: ROMA QUANTA FUIT IPSA RUINA DOCET (Noch in Ruinen zerfallen lehrt uns Rom seine einstige Größe). (189)

An der Nordseite führt ein Eingang zu den Foyers, an der Südseite spiegelbildlich ein anderer zur Hinterbühne und zu den Umkleideräumen der Schauspieler. Die Treppe im Foyer führt zur oberen Etage, die ausschließlich für die adligen Damen reserviert war, während das Parkett für die hochwohlgeborenen Herren bestimmt war. Ein dritter Eingang im Zentrum der langen Westfassade führt zum »Orchester«. Für den Herzog und seine privaten Gäste existierte ein exklusiver Gang, der direkt in die Herzogsloge führte. Die Arbeitsräume und Garderoben sind ebenfalls unterteilt in die oberen für die Musiker und die unteren für die Akteure.

Das Theater in Sabbioneta gehört zu den ersten und vorbildlich gewordenen festen Theatergebäuden der nachrömischen europäischen Geschichte. Bis zum Cinquecento hatte es keine festen Theatergebäude gegeben. Begonnen hatte es mit Raffaels 1518 für die Villa Madama in Rom geplantem Theater, Serlios Entwurf von 1539, dem herzoglichen Theater von Ferrara von 1565, Vignolas Projekt von 1560 für den Palazzo Farnese in Piacenza, Buontalentis für den Großherzog Francesco I. de' Medici erbautem Theater in den Uffizien, dem schließlich Palladios 1580 für eine bürgerliche Theaterakademie erbautes Teatro Olimpico in Vicenza folgte. In ihnen allen, wie dann auch in besonders prägnanter Weise im Teatro Ducale von Sabbioneta 1590, wurden Kenntnisse antiker Vorbilder, vor allem über die Zuordnung von Bühne und amphitheatralischer Sitzgruppierung, und vitruvische Forderungen mit dem neu formulierten System der Perspektive verknüpft, das nicht allein Zeichentechnik war, sondern auch Inbegriff subjektivistischer Weltauffassung und Prinzip politischer Ordnung, nach dem antike Konzeptionen im Sinne fürstlichen Absolutismus hierarchisch reformuliert wurden.

Scamozzi entwarf das Privattheater als maßstäbliche Verkleinerung römischer Freilichttheater und metaphorischen Ort absolutistischer Herrschaft. Er radikalisierte die hierarchische Struktur des Teatro Olimpico nach dem Vorbild des Teatro Medici, indem er das Auditorium von der Fürstenloge strikt trennte und beide von der Bühne weiter entfernte. Dem Ansteigen der Ränge bis zur Loge entsprach die perspektivische Ausrichtung des Innenraumes und der Theaterszenerie auf den Betrachter. Die Perspektiven waren gebündelt in der Fürstenloge; die Szenerie war gleichsam visuell in den Augen des Herzogs verankert. Von seiner Loge aus überblickte Vespasiano Schauspieler und Zuschauer gleichermaßen. Die als Straße gestaltete Szene und die Bewegung der Akteure präsentierten sich ihm gerade so, wie auf dem Balkon seines Palastes, mit der beherrschenden Sicht auf die Piazza und die Bewegungen der Bewohner der Stadt.

Im Theater war er Zeuge eines poetischen Lebens, das in dem Maße von seiner Macht durchdrungen war, wie die Bühnenarchitektur von den Fluchtlinien der Perspektive kontrolliert wurde. Im Theater konzentrieren sich die idealisierenden Bezüge der Stadt. Umgekehrt erhalten hier ihre sozialen Mechanismen ihre eigentliche Bedeutsamkeit und Transparenz. Hier stellt sich die Stadt als begriffene und idealisierte selbst dar. So läßt sich denn die Relation auch umkehren: In seiner Stadt erlebt Vespasiano mit der gleichen Autorität das Leben seiner Untertanen wie das Spiel der Schauspieler. (190)

Eine andere Variante dieses »Volkstheaters« findet man im ehemaligen Palast der Paola Gonzaga in Fontanellato unweit von Sabbioneta jenseits des Po in der Emilia. In einem Turm, in der »Camera ottica« installierte trickreich angeordnete Spiegel projizieren ein Bild des Dorfplatzes der Piazza del paese und der Kirche Santa Croce auf eine Tischplatte inmitten eines sonst lichtlosen Raumes. Bertolucci, der diesen Effekt in seinem Film »Prima della Revoluzzione« vorführt (Gina sieht, wie Fabrizio auf dem Dorfplatz herumtanzt und ihr zuwinkt), läßt jenen Fabrizio kommentieren: »Da saßen die Herrscher und schauten sich den Film ihrer Untertanen an – echtes cinéma vérité und sogar in Farbe.« In Bertoluccis erstem Film »La Strategia del Ragno«, der fast ausschließlich in Sabbioneta spielt, kommt »die ganze Stadt als ein Theater« ins Spiel, an dem »alle Bewohner teilnehmen, ohne es zu ahnen«. (191)

Die im gedehnten Halbrund geschwungene *cavea* der Zuschauerränge steigt über fünf Stufen an zu einer erhöhten Loggia mit zwölf Säulen, deren zusammenhängendes Gesims von den Statuen zwölf olympischer Gottheiten gekrönt wird, von rechts nach links: Jupiter und Juno, Saturn, Mars, Venus, die Geschwister Apoll und Diana, Bacchus, Neptun, Minerva und Vulkan. Jeweils drei der seitlichen Säulen stehen nicht frei, sondern sind reliefartig in den Wandstuck integriert, der auf beiden Seiten je zwei Nischen mit Büsten römischer Kaiser einschließt, um dann in die sich hinter das Säulenrund schiebende Scheinarchitektur überzugehen.

Oberhalb des Gesimses sind in Trompe-l'œil-Malerei Logen zu sehen, über deren Balustraden sich edle Damen und Herren lehnen, die angeregt dem Schauspiel zu folgen scheinen. Motiv und Manier dieser Fresken erinnern an venezianische Villen, vor allem an die von Veronese ausgemalte Palladio-Villa Maser.

Die Logen werden hier zum Obergeschoß zweier Triumphbögen, die dem Kaiser Rudolf gewidmet sind und durch ihre Tore Ausblicke auf Rom gewähren. Auf der Südseite, in Richtung der *rocca* sehen wir die Engelsburg, auf der gegenüberliegenden Seite in Richtung Piazza Maggiore sehen wir auf das Kapitol. Die Übereinstimmungen haben sich vielleicht glücklich angeboten, nachdem das Theater bereits errichtet war.

Es ist aber auch möglich, daß man das Grundstück für das Theatergebäude im Hinblick auf diese Übereinstimmung mit Bedacht gewählt hat. In Rekonstruktionen des antiken Rom lagen das Hadriansmausoleum (Engelsburg) und das Kapitol auf einer gedachten Linie, die durch den Circus Maximus (die heutige Piazza Navona) und den Circus Flaminius hindurchlief. In Sabbioneta liegt das Theater auf einer Achse, welche die Piazza Ducale mit Vespasianos Burg verbindet. Die gemalten Ansichten im Theater könnten also gemeint sein als ideale römische Prototypen der zentralen Gebäude Sabbionetas. Die unterstellte Verknüpfung von Realem und Metaphorischem würde ein weiteres Mal bestätigt. (191[a])

Für die Bühne hatte Scamozzi wie in Vicenza einen architektonischen Aufbau entworfen. Diese *scena fissa*, die wahrscheinlich von den Mitarbeitern des Venezianers Ser Bernardino angefertigt wurde, stellte, wie Scamozzi selber schrieb, »in perspektivischen Aufbauten einen großen Platz mit einer besonders vornehmen Straße in der Mitte und zwei weiteren links und rechts von ihr mit vielen unterschiedlich gearteten Gebäuden dar, die zwar nur aus Holz bestehen, aber so naturgetreu gemalt sind, daß sie wie wirkliche Gebäude erscheinen«. (192)

Der Bühnenaufbau scheint keine bestimmte Piazza oder bestimmte Stadt dargestellt zu haben sondern das städtische Ambiente allgemein. Auch die Rom-Verduten an den Wänden des Zuschauerraums huldigen dieser Stadt vielleicht primär als Inbegriff alles Städtischen überhaupt. Die freigelegten Fresken-Fragmente auf der Rückwand des Bühnenraumes mit die *scena fissa* überragenden Türmen zeigen allerdings deutlich venezianisches Kolorit. Über der Bühnenstadt wölbte sich der offene Himmel, der in das tiefe Blau der Decke überging, so daß, wie Calendoli bemerkt, die Zuschauer die Illusion haben, sich auf einem rechteckigen Platz einer imaginären Stadt zu befinden, vor oder in einem Portikus sitzend. (193)

Beschreibungen und Zeichnungen für Bühnenprospekte jener Zeit lassen keinen Zweifel daran, daß das städtische Ambiente, eine vollständig künstliche, vom Menschen geschaffene Welt, Gegenstand allgemeiner Bewunderung war und als das einzige erachtet wurde, das Ereignissen von großer historischer Bedeutung, wie sie in den Theaterstücken zur Darstellung kommen sollten, angemessen sein konnte. Die Bühne wurde so öffentlich und urban wie möglich gestaltet. Leone De'Sommi hat in seinen »Quattro dialoghi in materia die rappresentazione sceniche«, die er noch in den frühen 1550ern in Ferrara geschrieben hat, bevor er als Autor und Theaterdirektor nach Mantua ging, über die Etymologie des Ausdrucks »Szene« spekuliert und ihn nicht zufällig abgeleitet aus »scènohà«, dem hebräischen Wort für Straße und Häuserreihe. (194)

Das klassische Theater war als urbanes Phänomen wiederentdeckt und nachempfunden worden, als eine adäquate Darstellung des eigentlichen, des städtischen Lebens. Die Wiederentdeckung stand in unmittelbarem Zusammenhang mit der Vermessung und Rekonstruktion der antiken Architektur. Man begann die römischen Theater zu rekonstruieren, etwa das römische Theater in Verona durch Giovanni Carota 1540, und man versuchte sich die von Vitruv überlieferten Angaben für die eigenen Theateraufführungsräume nutzbar zu machen. (195)

Wo die Aufführungen nicht ohnehin auf Plätzen stattfanden, wurden städtische Kulissen auf Vorhänge gemalt. Sind für die ersten Aufführungen in Rom und Ferrara noch verhältnismäßig bescheidene flächige Straßenszenarien anzunehmen, überliefert als *picturae scenae*, so bot man 1513 in Urbino für die »Calandria« des Kardinals Bibbiena bereits eine plastisch vertiefte Dekoration auf. Es sei auf der Bühne »eine Stadt mit Straßen, Palästen, Kirchen und Türmen dargestellt« gewesen, schreibt Baldassare Castiglione in einem Brief an den Grafen Lodovico Canossa, »und alles in Relief ausgeführt«. Für die Wiederholung, die Bibbiena 1518 in Rom vor Papst Leo X. veranstaltete, schuf auch Peruzzi eine Szene, die nicht nur »vorgespiegelt, sondern wirklich« und nicht nur »gemalt, sondern geräumig« war, wie Vasari berichtet. Aus der lediglich bemalten Bühnenrückwand ist ein begehbarer Raum geworden, gestaffelt in Proszenium, realer, wenn auch perspektivisch verkürzter Architektur und perspektivisch bemalter Rückwand. (196)

Sebastiano Serlio, ein Schüler von Peruzzi, beschreibt in seiner 1545 in Venedig erschienenen »Architettura«, wie man mit Hilfe von Winkelrahmen ganze Straßenfluchten mit Kolonnaden und Loggien, Türmen und Toren perspektivisch hintereinander aufbauen könne. Hatten Bramante, Peruzzi und die Brüder Sangallo sowohl in ihren monumentalen Fresken wie in ihren Bühnenentwürfen den Hauptperspektivpunkt innerhalb des Bildes fixiert, so verlegte ihn Serlio hinter den Prospekt, d. h. hinter die Rückwand der Bühne. Er erzielte dadurch die Möglichkeit, die Verkürzungsrapidität zu bremsen und der illusorischen Tiefe zumindest einige Bespielbarkeit abzugewinnen.

In Übereinstimmung mit den drei Kategorien des humanistischen Theaters legte Serlio drei dekorative Grundtypen fest: eine Palastarchitektur für die Tragödie, die *scena tragica*, ein Straßenbild für die Komödie, die *scena comica*, und eine Waldlandschaft für das Schäferspiel, die *scena satirica*. »Die tragischen Szenen sind mit Säulen, Giebeln und Bildnissen und sonstigen königlichen Dingen ausgestattet«, denn hier müssen »die Gebäude solche von hohen Herrschaften sein, denn die großen Liebesaffären und unvergleichlichen Ereignisse, gewaltsame und grausame Tode haben sich stets ereignet in den Häusern von Patriziern, Herzögen und Prinzen oder Königen, und darum präsentiert man in einer solchen Szenerie keine Gebäude, ohne ihnen einen noblen Glanz zu verleihen. Die komischen aber haben das Aussehen privater Bauten und Erkerhäuser und machen Fenster sichtbar, ein Anblick, der die Art einfacher Wohnhäuser nachahmt; die satirischen aber sind mit Bäumen, Höhlen, Bergen und sonstigen ländlichen Dingen in der Art von Landschaftsmalerei gehalten.« (197)

Die für den Bühnenaufbau in Sabbioneta gewählte Szene mag der *scena tragica* am ehesten entsprochen haben. Ihre Seriosität wird aber durch die Aufführung von Komödien keinen Schaden erlitten haben. Denn das tragische Schauspiel hat auf der Renaissancebühne nie so recht Fuß fassen können. Weder die wiederentdeckten griechischen Tragödien noch die italienischen Nachdichtungen konnten großen Anklang finden. Selbst die höheren Stände erwarteten vom Theater weniger Erbauung und Belehrung als Unterhaltung. Sie fanden keinen Gefallen an Gian Trissinos »Sophonisba« (1515) oder an Giovanni Rucellais »Rosamunda«, die im selben Jahr in den Gärten des Palazzo Rucellai in Florenz vor Leo X. aufgeführt wurden. (198)

Man gab der humanistischen Komödie den Vorzug, in der es nach dem Vorbild der griechischen und römischen um Verwicklungen aufgrund der Verwechslung der Person, des Geschlechts oder des Ranges ging und die viel Gelegenheit für aktuelle Anspielungen bot. Die erfolgreichen »Suppositi« Ariosts, für deren Uraufführung in der Engelsburg 1509 Raffael einen Prospekt der Stadt Ferrara gemalt hatte, waren voller Bezüge auf die aristokratische Gesellschaft der Zeit. Großen Anklang fand auch Machiavellis »Mandragola«. Auch Kardinäle, Päpste und Fürsten versuchten sich mit oft beachtlichem Erfolg in dieser Kunst. (199)

Man lachte über die Typen, Dirnen und Zuhälter inbegriffen, den geizigen Kaufmann, den bramarbasierenden Hauptmann, den eitlen Gecken, den betrogenen Ehemann, über all die Zoten und Mätzchen, mit denen schon Plautus sein Publikum amüsiert hatte und die zum stehenden Repertoire auch der volkstümlichen Stegreifkomödie der Commedia dell'arte werden sollten. Bald schon brachte man kaum noch das klassische Repertoire zur

Aufführung, sondern italienische Neudichtungen, in denen zunehmend artistische Elemente und das volkstümliche Stegreifspiel Raum gewannen.

In der zweiten Hälfte des 16. Jahrhunderts wurde allerdings die populäre Komödie wegen mancher Angriffe gegen Personen und Stände vielfach in Mißkredit gebracht. In dem zunehmend von der Inquisition beherrschten Rom wurde sie zeitweilig ganz verboten. Wenngleich man sich im Mantovanischen weniger um kirchliche Restriktionen scherte, so fand man doch auch hier Geschmack an den politisch unverfänglicheren und zugleich an sinnlichen Reizen reicheren Schäferspielen, die damals in Rom Mode geworden waren. In ihnen verband sich das domestizierte Drama mit dem höfischen Huldigungs- und Triumphwesen und nahm anmutig-sentimentale Farben an, für die man seit Dantes unerfüllter Liebe zu Beatrice, Abaelards Liebe zu Heloïse, Petrarcas lyrischen Sonetten an Laura, Vittorias Trauer um Pescara und Lorenzo de' Medicis melancholischer Huldigung an die Schönheit der vergänglichen Jugend empfänglich geworden war.

An den reichen Höfen wurde die Sehnsucht nach der bukolischen Idylle gepflegt. Den Höhepunkt dieses Genres schuf Tasso mit seinem Schäferspiel »Aminta«, das 1573 auf der kleinen Poinsel Belvedere, einem Landsitz der Este, uraufgeführt wurde. Der Hirte Aminta, ein Enkel des Pan, umwirbt vergeblich die spröde Nymphe Silvia. Nach vielfältigen Verwicklungen und dem Auftreten eines lästigen Satyrs, wilder Tiere und eines Dornbusches, wendet die hilfreich eingreifende Diana alles zum guten Ende.

Doch dieser Höhepunkt markiert zugleich einen Endpunkt. Die leisen Töne dieser zarten Elegie erwiesen sich als laute Anklage gegen drohende Barbarei geistiger Unterdrückung. Gegenüber Vergils Welt der reinen Menschlichkeit am Busen der unschuldigen Natur als Gegenbild der von Kriegen und Irrtümern erfüllten Wirklichkeit, auch im Unterschied zu Polizianos und Sannazaros arkadischen Idealisierungen der Fürstenhöfe von Florenz und Neapel hielt Tasso die utopische Fiktion nur noch mit größter Beanspruchung des Materials und als flüchtigen Reflex einer unwiederbringlich verlorenen Vergangenheit aufrecht. In den extrem verwickelten Intrigen, deren angespannte Komplexität sein Nachfolger am Hof von Ferrara, G. Guarini, noch überbieten sollte, reicht die krude Wirklichkeit immer wieder in das hermetische Idyll herein. Guarinis »Pastor fido« wurde 1595 in Crema uraufgeführt.

Aufgelockert werden die elegisch-melancholischen Schäferspiele durch Musikstücke mit Gesang und Balletteinlagen neckisch gekleideter Nymphen sowie durch pantomimische und artistische Darbietungen und Stegreifszenen, die eine Entwicklung zur volkstümlichen Commedia dell'arte andeuteten.

In den ca. 340 Jahren seiner Stillegung und Zweckentfremdung ist das Theater im Innern stark zerfallen. Schon bald nach Vespasianos Tod hatte es seine eigentliche Funktion verloren. Während der Pest 1630 diente es als Notlazarett. Später wurde es zeitweise auch als Warenhaus benutzt, danach als Kino. Da die Bühnenarchitektur, die der des Teatro Olimpico sehr geähnelt haben muß, vollständig verlorenging, gibt die Innenausstattung auch nach der Renovierung den ursprünglichen Zustand nur annähernd wieder und läßt den intendierten Charakter eines städtischen Außenraumes nur noch ahnen. Auch der blaue und gestirnte Himmel, der die Illusion des öffentlichen Raumes unterstützen sollte, fehlt heute.

Für die Benutzung des Theaters als Kino hatte man einen Notausgang durchgebrochen, der einen Teil der Fresken zerstörte. Das Innere war außerdem durch einige Fenster entstellt worden. Einige Schäden konnten behoben werden. Die verlorengegangene *scena fissa* soll nach den Skizzen, die in den Uffizien aufbewahrt sind, rekonstruiert werden. Mit der Restaurierung der Fresken hat man bereits vor Jahren begonnen. Die Kosten sollen etwas gedämpft werden durch Theaterfestivals, die seit der Wiedereinweihung im Oktober 1969 mit dem »Tanz der herzlosen Frauen«, »Il ballo delle ingrate«, von Claudio Monteverdi alljährlich stattfinden. 1983 kamen u. a. Szenen aus Polizianos, von Monteverdi vertontem »Favola d'Orfeo« zur Aufführung sowie Lessings in Guastalla und Sabbioneta spielende »Emilia Galotti«.

Die Kirchen

In der Vorstellung der wichtigsten Gebäude der Stadt dürfen die beiden Hauptkirchen nicht fehlen. Die heutige *Chiesa dell'Assunta* (Mariä Himmelfahrt), die die Piazza Grande flankiert, zuweilen auch, wie im Tagebuch De' Dondis, Santa Maria Maggiore genannt, wurde 1582 geweiht, nachdem sie wahrscheinlich gegen 1580 in der ursprünglichen Gestalt fertiggestellt worden war. 1585 wurde der hintere Teil der Apsis angefügt. 1592 war auch der flankierende Campanile fertiggestellt. Das Portal wurde 1726 erneuert. Die rechts angrenzende Kapelle, deren Kuppel durch einen malerischen Bogen verstellt ist, der das Übereinander von Arkaden und Fenstern des angrenzenden Gebäudes umkehrt, wurde nach Carpeggianis Angabe erst 1929 hinzugefügt.

Hinter der basilikal gestuften Fassade, die mit weißem und rosa Marmor aus Verona schachbrettartig verkleidet ist, verbirgt sich eine oval überkuppelte Saalkirche mit Seitenkapellen. Die redundante Dekoration des 18. Jahrhunderts läßt den ausgewogenen Raum und das Tonnengewölbe mit Stichkappen deutlich erkennbar bleiben. Die Kunstgeschichte würdigt die Konstruktion der Doppelkuppel und die letzte Kapelle auf der rechten Seite, die Antonio Bibiena zugeschrieben wird. Die in den 60er Jahren des 18. Jahrhunderts erbaute Kapelle erhebt sich über einem achteckigen Grundriß. Die Forschung sah zunächst in dem Sabbionetaner Pietro Martire Pesenti den Architekten der Assunta. Marani hat jedoch die Namen der Brüder Paolo und Bassano Tusardi ins Spiel gebracht. Bassano Tusardi war im Todesjahr Vespasianos 1591 oberster Bauleiter von Sabbioneta.

Die *Chiesa dell'Incoronata*, die ehemalige Hofkirche der Gonzaga, befindet sich in unmittelbarer Nachbarschaft des Palazzo Ducale, an dem kleinen Platz auf dessen Rückseite. Der Zentralbau auf achteckigem Grundriß wurde nach Dondis Angabe 1586 bis 1588 erbaut.

Es handelt sich bei diesem Typus der Zentralkirche um eine lombardische Tradition, wie im Vergleich der Incoronata von

Sabbioneta mit dem Taufhaus San Giovanni in Cremona von Orlandino Teodosio, der S. Rocco e S. Colombano in Lambro, der S. Maria di Canepanova in Pavia und der von Carlo Fontana (1634-1714) erbauten Santa Maria Incoronata in Lodi deutlich wird. Letztere, als deren Kopie die Incoronata von Sabbioneta angesehen wird, steht in der Nachfolge Bramantes und dessen Sakristei Santa Maria presso San Satiro in Mailand.

Über die Wiederaufnahme des klassischen Zentralbaus in der Renaissance etwa durch Brunelleschi in der Capella Pazzi in Florenz oder eher noch durch die Santissima Annunciata und durch Santa Maria degli Angeli, ebenfalls in Florenz, sowie durch Albertis »Tempel« S. Sebastiano in Mantua und durch Bramantes Tempietto, schrieb Pevsner, sie entspreche am besten dem humanistischen Geist, denn der Zentralplan sei »keine transzendente, sondern eine diesseitige, irdische Konzeption«. (200) Im Brennpunkt einer Zentralkirche erfährt sich der Betrachter selbst als Maß aller Dinge, als das Zentrum der Schönheit und als Sinn und Zweck der Veranstaltung. Mit dem Zentralbau hat Vespasiano, der Anweisung Albertis folgend, möglicherweise der für das einfache Volk bestimmten Pfarrkirche einen »Tempel« der eigenen Glaubensauffassung demonstrativ entgegensetzen wollen. Die arkadierte Vorhalle und der flankierende Campanile sind jüngeren Datums als der schlichte Kirchenrumpf. Die Kuppel wirkt noch mittelalterlich, polygon, außen flachgedeckt und mit Galerien umgeben. Die aufgesetzte Laterne scheint später hinzugefügt worden zu sein.

Das Innere stellt einen Höhepunkt beinah schon barocker Illusionsmalerei dar. Der hohe zylindrische Kirchenraum ist umgeben von trapezförmigen Kapellen unter einem biforisch (doppelbögig) geöffneten Umgang. Durch vorgetäuschte Logen und Fenster wird der Raum vervielfältigt und auf den gemalten Himmel hin geöffnet. Testamentarisch zum Mausoleum bestimmt, nahm die Incoronata nach dem Tode Vespasianos das von G. B. della Porta entworfene Grabmonument auf, in das die Bronzestatue Leone Leonis integriert wurde, von zwei Tugend-Allegorien flankiert.

Vespasianos ausgeprägter Grabkult entsprach durchaus dem

Geist der Zeit. Wie man Geburtshäuser berühmter Männer konservierte, so machte man auch die Orte ihres Todes zu profanen Wallfahrtsorten. Vespasiano hat sich hierbei nicht auf seine Nachwelt verlassen, sondern beizeiten vorgesorgt. Obwohl es auch in der regulären Mantovaner Linie der Gonzaga immer wieder Pläne für Grabmonumente gegeben hatte, hat Vespasiano doch als einziger ein wirklich nennenswertes Mausoleum erhalten. Zumindest hierin konnte er, den Medici nacheifernd, die Mantovaner übertrumpfen.

Beide Kirchen sind dem Marienkult geweiht, der in Sabbioneta schon heimisch ist, seit es Nachrichten über diese Ansiedlung gibt. Auch in den jährlichen Wallfahrten und Prozessionen zum Schrein der Santa Maria di Loreto wird der Marienkult zelebriert. Seit der Gründung des Klosters S. Biagio waren die Serviten, die »Diener Marias«, der führende Orden der Stadt. Wie stark die Marienverehrung auch die neue Stadt beseelte, bezeugen u. a. die Münzen, die während der Regierung in Sabbioneta geprägt wurden. In den frühen 1560ern ist eine *mezzo scudo d'oro* mit Madonna und Kind und der Inschrift »Virgo Genitrix« in Umlauf gebracht worden. Von 1617 datiert ein 10-Soldi-Stück, das an die Einweihung der Kirche der Assunta erinnert, mit der Inschrift: »Assunta est mariae in celum«. (201)

Die Koexistenz von Maria und Minerva in Sabbioneta (Kirche und Säule) spiegelt eine humanistische und relativ undogmatische Position in der damaligen Diskussion über das Verhältnis von Christentum und Antike wider. Maria hat ihre Vorgängerin nicht vergessen gemacht oder in die Hölle abgeschoben. Minerva ist umgekehrt nicht bloß Marias Vorgängerin, sondern deren Entsprechung. Die Marienverehrung in Sabbioneta mag auch vom spanisch-romantischen Mariendienst mit seinen mystischen Elementen reaktiviert worden sein. (202)

Nachgeschichte

Die politische Geschichte Sabbionetas nach dem Tod Vespasianos ist recht verworren. Es handelt sich im Kern aber immer wieder um den Streit zwischen den von Spanien lancierten Eigentümern und den Nachkommen der Gonzaga, denen vom Kaiser das Erbrecht auf dieses Territorium bestätigt wurde. Isabella und Caraffa sollten sich des Besitzes ihres verkleinerten Herzogtums Sabbioneta zunächst noch eine Zeitlang erfreuen. Vincenzo Gonzaga, 1562-1612 Herzog von Mantua, der zur Abrundung seines Dukats auch Anstalten zum Erwerb von Sabbioneta machte, blieb ohne Erfolg. Er kam mit Isabella und Caraffa zu keiner Einigung, da er nicht so viel Geld flüssigmachen konnte, wie diese verlangten. Wegen seiner beispiellosen Verschwendungssucht waren die herzoglichen Kassen notorisch leer. Sabbioneta mit Gewalt zu nehmen, wagte er nicht, da er es nicht mit den Spaniern verderben wollte. So blieb Sabbioneta für ihn ein unerreichbares Ziel. (203)

Die spanische Krone bot auch noch Schutz, als der mantovanische Herzogsthron zum Streitobjekt der Großmächte wurde. Kardinal Richelieu und der Papst versuchten mit Hilfe einer eiligst gestifteten Ehe Charles Nevers zu lancieren, der mit den Gonzaga verwandt war, um zu verhindern, daß der Gonzaga von Guastalla, den sie für einen Vasallen Spaniens hielten, Herzog von Mantua würde. Da die Habsburger ihren Kandidaten mit allen Mitteln durchsetzen wollten, entbrannte 1628 ein Erbfolgekrieg um Mantua und Monferrato, in dessen Verlauf Mantua stark zerstört wurde. Nevers zog als achter Herzog von Mantua 1630 in einen völlig leergeraubten Palast ein. Viel war allerdings von den Plünderern schon nicht mehr zu holen gewesen, da Vincenzo seine Kunstschätze kurz vorher an den englischen Königshof, an Karl I. verkauft hatte.

Sabbioneta selbst war nicht Teil des Streitobjektes gewesen, doch die im Gefolge von Krieg, Mißernten und Hungersnot noch im selben Jahr ausbrechende Pestseuche forderte auch hier ihre

Opfer. Für die ganze Lombardei herrschten die schlimmsten Zustände, die das Land wohl jemals erlebt hatte. Die Not und Verwirrung waren denen in Deutschland vergleichbar, wo zur gleichen Zeit der Dreißigjährige Krieg wütete. Alessandro Manzoni hat in seinem Roman »I Promessi Sposi« die Zustände vor allem in und um Mailand getreu den Chroniken folgend und so eindrücklich geschildert, daß man von der damals grassierenden Seuche als von der *peste manzoniana* spricht. (204)

Isabella Gonzaga starb 1637. Ihr Mann Luigi Caraffa folgte ihr ein Jahr später. Ihr Sohn Antonio, der bereits vor ihnen gestorben war, hatte mit einer Aldobrandini eine Tochter Anna, die wiederum mit dem spanischen Granden Ramiro Filippo de Guzman verheiratet war, dem Herzog von Medina de las Torres und derzeitigen Vizekönig von Neapel. Er war, wie die Chronik hinzufügt, Witwer der Tochter des berühmten Graf-Herzogs d'Olivares, des ersten Ministers des Königs von Spanien Philipp IV., der, was die Chronik verschweigt, durch seine ehrgeizige Politik Spanien vollends ruiniert hatte.

Kaiser Ferdinand II. hatte schon 1636 verfügt, nach dem Tode Isabellas einen der Nachkommen von Gianfrancesco Gonzaga dem Jüngeren, des Begründers der Sabbionetaner Gonzaga-Linie, in Sabbioneta einzusetzen und die Erbfolge der Gonzaga dort wiederherzustellen. Und er hatte erwartet, die Caraffa würden Sabbioneta an die Gonzaga zurückgeben. Der Guzman bewirkte indessen beim spanischen König seine Einsetzung als dritter Herzog von Sabbioneta. In der Hand der Guzman sollte Sabbioneta ungeachtet der Ansprüche der Gonzaga vorerst bleiben. 1644 mit dem Tode Annas wurde Sabbioneta vererbt an den Sohn Nicola Guzman. Diese von Spanien erzwungene Erbfolge stand in Konkurrenz mit den vom österreichischen Kaiser für rechtmäßig erachteten Ansprüchen: schon seit dem Jahre 1636 nannten sich die Gonzaga von Bòzzolo entsprechend dem kaiserlichen Dekret auch Herzöge von Sabbioneta: von 1636-1670 Scipione Gonzaga, von 1670-1672 Ferdinando-Filippino, von 1672-1703 Gianfrancesco Gonzaga.

Die Bemühungen Spaniens, eine ordentliche Erbfolge zu konstruieren, sind freilich nur noch formeller Deckmantel einer um sich greifenden Praxis der Landprivatisierung, zu der sich die spanische Krone bei ihrem permanenten Geldbedarf gezwungen sah. Die Steuerschraube war längst überspannt. Die überzogene Steuerbelastung hatte die Wirtschaft fast völlig zusammenbrechen lassen, so daß die staatlichen Einnahmen rückläufig waren. Um die Finanzierung der Kriege in Deutschland, Flandern und Tirol weiterhin sicherzustellen, benötigte man die zusätzliche Hilfe von Privatbankiers, die für die vorgestreckten Summen Staatsanleihen und Steueranteile erhielten. Während mancher Privatier Opfer der zunehmend entwerteten Anteilspapiere wurde, konnten einige wenige privilegierte Spekulanten durch gute Beziehungen ungeheure Profite machen, mit denen sie die Ländereien erwarben, an deren Steuern sie schon beteiligt waren. Als Steuereintreiber im eigenen Interesse sorgten sie dann für eine gute Verzinsung ihres Besitzes. (205) Gegen den Aufstieg der Spekulanten zu einem neuen, noch gierigeren Adel bestanden zwar starke Ressentiments, doch die Barone beteiligten sich selbst auch an diesem Geschäft mit Ländereien, Titeln und Privilegien, die der Staat an Privatleute verschachern mußte. Auch die spanischen Vizekönige in Italien, die den ihnen übertragenen Staat und die Souveränitätsrechte Stück für Stück im Auftrag der Krone verhökern mußten, um den Madrider Geldforderungen genügen zu können, sorgten für eine angemessene Berücksichtigung ihrer eigenen Rentenansprüche. Guzman oder Herzog von Medina, wie er in Italien hieß, brachte als Vizekönig von Neapel nicht nur ungeheure Summen für Madrid und die spanische Armee zusammen, sondern versorgte sich auch selbst mit Ländereien und Steuerrechten, u. a. mit dem Herzogtum Sabbioneta.

Nach dem Tod Carlos II. Gonzaga, wie sich Charles Nevers nun nannte, waren erneut die Auseinandersetzungen um Mantua und Casale entbrannt. 1640-1652 tobte ein neuer Krieg zwischen Franzosen und Spaniern um Montferrato. Ferdinando Carlo Nevers, der zehnte Herzog von Mantua, nahm nach seiner Heirat mit Anna Isabella von Guastalla 1678 Besitz von Guastalla, Luzzara und Reggiolo. Um Sabbioneta vor dem drohenden Zugriff des Gonzaga zu schützen, wurde es 1648 im Auftrag der spanischen Krone vom Gouverneur von Mailand okkupiert.

Nicola Guzman kam dabei um. Bei Marani und Perina heißt es, er habe sich das Leben genommen. Denkbar ist aber auch, daß die spanischen Minister ihn haben beseitigen lassen, um das Dukat für einen neuen Gläubiger der spanischen Krone verfügbar zu machen. Jedenfalls konnten die Gonzaga das ihnen nach kaiserlichem Recht zustehende Erbe auch diesmal nicht antreten, da Sabbioneta an den Genoveser Edelmann in spanischen Diensten Francesco Maria Spinola »verkauft« wurde. (206) Ein Vorstoß der Spanier, 1689 auch Guastalla in ihren Besitz zu bringen, wurde von den Österreichern zurückgeschlagen. Unter der Protektion der spanischen Krone konnte General Spinola Sabbioneta bis zu seinem Tode 1702 behalten und sich Herzog von Sabbioneta nennen. Die Bewohner hatten es die nächste Zeit mit dessen Steuereintreibern zu tun.

Nach dem Tod des kinderlos gebliebenen letzten spanischen Habsburgers Karl II. führten spanische Forderungen, das Land ungeteilt zu lassen und österreichisch-habsburgische sowie französische Erbansprüche zum Spanischen Erbfolgekrieg 1701 bis 1714.

Neben den Niederlanden wurde wieder Italien der Hauptschauplatz des Krieges. 1701 wurde Mantua erneut beschossen und von französischen und spanischen Truppen besetzt. Ferdinando Carlo Gonzaga rief die Österreicher zu Hilfe, gegen deren Truppen die alliierten Franzosen und Spanier eine Gegenoffensive starteten. Ferdinando Carlo mußte sich nach Venedig absetzen, wo er 1707 starb. Der Sieg gehörte schließlich den Österreichern. Im Frieden von Utrecht wurden Österreich die meisten spanischen Nebenländer zugesprochen, darunter in Italien Neapel und Sizilien, Mailand und Mantua einschließlich Sabbioneta. Kaiser Karl VI. von Österreich, der nun auch über ein um Teile der Lombardei erweitertes Venetien herrschte, setzte 1708 unter österreichischer Oberhoheit Vincenzo Gonzaga als Herzog über Guastalla, Bòzzolo und Sabbioneta ein. Die lang erwartete Rückkehr des Herzogtums Sabbioneta zur Souveränität kam seiner Bevölkerung allerdings nicht zugute, da sie während der Regentschaft Vincenzos unter dessen Willkür und Mißwirtschaft nicht weniger zu leiden hatte, als unter den Statthaltern und Steuereintreibern spanischer Vasallen. Auf Vincenzo Gonzaga folgten 1714 Ferdinando Antonio Gonzaga und 1729 Giuseppe Maria Gonzaga als Herzöge von Guastalla und Sabbioneta von Kaisers Gnaden.

1746 wurde Sabbioneta mit Guastalla und Bòzzolo von Österreich annektiert und ein Teil der österreichischen Lombardei. In dem Krieg, den Österreich und Frankreich aufgrund ihres Gegensatzes in der polnischen Thronfolge von 1733 bis 1735 gegeneinander führten, geriet die südliche Lombardei mit Sabbioneta zeitweilig in französische Hand. 1734 wurde Sabbioneta von den kaiserlichen Truppen unter Graf Königsegg zurückerobert, die der österreichische Kommandant Mantuas zur Hilfe gerufen hatte, da die stationierten Truppen, stark dezimiert und von Krankheit geschwächt, kaum mehr einsatzfähig waren. Graf Königsegg rückte mit dem verstärkten Heer zunächst gegen die Festung Guastalla vor, wo sich die Franzosen verschanzt hatten. Königsegg griff die Festung an, und es kam zu einer schrecklichen und verlustreichen Schlacht, in der die Truppen der Franzosen und des Königs von Savoyen-Sardinien trotz österreichischer Erfolge letztlich die Oberhand behielten.

Die Kaiserlichen rückten dann gegen Sabbioneta vor und forderten den französischen Kommandanten zur Übergabe der Festung auf. Die Franzosen willigten aber nur unter der Bedingung ein, daß die Österreicher ihre Artillerie zeigten, um auf diese Weise deren Stärke zu prüfen. Der Kommandant der kaiserlichen Truppen ließ daraufhin einen als Kanone hergemachten Baumstamm von zwei Ochsen an die Mauer schleppen und in Stellung bringen. Beeindruckt von diesem Riesengeschütz, willigten die Franzosen in die sofortige Übergabe ein. Der Triumph kehrte sich jedoch noch in eine Schmach um, als Königsegg, durch diesen Erfolg ermutigt, beschloß, erneut die Rückeroberung Guastallas zu versuchen. Er mußte dieses Vorhaben bald wieder aufgeben, um wenigstens die Festung Sabbioneta gegen die mit Verstärkung nachsetzenden Franzosen zu verteidigen.

Schließlich hatten die kaiserlichen Truppen den ganzen »Oltrepó«, das Gebiet südlich des Po, wieder geräumt und sich hinter den Po zurückgezogen. Nachdem sich die im Cremonesischen verstreuten österreichischen Truppenkontingente wieder gesammelt hatten, bezogen sie Quartier in Sabbioneta und Gazzuolo. Der kalte Winter 1734/35 wurde für die Bevölkerung einer der schlimmsten. Sie hatte ohnehin unter den Verwüstungen des Landes, der Zerstörung ihrer Häuser, wiederholter Vernichtung ihrer Ernten und dem total zum Erliegen gekommenen Handel zu leiden und sollte nun zusätzlich noch für die Versorgung der Truppen aufkommen. Der Sieg der verstärkten österreichischen Truppen brachte schließlich Frieden. (207)

1745 bestieg Maria Theresia den österreichischen Kaiserthron. Sie verfügte den Anschluß Mantuas und aller Kleinstaaten an Mailand und betrieb in der Lombardei im Zeichen der Aufklärung eine tiefgreifende Verwaltungsreform. Der Staat wurde gegen den Widerstand des Adels in ein von Mailand zentral verwaltetes einheitliches Territorium verwandelt. Kirchengüter wurden eingezogen, um neue Bauernstellen zu schaffen, vor allem aber, um die Staatskassen zu füllen und schließlich, um die nunmehr dem Staat unterstellten Kirchendiener bezahlen zu können. Der Einfluß der Kirche wurde insgesamt erheblich eingeschränkt. 1773 mußte Papst Clemens XIV. der Auflösung des Jesuitenordens zustimmen. Viele der säkularisierten Klösterkonvente und Kirchen wurden in Krankenhäuser, Schulen o. ä. umgewandelt. Die geheime Schule der Jesuiten in Mantua wurde 1780 in ein Waisenhaus verwandelt, das dazugehörige Grundstück in einen botanischen Garten. Für Nicht-Katholiken wurde ein Toleranzedikt erlassen. (208)

Die Französische Revolution und die napoleonische Zeit weckten auch in Italien Einheits- und Freiheitsbewegungen. Die Siege der napoleonischen Armee über die alliierten Monarchien und vor allem über Österreich ermutigten eine Bewegung italienischer Jakobiner, die den Adel und das große Privateigentum und die österreichische und spanische Fremdherrschaft bekämpften. Schon 1774 zog eine »Soldatenrepublik« durch Norditalien, die sich nach römischem Vorbild »Cisalpina« nannte.

Napoleon, der 1800 die Österreicher und 1806 die Bourbonen in Neapel zwingen konnte, ihre italienischen Besitzungen an Frankreich abzutreten, behielt diesen Namen für die norditalienischen Provinzen bei. 1809 wurde auch der Kirchenstaat besetzt. 1805 stattete der gerade zum Kaiser gekrönte Napoleon der Stadt Mantua einen Besuch ab, wo er wie 1800 in Mailand von großen Teilen der Bevölkerung stürmisch begrüßt wurde. Er nannte sich nun auch König von Italien.

In Sabbioneta wurden wie anderswo sämtliche Klöster aufgelöst und der beschlagnahmte Kirchenbesitz zum Verkauf angeboten. Der Komplex des Nonnenklosters nordwestlich der Burg wurde an den Juden Agosta Sabbioni verkauft, die Gebäude des Konvents in der Stradone gingen zu einem Teil in den Besitz des Juden Elia Forti über und zum größeren Teil zusammen mit den Kirchen an die Brüder Foa. Wie die Kirchen wurden auch die herzoglichen Gebäude, das Casino und das Theater als Ställe und Lagerräume genutzt, allein der Palazzo Ducale behielt als Rathaus in gewissem Sinne seine alte Funktion. Die Burg war bereits 1796, im Jahr der ersten Besetzung Mantuas durch napoleonische Truppen, an einen privaten Bauunternehmer verkauft und abgerissen worden.

Der Mönch und Chronist seiner Heimatstadt, Luca E. Sarzi-Amadé, beklagt das Ausmaß, in dem Sabbioneta damals heruntergekommen sein muß. Seinen Recherchen nach zogen es damals viele Hauseigentümer vor, in den Dörfern der Umgegend oder auf ihren Höfen zu leben. Man ließ die Häuser leerstehen und überließ sie denen, die keine Miete zahlen konnten. Einige verfielen oder wurden niedergerissen, andere dienten als Soldatenunterkünfte. Menschen, die – wie Amadé sich ausdrückt – nicht einmal ihren Namen schreiben konnten, bewohnten nun die Bibliothek und die Akademie. Um den Zustand der Kirchen und Klostergebäude, die als Pferdeställe, Scheunen oder Warenlager oder gar nicht genutzt wurden, kümmerte sich niemand. (209)

Von großen Teilen der italienischen Bevölkerung wurden die napoleonischen Verwaltungsreformen und das Angebot einer republikanischen Verfassung allerdings begeistert begrüßt. Wie in allen französisch besetzten Gebieten und in Frankreich selbst wurde auch hier die weltliche und kirchliche Feudalmacht zugunsten des Bürgertums gebrochen. Den kaisertreuen und ängstlich-konspirativen Kleinadel, der sich von den Ämtern und aus den Städten zurückzog, um sich auf die Rückkehr des Kaisers vorzubereiten, hat Stendhal, der als Leutnant der glorreichen Armee nach Italien gekommen war, in seiner »Kartause von Parma« in der Figur des alten Grafen del Dongo mit äußerstem Abscheu karikiert.

Schon sehr bald wurde aber auch vielen anfänglich napoleonbegeisterten Italienern deutlich, daß von einer nationalen Befreiung keine Rede sein konnte. Von den Besitzumverteilungen profitierten vor allem französische Bürger. Den Italienern wurden überall französische Beamte vor die Nase gesetzt. Die republikanische Bewegung in Italien, die Napoleons Siege begrüßt und mit ermöglicht hatte, wurde durch Beamte desselben Mannes erstickt. Vor allem die immer drückender werdende Steuerlast, die Napoleon den besetzten Ländern auferlegte, um seine weiteren Eroberungskriege finanzieren zu können, und die gnadenlose Justiz riefen zunehmenden Unmut hervor.

Durch vereinzelte Volksaufstände in Spanien 1808 und in Tirol unter Andreas Hofer 1810 ermutigt, bildeten sich auch in den feudalen Regionen Mantuas, in den Gebieten der Gonzaga konspirative Gruppen, vor allem aus Jakobinern und patriotischen Adligen.

Nach dem Sieg der alliierten Monarchien über Napoleon und der Neuaufteilung Italiens auf dem Wiener Kongreß 1814/15 gingen Venetien und die Lombardei, deren südliche Grenze der Flußlauf des Po bildete, wieder an Österreich. Der Kirchenstaat und etliche Kleinstaaten wurden wiederhergestellt.

In der Toskana, in Parma wie in Modena regierten habsburgische Nebenlinien. Die Bourbonen wurden in Neapel-Sizilien restituiert. Sabbioneta gehörte zu Lombardo-Venetien und damit zu Mailand. Die alten Herzogtümer Parma, Piacenza und Guastalla wurden später zusammengefaßt zu einem Kleinstaat, der bis 1847 von der österreichischen Kaisertocher und ehemaligen Gemahlin Napoleons, *la buona duchessa*, Marie Louise regiert wurde. (210)

Die Restauration ließ die Republikaner erneut hervortreten, die sich zunehmend zu Debattierclubs in Cafés und als Zeitungsherausgeber zu Zirkeln zusammenschlossen. In den 1820er Jahren traten die italienischen Geheimbünde verstärkt in Aktion, ständig verfolgt und observiert von der Metternichschen Sicherheitspolizei. Den vor allem in Süditalien, in Neapel verbreiteten Carbonari (Köhler) entsprachen in Oberitalien der akademische Geheimbund der Buonarotti, die sich zunächst »Adelfi« und später die Gesellschaft der »vollkommenen erhabenen Meister« der »Sublimi Maestri Perfetti« nannte, und die volkstümlichere »Società dei Federati«, die in Mailand und in Brescia ihre Zentren hatte. Diese Gruppen kanalisierten vor allem den Haß auf die österreichische Fremdherrschaft, den sie durch kleine Aktionen zu schüren suchten. Die von ihren Sympathisanten in Sabbioneta gelesene Zeitung hieß »Echo des Po«. Die österreichische Polizei ihrerseits versuchte, ihre Geheimagenten in die Gesellschaften einzuschleusen und ihre Zentren immer besser einzukreisen, die sich vor allem in Sabbioneta, Suzzara und Viadana befanden. Ein wichtiger Treffpunkt war die Gewürzhandlung von Luigi Marchese in Viadana, wo die Verschwörer von Modena und Parma und die Carbonari aus Brescello und Guastalla, die »Manfredini« mit den »Adelfi« Informationen austauschten. Politische Ziele der »erhabenen Meister« waren eine unmittelbare Demokratie, die natürliche Religion Rousseaus und soziale Gleichheit. Wie aus den Listen der observierten und verhafteten Personen hervorgeht, entstammten die Anführer zu einem hohen Prozentsatz dem lombardischen Adel. In den 1820er Jahren füllten sich die Gefängnisse mit politischen Häftlingen. Unter ihnen war auch ein Odoardo Valenti Gonzaga.

Aufstände in Neapel und Piemont verliefen anfänglich oft erfolgreich, doch wurden weitere Entwicklungen immer wieder vereitelt. In der provisorischen Revolutionsregierung der Provinz Mantua machte Don Luigi Tosi, nach dem später in Sabbioneta eine Straße benannt wurde, im Namen der Distrikte Sabbioneta und Viadana den Vorschlag, eine Zentralregierung der befreiten Gebiete in der Form einer Räterepublik zu bilden. Tosis Modell blieb freilich eine Episode in dem mühevollen Weg Italiens zur Nation. Er kennzeichnet jedoch die politische Vielfalt des »Risorgimento«. Bis Sabbioneta eine Stadt des politisch unabhängigen und geeinten Italien genannt werden konnte, mußten weitere vierzig Jahre vergehen.

In diese Zeit fallen auch einige bauliche Veränderungen der Stadt. 1824 wurde von Voghera die Synagoge erneuert und von dem Schweizer Pietro Bolla mit einer klassizistischen Innendekoration versehen. Die Vorwerke der Bastion wurden geschliffen, und um sich der Unterhaltungskosten für die Stadtmauern zu entledigen, hat man außerdem die der Mauer vorgelagerten Erdwälle abgetragen und die Innenseiten der Mauern aufgeschüttet. (211)

Wie Sabbioneta in der ersten Hälfte des 19. Jahrhunderts ausgesehen hat, ist schwer festzustellen, da Reiseberichte sich auf größere Orte und deren »Sehenswürdigkeiten« beschränken. Charles Dickens, der 1844 eine Italienreise unternahm, deren Eindrücke er später einem journalistischen Bericht zugrunde legte, führte der Weg immerhin durch Bòzzolo: »Ehedem ein kleiner Stadtstaat und jetzt eine der verlassendsten und armseligsten Städte, wo der Wirt der elenden Schenke (Gott segne ihn, er tat es wöchentlich) unaussprechbar kleines Geld unter eine laute Schar von Frauen und Kindern austeilte, deren Lumpen draußen vor seiner Tür, wo sie sich, um sein Almosen zu empfangen, gesammelt hatten, im Regen und Wind flatterten. Durch den Nebel, Schmutz und Regen und auf dem Boden kriechende Reben ging der Weg diesen und den nächsten Tag.« Dickens berichtet über den reißenden Po, der meilenweit die Ufer unter Wasser gesetzt hatte, die braunen alten Gebäude des stillen Mantua, die verrosteten Tore, die von den Franzosen geschlossenen und in Warenhäuser verwandelten Kirchen, entstellt und ruinenhaft, ohne jedoch ganz zusammenzustürzen, die Juden unter den Arkaden, die vor ihren Läden saßen und ihre Waren beschauten, das dräuende Schloß von Ferrara, das ihm einer schauerlichen Sage anzugehören scheint, die dunklen, sumpfigen Gräben, die die Schlösser von Ferrara und Mantua umringen, über das verödete Cremona. Und immer wieder beschreibt er die verlassenen, verschmutzten Straßen und die verfallenen Paläste auch kleinerer Orte, dieser »Gemeinde der verlorenen Städte«:

»Das Gras wächst so dicht in den öden Straßen (von Ferrara), daß man hier tatsächlich Heu machen könnte, solange die Sonne scheint.« Nicht beser steht es um die »verfallenen Paläste, wo Efeu weht anstatt der Banner und wo üppig aufgeschossenes Unkraut langsam die seit langer Zeit unbetretenen Treppen hinaufkriecht...«.

Auch die folgende Beschreibung Piacenzas hätte dem damaligen Zustand Sabbionetas wahrscheinlich noch geschmeichelt: »Eine gar braune, alte, herabgekommene Stadt ist Piacenza. Ein verlassener, öder, grasbewachsener Ort mit verfallenden Wällen, halb zugeschütteten Gräben, welche den mageren Kühen, die darin herumwandern, kärgliches und ungesundes Futter geben, und Straßen düsterer Häuser, die mürrisch die Häuser auf der anderen Seite ansehen. Die schläfrigsten und harmlosesten aller Soldaten streifen herum, beladen mit dem doppelten Fluch der Trägheit und Armut, der ihre schlecht passenden Uniformen mißgestaltet zusammenschrumpfen macht; die schmutzigsten aller Kinder spielen mit ihrem improvisierten Spielzeug (Schweine und Straßenkot) in den armseligsten Gossen, und die magersten Hunde wandern die ödesten Torwege aus und ein, beständig etwas zu fressen suchend, was sie niemals zu finden scheinen.«

Während Casalmaggiore und Guastalla sich Ende des 19. und Anfang des 20. Jahrhunderts zu recht ansehnlichen Provinzstädten entwickeln konnten, war Sabbioneta wieder ein Dorf geworden, mit kaum mehr Einwohnern, als sie einst der Weiler Capo della Volpe gehabt hatte. Doch der Niedergang Sabbionetas, das lange Zeit wohl einen Anblick des Jammers geboten haben muß, hat nicht nur und nicht in erster Linie Wunden und Narben hinterlassen, sondern auch vor der sicheren Zerstörung dieses Denkmals bewahrt. Mit den Spuren des Niedergangs, die man sich bemühte in den dreißiger Jahren dieses Jahrhunderts und im letzten Jahrzehnt durch Restaurierung zu beheben, wird freilich auch die romantische Brechung abgeschwächt, die das Geheimnis dieses Ortes mitbegründet hat.

Anmerkungen und Karten

1 H. V. Morton, Lombardei. Wanderungen durch Vergangenheit und Gegenwart, München/Zürich 1982.
2 Die Entdeckung dieser Qualität Sabbionetas verdanken wir vor allem Kurt W. Forster, From ›Rocca‹ to ›Civitas‹. Urban Planning at Sabbioneta, in: L'Arte II, no. 5, S. 5-40. Vgl. auch Paolo Carpeggiani, Sabbioneta, Mantua 1972.
3 Zu den regionalen Unterschieden siehe: Jacob Burckhardt, Die Kultur der Renaissance in Italien, Berlin 1928 (1860). Vgl. für die Lombardei T. Tasso, Der Gutsherr. Vgl. auch L. B. Alberti, Über das Hauswesen, dt. Zürich 1962.
4 Ebenda, 2. Abschnitt, 3. Kapitel. Der moderne Ruhm.
5 Beredtes Zeugnis hiervon geben beispielsweise die Tagebücher E. S. Piccolominis, Papst Pius II. Ausgewählte Texte, hrsg. von Berthe Widmer, Basel/Stuttgart 1960.
6 Die heroische Genealogie der Gonzaga wurde vor allem erstellt von dem Isabella d'Este aus Ferrara nach Mantua gefolgten Mario Equicola in seiner »Chronica di Mantova« sowie von Antonio Possevino in seiner Gonzaga-Historiographie. Diese »Wissenschaft« trug zuweilen seltsame Blüten: Von dem erfindungsreichen Nanni da Viterbo, der mehrere ikonographische Dekorationsprogramme und ideale Genealogien entworfen hat, soll eine genealogische Verbindung der Borgia mit Isis und Osiris stammen. Kaiser Maximilian, der sich intensiv mit Hieroglyphen und Emblematik befaßte, wertete Nannis Hypothese als Hinweis auf seine eigene Abstammung, die seine Hofhumanisten bis auf Noah zurückverfolgten. Vgl. Rudolf Wittkower, Hieroglyphen in der Frührenaissance, in: Allegorie und der Wandel der Symbole in Antike und Renaissance, Köln 1984 (1977). Im »Orlando furioso« des Ariost wird der Sarazenenkrieger Ruggiero, der sich schließlich mit der christlichen Prinzessin Bradamante vermählte, als Nachfahre des Trojaners Hektor und dessen Sohn Astyanax vorgestellt, den es einst nach Sizilien verschlagen hatte. Als legendärer Mitbegründer des Hauses Este führt Ruggiero so die Familie bis auf die Trojaner zurück. Burckhardt nennt weitere Beispiele, die zeigen, daß es zum guten Ton gehörte, sich eine mythologische Abstammung zuzulegen. J. Burckhardt, Die Kultur der Renaissance, 3. Abschnitt, 2. Kap. In dem 1526 erschienenen »Orlandino« von Teofilo Folengo, einer Parodie auf Ariosts »Orlando furioso«, wird im Kapitel 6 das Haus Gonzaga von dem Paladin Guidone abgeleitet, von Orlando selbst die Colonna, von Rinaldo die Orsini. Humanistische Genealogien werden hier offen verspottet.
6^a Die Straßenplanung von Sabbioneta hat nicht nur in Italien Schule gemacht. Zum möglichen Einfluß der Konzeption Sabbionetas auf den Städtebau in Polen siehe u. a.: J. Langman, Il probabile influsso di Sabbioneta sull'arte polacca del Manierismo, in: Arte Lombardia 1963, 1. Halbjahr, S. 166 f.
7 Richelieu liegt in einer Landschaft, die mit ihren Pappeln und grünen Ebenen

der um Sabbioneta nicht unähnlich ist. Abseits zwischen zwei Hauptstraßen an einem Seitenarm der Vienne, der Mable, gelegen, gilt die Stadt mit ihrem regelmäßigen Rechteck und der einheitlichen Bebauung als Stein gewordenes Sinnbild des Poitou, jener französischen Provinz, die fast gleichzeitig den Erzrationalisten der Philosophie, Descartes, und den Erzrationalisten der Politik, Armand-Jean du Plessis de Richelieu, hervorgebracht hat.

Vgl. auch Martin Schultz van Treeck, Richelieu, in: L'Œil 1965, 127 f., S. 2-12, dem sich angesichts dieser Stadt die Theater-Assoziation aufdrängt. Ihm scheint die Stadt aus der einsamen Entscheidung des Kardinals, ja aus einer bloßen Laune geboren: »Seine Vorstellung und sein Wille konnten indessen nur eine Erscheinung, das Phantom einer Stadt hervorbringen, ihr aber nicht das Leben einhauchen. – Man denkt an ein Freilufttheater, dessen Regisseur die Akteure eines vergänglichen Schauspiels dirigiert hat, und dessen Szenerie inzwischen verlassen ist.«

8 Die Formen *sabbio*, *sabia* finden sich in der Poebene häufig zur Kennzeichnung sandiger Erhebungen in sumpfigen Niederungen, sowie für Sandbänke im Flußbett. Eine ehemalige *terre* der Visconti heißt Caselle di Sabbioni.

9 Die Existenz einer römischen Siedlung ist wahrscheinlich auch wegen des Verlaufs der alten Vie Postumia und Vitelliana. Siehe: Carlo Brugnoli, Come scomparve un fiume che in antico attraversa il territorio dei Galli Insubri, in: Archivio Storico Lombardo, ...

10 Die langobardische Besiedlung und ländliche Struktur der Region belegen zahlreiche Namen benachbarter Orte. Gazzuolo z. B. erhielt seinen Namen von dem langobardischen Wort für den Wald, der nicht abgeholzt werden darf, dem Bannwald. Aus ›Gehaje‹ wurde Gazzo. Der Name Guastallas wurde von Guardistallum – Marstall der ottonischen Kavallerie im 1. Jahrhundert – abgeleitet, aus ›Wart‹ und ›Stalk‹. Im 8. Jahrhundert wird der Ort zu einem entlegenen Vorposten der Langobarden, zum Ort inmitten von Wasser (Wall) und Wald (Waldum). Vgl. hierzu die linguistischen Hinweise in: Paesaggio, immagine e realtà, hrsg. von Carlo Pirovano, Mailand 1981.

11 Als Pimonte Bonacolsi 1274 zum Volks-Hauptmann gewählt worden war, stellte die Bürgerschaft Mantuas ihm zur Mäßigung seines heftigen Charakters Ottonello de' Zanecalli zur Seite. Wenige Tage später wurde dieser tot aufgefunden. J. Burckhardt hat in seiner »Kultur der Renaissance« das heillose Durcheinander der Geschlechterfehden nicht ohne Sympathie geschildert. Rudolf zur Lippe, Naturbeherrschung am Menschen, Ffm. 1974, hat angemerkt, daß es wohl der Projektion eines entfremdeten ›Ich‹ des 19. Jahrhunderts entspreche, wenn Burckhardt in seinem legendären Werk »uns das Durcheinander von Söldnerführern, Botticelli, Leonardo, Sinnesfreude, Giftmord, Machtgier und Musenfürstinnen (schildert), als hätten sich im modernen Sinne identische Menschen einmal tüchtig ausgetobt«.

12 Enea Silvio Piccolomini schrieb dazu: »In unserem veränderungslustigen Italien, wo nichts feststeht und keine alte Herrschaft existiert, können leicht aus Knechten Könige werden.« Zu den abenteuerlichen Karrieren mancher *capitani* und *condottieri* vgl. J. Burckhardt, Die Kultur der Renaissance ..., insbes. den 1. Abschnitt.

13 Zur Geschichte der Gonzaga siehe D. S. Chambers, The Gonzaga and Mantua, in: Splendours of the Gonzaga, Katalog der Londoner Ausstellung 1981/82.

13ª Dieser war ein Nachkomme der Scaliger, die Kaiser Heinrich VII. wie die Visconti 1310 als Vikare eingesetzt hatte.

14 Übergriffe der Veroneser und der Mailänder auf die Provinzen Mantuas blieben an der Tagesordnung, konnten aber stets zurückgeschlagen werden. So ein Angriff Luchino Viscontis 1348 oder ein späterer Francesco Sforzas 1438.

15 Sich und seine Truppen zu versteigern, erforderte zuweilen politische Weitsicht und Flexibilität. Nach dem höchsten Gebot zu gehen, war zwar das erste Kriterium, doch zugleich ein nicht ungefährliches Spiel, wie ein Beispiel aus späteren Jahren zeigt: Federico Gonzaga von Bòzzolo stellte sich 1525 mit Francesco I. gegen Karl V., wurde gefangengenommen und in Pavia eingekerkert. Seine Besitztümer wurden konfisziert und seinem Bruder Ludovico übertragen.

An der Seite Francescos hatte auch Pirro, der Sohn Gianfrancescos von Gazzuolo gekämpft. Sein Erbe wurde zugunsten Luigi Rodomontes eingezogen.

Zur politischen Situation, die das Auftreten der Condottieri ermöglichte und zu ihren berühmtesten Vertretern vgl. Geoffrey Trease, Die Condottieri, München 1974 (1970).

16 Die Regentschaft Gianfrancescos war die Periode des stärksten Ausgreifens der Republik Venedig in die mantovanische Region. Für die Dienste in der venezianischen Armee gegen die Visconti übertrug der Doge Francesco Foscari zwischen 1427 und 1431 dem jungen Condottiere Gianfrancesco Gonzaga die Besitztümer Asola, Bòzzolo, Canneto, Castelgoffredo, Castiglione delle Stiviere, Dosolo, Covo, Isola Dovarese, Rivarolo, Gazzuolo und Sabbioneta. Die Schenkungsurkunden sind aufbewahrt im Archivio di Stato von Mantua (*ASMN*), Archivio Gonzaga, busta Nr. 13.

17 In seinem Buch über den Kardinal Richelieu berichtet D. P. O'Connell, München 1978 (1968), über die Prunksucht und die »Kriegführung« Vincenzos, der sich als Befreier des Abendlandes träumte und, obwohl als Feldherr völlig unfähig, von der Idee eines neuen Kreuzzuges besessen war.

18 Der Marchese Francesco Gonzaga hat als Condottiere Venedigs in den Schlachten gegen Cesare Borgia das größte Kontingent an Pferden stellen können. Ebenso berühmt wie seine Gemahlin Isabella d'Este für ihre Kunst- und Büchersammlung war es Francesco I. für sein Gestüt, das als das erste in ganz Europa galt. Zur Beschaffung von Rassepferden für seine Zucht unterhielt Francesco u. a. Beziehungen zu den Großsultanen. In den Gonzaga-Ställen standen 1488 nicht weniger als 650 Rassepferde, und viele von ihnen holten die Siegestrophäen in Rennen in und außerhalb Italiens. Diese Pferde waren geeignet, als Geschenke Herrscher zu beeindrucken. Heinrich VIII. von England ließ sich jahrelang mit den Berberhengsten der Gonzaga beliefern. Herzog Guglielmo hat dem französischen König Henri III. nicht weniger als 200 edelste Pferde angeboten, wenn er ihm die Ehre seines Besuches in Mantua gäbe. Kaiser Karl V., der sich im Anschluß an die Krönungsfeierlichkeiten in Bologna u. a. zu einer Jagd nach Mantua einladen ließ, zeigte sich beeindruckt.

Den Ruf einer Hauptstadt der Musik verdankte Mantua dem ab 1592 für

Vincenzo Gonzaga arbeitenden und von diesem 1604 zum Hofkapellmeister bestellten, aus Cremona gebürtigen Claudio Monteverdi. Bei den Karnevalsfeierlichkeiten 1607 trat er erstmalig als Komponist hervor und brachte seine Tondichtung »Orfeo« zur Aufführung. Ein anderer berühmt gewordener Komponist, Orlando di Lasso, war von Ferrante Gonzaga nach Mailand verpflichtet worden.

Zu den kulturellen Aktivitäten des Hauses Gonzaga vgl. Jain Fenlon, The Gonzaga and the Music, in: Splendours of the Gonzaga, Katalog zur Londoner Ausstellung 1981/82. Ebenfalls in diesem Katalog: Caroline Elam, Mantegna and Mantua; J. M. Fletcher, Isabella d'Este, Patron and Collector; Charles Hope, Frederico II. as a Patron of Painting.

19 Die Praxis der Ämtervergabe hat eine lange Tradition. Dem Interesse an einer Hebung des Ansehens und der Legitimation der Herrschaft stand auf der Seite des Kaisers das Interesse an einer guten Einnahmequelle gegenüber. Auch in den Zeiten faktischer Machtlosigkeit haben die Kaiser auf diese Quelle nicht verzichten müssen: »Seit dem Römerzuge Karls IV. haben die Kaiser in Italien nur noch den ohne sie entstandenen Gewaltzustand sanktioniert, ohne ihn jedoch im geringsten anders als durch Urkunden garantieren zu können.« Er bot eine der »schmählichsten politischen Komödien, (...) wie ihn die Visconti in ihr Gebiet, in ihrem Gebiete herum und endlich daraus weg eskortierten, wie er eilt gleich einem Meßkaufmann, um nur recht bald für seine Ware (die Privilegien nämlich) Geld zu erhalten...« Die Besuche Friedrichs III. in Italien »haben den Charakter von Ferien- und Erholungsreisen auf Unkosten derer, die ihre Rechte von ihm verbrieft haben wollten, oder solcher, denen es schmeichelte, einen Kaiser recht pomphaft zu bewirten. (...) In Ferrara hat Friedrich bei seiner zweiten Rückkehr von Rom (1469) einen ganzen Tag lang, ohne das Zimmer zu verlassen, lauter Beförderungen, achtzig an der Zahl, ausgespendet.« C. J. Burckhardt, Kultur der Renaissance, ..., 1. Abschnitt, 2. Kap.

Auch für die Päpste bildete der Ämterverkauf eine wichtige und in Krisen- und Kriegszeiten die wichtigste Geldeinnahmequelle. Kardinalshüte wurden bei Bedarf vermehrt, Monsignore und Vikare bildeten einen ständig anwachsenden Schranzenhof des Kirchenstaates und Roms selbst. Verhaftungen, Hinrichtungen und Meuchelmorde konnten die Anzahl der Ämter hin und wieder reduzieren. Isabella d'Este nutzte 1527 für ihren Sohn Ercole den hektischen Verkauf neuer Kardinalshüte durch Clemens VII., der angesichts der drohenden Erstürmung Roms durch die Armeen Kaiser Karls V. dringend Geld für die Anwerbung von Truppen benötigte.

20 Schon einmal war das Land aufgeteilt worden, nämlich 1444 bei dem Tod Gianfrancescos unter seine Söhne Ludovico und Carlo. Carlo starb ohne Erben, so daß Sabbioneta 1456 an Mantua und seinen Bruder Ludovico zurückfiel. Dieser Ludovico (1412-78), der 2. Marchese von Mantua, der im Condotta-Vertrag mit Francesco Sforza, dem Herzog von Mailand stand, hatte mit seiner Frau Barbara von Brandenburg fünf Söhne: Federico, Francesco, Giovan Francesco, Rodolfo und Lodovico. Federico wurde der 3. Marchese von Mantua. Francesco wurde wie Rodolfo Kardinal. Lodovico wurde päpstlicher Pronotar und Bischof von Mantua. Giovan Francesco war Graf von Ròdigo und erhielt die Signorie von Sabbioneta zusammen mit Gazzuolo, Bòzzolo, Pomponesco, Viadana, Comesaggio, San Martino dell'Argine, Rivarolo fuori (Mantovano), Isola Dovarese. Giovan Francesco oder Gianfrancesco der Jüngere, wie er genannt wurde (1443-96), gründete die Seitenlinie von Sabbioneta. Er war Soldat im Dienste König Ferrantes von Neapel aus dem Hause Aragon. In Neapel lernte er seine Frau Antonia kennen, die Tochter von Pirro, Fürst von Altamura aus der provençalischen Familie des Beaux, die sich während der Regierung der Anjou im 13. Jahrhundert in Neapel angesiedelt hatte, wo sie sich del Balzo nannte. Gianfrancesco und Antonia del Balzo residierten in der *rocca* von Bòzzolo. Nach Gianfrancescos Tod zog Antonia in die Burg von Gazzuolo, wo sie bis ins hohe Alter glänzenden Hof hielt, der zum Lieblingsaufenthalt ihrer Söhne und Enkel wurde. Sie hatte drei Söhne, Pirro, Lodovico und Federico. Pirro erbte den Hof von Gazzuolo und ehelichte Camilla Bentivoglio aus Gualtieri. Lodovico, Graf von Ròdigo, kämpfte für Kaiser Maximilian in der Liga von Cambrai gegen Venedig und nahm teil an der Belagerung von Padua 1509. Er wurde zum Marchese von Sabbioneta ernannt. Federico wurde Graf von Bòzzolo.

Pirro und Federico witterten in einer Condotta für die überlegen scheinende Allianz von Papst und Franzosen eine Chance zur Machterweiterung und Besitzvergrößerung. Nach der Niederlage von Pavia wurden sie gefangengesetzt und ihrer Besitzungen ledig, die vom Kaiser dann Lodovico und dessen Sohn Luigi zugesprochen wurden. Pirro und Federico bekamen im zweiten Italienfeldzug Karls V. eine Gelegenheit, sich zu rehablitieren. Federico starb allerdings kurz nach der Befreiung des Papstes aus Rom in Todi, von Clemens betrauert als einer der letzten Patrioten. Pirro blieb bis zu seinem Tode ohne Signorie.

Lodovico von Sabbioneta erhielt zunächst bis zu seinem Tod die konfiszierten Länder Federicos übertragen: Bòzzolo, Pomponesco, Rivarolo, Viadana, Isola Dovarese, die nach seinem Tod den Erben Federicos zurückerstattet werden sollten. Dazu kam es jedoch nicht, da Federico ohne Erben vor Lodovico starb.

Lodovico hatte vier Söhne, Luigi, genannt »Rodomonte«, Giovan Francesco, genannt »Cagnino«, Pirro und Alfonso. Luigi erhielt die konfiszierte Signorie Pirros von Gazzuolo, dazu S. Martino dall'Argine und Ostiano und war Anwärter auf die Signorie von Sabbioneta. Auch er starb vor Lodovico, so daß das Erbe für den Enkel Vespasiano frei wurde. Gazzuolo fiel mit Ausnahme von Ostiano an Pirros Erben Carlo zurück, der vom Kaiser zum Marchese von Gazzuolo ernannt wurde.

Dieser Carlo wiederum hatte zwei Söhne. Scipione Gonzaga unterstützte Torquato Tasso (1544-95) und gründete in Padua die »Accademia degli Eterei«. Der zweite Sohn Giulio Cesare erhielt 1571 von Kaiser Rudolf II. den Titel des Grafen von Pomponesco. Er sorgte für die Ausrüstung der Stadt mit einer Befestigungsanlage und für ihre Verschönerung. Er nahm teil an der Schlacht von Lepanto.

Eine andere (schon von Feltrino, einem Sohn des 1. Capitano von Mantua Luigi gegründete) Nebenlinie der Gonzaga waren die Grafen von Novellara. Nach dem Tod von Alessandro Gonzaga 1533 erbte dessen Sohn Camillo die Grafschaft (1521-1595). Er ehelichte 1555 Barbara Borromeo. Zusammen mit seinen beiden Brüdern diente auch er in der kaiserlichen Armee und kämpfte in Flandern und Deutschland.

Seitenlinien der Gonzaga regierten auch die Signorien von Castiglione, Castelgoffredo, Solferino, Colorno und Guastalla.

Zur Familiengeschichte und den Erbfolgen der Haupt- und Seitenlinien siehe den in dieser Hinsicht allerdings sehr fehlerhaften Katalog zur Ausstellung »Splendours of the Gonzaga«; Paesaggio, immagine e realta. Hg. Carlo Pirovano, Mailand 1981.

21 Mantua, AdS, A. G. busta 1800 (E. liv, 2; datiert von 1487-89). Auch andere Burgen rund um Mantua dienten den Gonzaga für das fürstliche Vergnügen der Jagdausflüge, wie Bosco Fontana im Norden, wo der Marchese die Ehre hatte, Kaiser Karl V. zu bewirten.

21^a Zur Burg siehe: G. Peccati, La fortezza die Sabbioneta, in: Gazzetta di Mantova, 17. 1. 1954; ders.: Il castello di Sabbioneta, in: Gazzetta di Mantova, 20. 12. 1960.

22 Die Servi di Maria sind ein 1233 von Florentiner Adligen gegründeter Bettelorden, der sich die Ordensregeln der Augustiner gegeben hatte, und der von Papst Benedetto XI. 1304 offiziell anerkannt worden war. Der Orden besaß neben dem Konvent in Sabbioneta eine Reihe von Klöstern in der Poebene, auf damals venezianischem Territorium.

Ein berühmter Vertreter der Serviten war Paolo Sarpi, der zum Führer der idelogischen Gegenoffensive Venedigs gegen die antivenezianische Propaganda-Kampagne von Rom und Spanien wurde. Zu den politischen und ideologischen Auseinandersetzungen zwischen der Republik und der Allianz von Gegenreformation und Habsburgern vgl. Giuliano Procacci, Geschichte Italiens und der Italiener, München 1983 (1970).

23 Luca E. Sarzi-Amadé, I Conventi di Sabbioneta, Sabbioneta 1982.

24 Für Einzelheiten und Hintergründe siehe Anm. 20 und Anm. 15.

25 »Die Fürsten Italiens, welche fort und fort fremde Herrscher in ihr Vaterland riefen, überließen es den Dichtern, das Unglück der schönen Italia zu beweinen. Diese Klagen haben lange das Urteil der Welt getäuscht, aber sie täuschen es nicht mehr, denn die vielumworbene Helena hat sich seit den Gotenzeiten fortdauernd dem Meistbietenden selbst verkauft.« F. Gregorovius, Geschichte der Stadt Rom im Mittelalter, München, Darmstadt 1978 (1953-57).

26 »Rodomonte« war der prachtvolle Name, den bereits der Graf M. M. Boiardo (1441-94), Wahlferrareser und Autor des episch-höfischen »Orlando innamorato« (1486), für einen seiner Helden, einen mutigen, sagenhaft starken und großmäuligen Sarazenenkrieger gewählt hatte. Boiardo hatte damit den Prahlereien und Übertreibungen der Soldaten, wahrer und vermeintlicher Helden einen Namen gegeben: sie hießen zeitweilig »Rodomontiaden«.

Auch bei Ariost (1474-1533), der Boiardos Epos mit seinem »Rasenden Roland« (Orlando furioso) fortführte und zu einem ungeheuerlichen Werk ausspann – so umfangreich wie die Ilias und die Odyssee zusammengenommen –, taucht Rodomonte wieder auf. Im 14. Gesang schildert Ariost den Sturm der Sarazenen unter ihrem König Rodomonte auf Paris:

> 117. So zwingt sich jeder Mann, emporzusteigen;
> Durch Feuer und Vernichtung geht's hinauf.
> Die andern all sich mehr behutsam zeigen

Und schaun: tut eine Lücke wohl sich auf?
Lust an Gefahr ist Rodomont nur eigen:
Er weilt, wo das Verderben dringt herauf;
Wo andre betend Gottes Hilfe suchen,
In schwerer Not, hört man ihn Gott verfluchen.

119. Wie Nimrod kann man Rodomont hier sehen
Unbändig, wütend, stolz und unverzagt:
Zum Kampfe mit dem Himmel wird er gehen,
Sobald ihm einer nur die Straße sagt.
Ob ganz die Mauern, ob zerstückt sie stehen,
Ob tief die Flut, wird nie von ihm gefragt:
Er eilt, nein, *fliegt* zum Graben; auf dem Grunde
Im Schlamme geht er, Wasser bis zum Schlunde.

120. Durchweicht und schmutzig, drängt er nach den Mauern
Durch Feuer und Geschoß von Pfeil und Stein,
(...)

Von diesem Rodomonte, der über Gräben und Mauern sprang und die Feinde reihenweise mit einem Hieb niederstreckte, hatte Luigi seinen Spitznamen.

Luigi war ein fröhlicher, trinkfester Raufbold, beliebt bei seinen Soldaten, da er ihnen in allem voranging, und bei den hohen Häuptern geschätzt als unterhaltsamer Gast bei pantagruelischen Gelagen. Zu feierlichen Anlässen, wie der Ankunft Kaiser Karls in Mantua, trug er ein Gewand, halb Mantel, halb Rüstung, mit Skorpionen auf blauem Satin und einer Devise, die besagte, daß er jeden Angreifer töten werde.

Zu Luigi Rodomontes Devisen siehe: Mario Praz, The Gonzaga Devices, in: Katalog der Ausstellung Splendours of the Gonzaga ... Es heißt, der frühe Tod des geliebten Enkels habe Antonia del Balzo im Alter von neunundsiebzig Jahren ins Grab gebracht.

27 Nicht viel besser erging es Perugia 1540. Dem Heer, das Papst Paul III. Pier Luigi Farnese zusammenbrachte, konnte die Stadt nicht widerstehen. An der Stelle der Häuser der aufsässigen Familien wurde von Sangallo auf Kosten der Bürger eine Festung errichtet. Der Papst gab ihnen einen neuen Magistrat, deren Mitglieder sich »Konservatoren des kirchlichen Gehorsams« nannten.

Ein Teil des Vertrages von Bologna zwischen Kaiser und Papst betraf die Wiederherstellung der Colonna in allen Ländereien und Ämtern, die ihnen der Papst entzogen hatte. Der Papst mußte zusehen, wie Philibert von Oranien, als Vizekönig von Neapel und Oberbefehlshaber der kaiserlichen Armeen, den Colonna zu ihrem Recht verhalf und den guelfischen Adel gnadenlos mit Gütereinziehung, Kerker und Tod verfolgte. Unter denen, die auf dem Schafott starben, war der Herzog von Traietto Federico Gaetani. In das verwaiste Herzogtum wurde Verspasiano Colonna eingesetzt, der mittlerweile mit Giulia Gonzaga vermählte Herzog von Palliano. Auch in Sermoneta und Fondi wurden die Colonna eingesetzt. Dies waren alte Besitzungen der Colonna, die ihnen von den Gaetani abgenommen worden waren, die sie aber selbst einst als Nepoten eines Colonna-Papstes an sich gebracht hatten.

Im Latium und in der Sabina weigerte sich der Papst, in die Streitigkeiten zwischen Colonna und Orsini einzugreifen. In einem besonderen Fall allerdings besaß er ein eigenes Interesse an der Verfolgung eines Orsini. Einer seiner früheren Günstlinge, Napoleone Orsini, der Komtur von Farfa, hatte gegen das Versprechen Vespasiano Colonnas, seine Tochter Isabella zur Frau zu bekommen, den Papst verraten und die Colonna in den Vatikan einlassen sollen. Der Plan wurde entdeckt und Farfa von den päpstlichen Sbirren gefangengenommen. Der Friedensvertrag mit dem Kaiser hatte ihm zwar die Freiheit wiedergebracht, doch durch Überfälle auf die Nachhut des kaiserlichen Heeres und die Unterstützung der Florentiner gegen die Medici hatte er es auch mit dem Kaiser verscherzt. Der Papst, entschlossen, diesem Treiben ein Ende zu machen, sah in Luigi Gonzaga, der mittlerweile jene Isabella Colonna heimlich geheiratet hatte, den richtigen Mann, dem »wilden Abt« endlich das Handwerk zu legen. Luigi, der sich bisher bei Clemens vergeblich um die Sanktionierung seiner Ehe mit einer Colonna bemüht hatte, sah seinerseits in diesem Feldzug gegen Farfa eine Gelegenheit, den Papst für seine Sache einzunehmen. Der Feldzug gegen den Rivalen verlief zunächst erfolgreich, und die Burg Farfa wurde schnell genommen. Bei der Belagerung von Vicovaro wurde Luigi jedoch durch einen Arkebusenschuß tödlich verwundet. Er starb 1532 im Alter von nur 32 Jahren. Seinen Sohn hat er nicht mehr gesehen.

28 Guastalla befand sich zunächst im Besitz der Corregio, die bereits Grafen von Parma und Reggio Emilia waren. Anfang des 15. Jahrhunderts ging das *castrum* in den Besitz der Brüder Terzi, 1406 dann in den der mantovanischen Adelsfamilie Torelli über, die in den militärischen Diensten der kriegführenden Visconti standen. Eine Gräfin Lodovica Torella verkaufte ihr Erbe Guastalla an Mailand, um von dem Erlös den neu gegründeten Orden der Barnabiten zu unterstützen, der sich vor allem um die Linderung der Not des immer wieder von Kriegen und Seuchen heimgesuchten Mailand verdient machte. Vgl. L. von Ranke, Geschichte der Päpste, Wiesbaden o. J. (1834-36).

In den kommenden Jahrzehnten blieb Guastalla ein Teil Mailands, wurde dann als kaiserliches Lehen wieder verfügbar und nach der Einverleibung in das Territorium der Este diesen zugesprochen. Vorübergehend gehörte es zum Territorium der Gonzaga von Mantua. Schließlich erwarb es Ferrante Gonzaga (1507-57), der jüngste Sohn des 3. Marchese von Mantua Federico Gonzaga und Isabella d'Este, Bruder von Federico, der 1530 1. Herzog von Mantua wird, und von Ercole, der 1563 als Kardinal stirbt.

Ferrante war als Page 1524-27 am kaiserlichen Hof in Spanien ausgebildet worden und stand fortan in den Diensten des Kaisers, der ihm zur Krönung seiner Laufbahn 1531 in Tournai den Orden des Goldenen Vlieses verlieh. Ferrante war Kommandant der kaiserlichen Truppen in Italien, Vizekönig von Sizilien und 1546-54 Gouverneur von Mailand. 1529 heiratete er Isabella von Capua, Prinzessin von Molfetta und in Besitz der Signorie von Giovinazza. Ihre Mitgift ermöglichte es Ferrante, der selbst kein Land geerbt hatte, die Signorie von Guastalla zu kaufen. Die Ehepartner lebten zunächst in Palermo, wo ihr Mann zeitweise regierte, dann in Mailand. Sie gründeten die Seitenlinie und Dynastie der Gonzaga von Guastalla, das Ferrante zur Residenz ausbauen ließ, ein Werk, das sein Sohn Cesare fortsetzen sollte. Ihre Tochter Ippolita, die wegen ihrer Schönheit von Tasso besungen und zahllose Male porträtiert wurde, u. a. auch von Leone Leoni 1557, wurde mit 13 Jahren mit Fabrizio Colonna vermählt, einem Neffen Vittoria Colonnas. Als dieser 1548 im Kampf gegen seinen Schwiegervater gestorben war, heiratete sie Antonio Caraffa, Herzog von Mondragone, der ebenfalls früh verstarb. Die Dynastie der Gonzaga in Guastalla erlosch mit dem Tod Ferrantes III. 1678.

Möglicherweise handelt es sich bei dem »Porträt eines Mannes in Rüstung« von Tizian (ca. 1530) um ein Porträt Ferrantes I. von Guastalla. Zu dieser Vermutung vgl. den Katalog zur Londoner Ausstellung »Splendours of the Gonzaga«, S. 184 f.

29 Die durch den Sieg Karls begründete Abhängigkeit Italiens von Spanien wurde zumindest bis zur Jahrhundertwende durch die Vorteile des Schutzes einer Weltmacht aufgewogen. Jüngere historische Untersuchungen korrigieren das sich hartnäckig haltende Bild vom Untergang Italiens, der mit dem Ende der Stadtrepubliken der Renaissance begonnen habe und mit der spanischen Okkupation besiegelt worden sei. Historiker des 19. Jahrhunderts hatten ungeprüft die guelfische Geschichtsschreibung jener Zeit übernommen, die vom Sieg Karls als schwärzester Leidensnacht Italiens sprach. Modell stand u. a. die »Historia d'Italia« des Diplomaten Francesco Guicciardini (1483-1540). Das von 1561-64 geschriebene Geschichtswerk umfaßt die Zeit von 1494 bis 1534.

Auf ghibellinischer Seite wurde der Sieg Karls als eigener Sieg gefeiert, mit gewissem Recht, was Gebietsansprüche betraf, im Irrtum allerdings, was die Autonomie des Adels und die Hoffnungen auf Beseitigung der angemaßten Priesteraristokratie betraf. Der ghibellinische Traum von der Einigung Italiens als wiederhergestelltes Kaiserreich, dessen Erfüllung Dante schon von Kaiser Heinrich VII. und Petrarca von Karl IV. erhofft hatten, war in gewissem Sinne nunmehr Wirklichkeit geworden. Allerdings war die Einigung faktisch der Unterwerfung unter eine fremde Macht zu verdanken. Doch diesen Schönheitsfehler konnte man um so leichter übersehen, als sich Karl V. nicht eindeutig gemäß nationaler Interessen Spaniens verhielt, sondern an der mittelalterlichen Konstruktion des christlichen Weltreichs nach dem Modell Karls des Großen festhielt, so daß Ariost sein Ritterepos bis ins 16. Jahrhundert hinein verlängern konnte. Außerdem dauerte es eine Weile, bis man die Erwartungen an Karl getäuscht sah, das Papsttum aufzulösen, Rom wieder zur kaiserlichen Stadt zu machen und seine spanische Dynastie in einem geeinten Italien heimisch zu machen. Karl schien hierfür die Macht gehabt zu haben. Nachträglich gesehen erweist sich diese Bewertung jedoch als Illusion, vor allem deshalb, weil die Reformation in Deutschland und den Niederlanden, auf deren Seite sich viele der Fürsten schlugen, eine desintegrative Gefahr darstellte, zu deren Eindämmung der Kaiser auf die Macht des Papsttums angewiesen war. Karl mußte außerdem die dem Papsttum freundlichen Mächte fürchten, vor allem die religiöse Leidenschaft Spaniens und Siziliens. Zudem lag der Schwerpunkt und das wirtschaftliche Zentrum des Reiches in den Niederlanden, wo durch Kriege auch die meisten Kräfte der Habsburger gebunden wurden. Unter Philipp und Ferdinand mußte die Fiktion des römischen Kaiserreiches allmählich brüchig werden.

Zunächst jedoch war diese Fiktion stark und enttäuschungsfest genug, um für die Ghibellinen und den Waffenadel Italiens die tragende Ideologie darstellen zu können. Zu den Männern, die diese Ideologie mit Begeisterung teilten und die den lebenden Beweis ihrer Triftigkeit boten, gehörte Vespasiano Gonzaga. Er nahm durch seine familiären Verbindungen in ganz Italien und durch sein Ansehen bei allen Parteien die Einheit Italiens vorweg und als Baron, der als autonomer Landesherr durch kaiserliches Recht bestätigt wurde und zum Schiedsrichter zwischen Colonna und Papst aufgerufen werden konnte, demonstrierte er die Stärke des Adels. Das Konzept für den Stadtumbau von Sabbioneta und die Ikonographie der Gebäude und Malereien läßt sich auch von hier aus beleuchten: als Baustein eines wiedererstehenden römischen Imperiums.

Die Einigung Italiens als Nation hat bekanntlich noch einige Zeit auf sich warten lassen. Moderne Historiker bezweifeln, daß sie sich je vollzogen habe, und treten für eine Geschichte der Widersprüche und Gegensätze ein. Ihrer Ansicht nach verfällt die Geschichtsschreibung bis heute dem Mythos, den alle historischen Einigungsbewegungen Italiens verfallen sind, nämlich die Einheit als eine Rekonstruktion einer einstigen Einheit zu verstehen, die nur durch oberflächliche Spannungen überlagert worden sei.

30 Für Einzelheiten siehe z. B. G. Procacci, Geschichte Italiens und der Italiener, München 1983 (1970).

31 Die neuen Territorialstaaten unterschieden sich von ihren Vorgängerinnen erheblich. Das Territorium war in eine Anzahl von Bezirken mit gleichem rechtlichen Status eingeteilt, wenngleich alte Privilegien und eigene Rechtsprechung hier und da nicht so schnell abgeschafft werden konnten. Aufstände, die zuweilen provoziert waren, boten freilich Gelegenheit, herkömmliche Sonderrechte zu vernichten. Die einstigen Stadtverwaltungen verwandelten sich in der Regel in Zwangskollektive, in Befehlsempfänger der zentralen Bürokratie. Vgl. hierzu J. N. Stephens, The Fall of the Florentine Republic 1522-1530, Oxford-Warburg Studies, Oxford 1983.

32 Vgl. Lombardia, il territorio, l'ambiente, il paessaggio. Dal predominio spagnolo alla peste manzoniana. Hg. Carlo Pirovano, Mailand 1982.

33 Ariost, Rasender Roland, 37. Gesang, über Luigis Frau Isabella Colonna:

11. Gar wohl verdient er, daß solch herrlich Wesen,
An allem Mute reich und Trefflichkeit,
Die je in Frauenkleid zu schaun gewesen,
Von Treue nie wich einen Finger breit
(Als eine *Säule* wahrlich, auserlesen),
Mißachtend, was das Schicksal bring' an Leid:
Daß beid' einander wert sind, allen klar ist,
Weil auf Erdenrund kein beßres Paar ist.

34 Fondi oder Fundi verdankte im Mittelalter seine Bedeutung strategischen Gründen, da es sich in sicherer Lage über der Via Appia am Fuß der Auruncer Berge befand. Es war von einer fast quadratischen Mauer umgeben. In Umriß und Straßenverlauf war die Anlage der römischen Gründung, das planimetrische Schema der *insulae*, bewahrt geblieben. In der Renaissance war der Ort Grenzfestung Neapels.

35 Zur Biographie Vespasiano Gonzaga Colonnas siehe u. a.: G. Froldi (oder Faroldi), Vita di Vespasiano Gonzaga Colonna Duca di Sabbioneta scritta da Giulio Froldi die questa città, ms. 1592, hrsg. von der Accademia Virgiliana di Mantova, in: Busta Antichità Sabbionetane; A. Lisca, Vita Vespasiani Gonzagae Sablonetae Ducis auctore Alexandro Lisca Equite Patritio Veronensi, ms. 1592, hrsg. ebenfalls von der Accademia Virgiliana di Mantova, in: Busta Antichità Sabbionetane; Anonym, Vespasiano Gonzaga Colonna Duca di Sabbioneta, transkribiert von L. Parmeggiano, 1780, ms. Archivo di Stato di Mantova, Archivi minori, documenti patri raccolti da C. D'Arco, Nr. 135; Ireneo Affò, Vita di Vespasiano Gonzaga, Parma 1780, neu ediert: Mantua 1975.

36 Ippolito de' Medici, der schon achtzehnjährig Kardinal geworden war (zeitweiliger Brotherr von Ariost), war in sie verliebt. Er hatte Sebastiano del Piombo in Begleitung Bewaffneter nach Fondi geschickt, um sie zu porträtieren. Eine Devise des Kardinals, die Francesco Molza für ihn erfunden hatte, sollte dem Zurückgewiesenen in Erinnerung halten, daß Giulia mit ihrer Schönheit alle anderen Frauen übertraf: MICAT INTER OMNES. Diese Sentenz stammt ursprünglich von Horaz und bezieht sich auf den Kometen, der wenige Tage nach der Ermordung Julius Cäsars am nördlichen Himmel Roms erschienen war: Er leuchtet unter ihnen allen. Molza hatte bei der Entlehnung auch an die Nähe der Namen Julius und Giulia gedacht. Giulia selbst, stolz auf ihre Schönheit, benutzte diese Devise.

Über Giulia Gonzaga vgl.: B. Amante, Giulia Gonzaga contessa di Fondi e il movimento femminile religioso del secolo XVI, Bologna 1896. Das Porträt Giulias von Sebastiano del Piombo, einem Schüler Giorgiones, von dem auch Bildnisse von Vittoria Colonna, Andrea Doria und anderen berühmten Zeitgenossen stammen, ist nicht erhalten.

In einem Roman von Isolde Kurz, »Nächte von Fondi«, der die unerfüllte Liebe zwischen Giulia und Kardinal Ippolito de' Medici zum Thema hat, treten als Hofpoeten Francesco Maria Molza und Gandolfo Porrino auf. Die Überfälle der Piraten und die abenteuerliche Flucht Giulias werden ausführlich ausgemalt. Auch der junge Vespasiano tritt auf, den zu einem Ebenbilde des geliebten Bruders Rodomonte zu erziehen Giulias Ziel war: »Ein Glück, daß sie nicht ahnen konnte, wie in diesem zarten Gonzagasproß das strenge Ehrgefühl des Rodomonte sich mit der wilden Rachsucht des Colonnesischen Blutes zu künftigen dunklen Tragödien mischte. Das Kind war sehr begabt und frühreif, aber ebenso gewalttätig und herrschsüchtig. Es baute, so klein es auch war, Festungen im Sande mit einem Eifer und einer Geschicklichkeit, als ahnte es schon seinen späteren Ruhm auf diesem Gebiete; wenn sie ihm jemand unbedacht zerstörte, geriet er in sinnlose Wut.«

37 So bei Vittoria Colonna nach dem Tod ihres über alles geliebten Gatten Francesco d'Avalos, Marchese von Pescara. Sie zog sich zeitweise in ein Kloster zurück, wo sie sich ganz den einsamen religiösen Studien und dem Schreiben von Sonetten hingab. Später in Rom traf sie Michelangelo. Vgl. R. Rolland, Das Leben Michelangelos . . ., S. 118-135.

38 Juan de Valdès, Alfabeto Cristiano, dialogo con Giulia Gonzaga, introduzione di B. Croce, 1938.

Zur Besonderheit der »Reformation« in Italien, die auch »Evangelienbewegung«

genannt wurde, sowie zu ihren führenden Vertretern vgl. L. von Ranke, Geschichte der Päpste...

Die italienische Reformation in Neapel war eng verflochten mit den Ideen des Humanismus, der im Königreich eine besondere Tradition besaß. König Alfonso aus dem Hause Aragon und sein Nachfolger Ferrante, eigentlich Ferdinando, waren großzügige und begeisterte Förderer der Wissenschaften und der Künste gewesen. Bernadino Occhino verbreitete in seinen Schriften häretisches Gedankengut. Er predigte eine leidenschaftliche und sentimentale Frömmigkeit, die man auch in den Sonetten Vittoria Colonnas findet. Sein breites Echo verdankte er wie Luther der Verbreitung des Buchdrucks. Von der unter Caraffa, jenem alten Dominikaner »von finsterer Gerechtigkeit und unbeugsamer Strenge« (Ranke), nach seiner Wahl zum Papst im Jahre 1555 wieder eingeführten Inquisition wurde derselbe Occhino als einer der ersten vor Gericht zitiert. Er floh nach Genf, und er tat gut daran. Er war zunächst, wie auch Contarini, in das liberale Venedig gegangen. Doch mittlerweile war man selbst dort vor den Sbirren der Inquisition nicht mehr sicher, wenngleich der Inquisitor in Venedig immerhin unter weltlicher Aufsicht stand. Der größte Teil der Anhänger von Valdèz mußte widerrufen. Die Salons der Giulia wurden zunehmend zu einem nicht ungefährlichen Unternehmen. Papst Pius V. (1565-72) verdächtigte sie ketzerischer Ideen, die sie zur leidenschaftlichen Unterstützung der Reformation getrieben haben müßten.

39 Mit der Heirat gelangte Vespasiano in Besitz sizilianischer Ländereien und entsprechender Adelstitel: Die Mitgift Dianas bestand u. a. in dem Marchesat Giuliana (heute in der Provinz Palermo), der Grafschaft von Chiusa (heute Chiusa Sclàfani, Palermo) und der Baronie oder Signorie von Borgio (heute Burgio in der Provinz Agrigent), ferner einiger benachbarter Ländereien bei Mazara del Vallo, alle in der damals so genannten Provinz Val di Mazza.

40 Dianas Vater Don Ramon da Cardona hatte 1512 mit Don Francesco d'Avalos, bekannt als Pescara, und mit Fabrizio Colonna gegen die Franzosen gekämpft, als es darum ging, den Sforza wieder als Vikar in Mailand einzusetzen. In der Entscheidungsschlacht von Pavia war Cardona allerdings durch gefährliches Zögern aufgefallen, das seine eigenen Soldaten rettete, aber seine verbündeten Generäle und deren Truppen arg in Bedrängnis brachte. Papst Julius II. nannte ihn verächtlich »Madame de Cardona«. Eine Schwester Dianas, Violante war mit dem Neffen des späteren Papstes Peter Caraffa verheiratet. Mit Hilfe seines Onkels wurde er zeitweilig Herzog von Palliano, bis die Spanier unter Vespasiano Gonzaga dafür sorgten, dort die Colonna wieder einzusetzen.

41 Giovanni Mozzarelli, ein humanistischer Gelehrter, der mit Bembo bekannt war, und den Ariost in seinem »Orlando furioso« unter seinem latinisierten Namen Muzio Arelio erwähnt (Canto XLII., Vers 87), war nicht mehr am Leben. Der in Sabbioneta geborene Dichter und Humanist Ottobono Pozzetti war als hervorragender Rhetoriker schon 1528 nach Parma und 1529 nach Piacenza gerufen worden. Er übersetzte die »Vite« der Philosophen von Diogenes Laertius aus dem Griechischen ins Lateinische. Eine seiner berühmten Reden hielt er anläßlich des Todes von Alfonso d'Este. Sie wurde 1578 in Ferrara publiziert. Alessandro Rodolfino allerdings, der als lateinischer Poet gewürdigt wird, konnte Diana noch kennengelernt haben. Unter anderem hat er eine Laudatio an den Marchese von Sabbioneta Lodovico Gonzaga (1496-1540) verfaßt, sowie »Sylvia«, eine Elegie in Hexametern, anläßlich des Todes des Kardinals Sigismondo Gonzaga, die 1525 bei Benedetti in Bologna herausgegeben wurde. Bekannt ist außerdem eine Komödie mit dem Titel »Momus novus«. Zu den erwähnten Namen siehe: Enrico Agosta del Forte, Illustri Sabbionetani, Sabbioneta 1978.

Die zuweilen komische Gestalt des parasitären Hofgelehrten, wie sie zur stehenden Maske der Commedia dell'arte geworden ist, hat J. Burckhardt plastisch gezeichnet, wo er über die kleinen Tyrannenhöfe spricht, deren Herrscher sich wie die Könige und Herzöge eigene Hofhumanisten hielten, von denen sie sich Unsterblichkeit erwarteten. Doch möchte er beiden kein Unrecht tun: »Man ist mit der Verachtung dieser kleinen Verhältnisse insgemein etwas rasch zur Hand, indem man vergißt, daß gerade die höchsten Dinge des Geistes gerade nicht an den Maßstab gebunden sind.« J. Burckhardt, Die Kultur der Renaissance in Italien . . .

42 Zur Entwicklung der Kriegstechnik vgl. G. Trease, Die Condottieri . . . Die Franzosen hatten eine Menge neuer Belagerungs- und Feldgeschütze nach Italien gebracht. Neuartige Lafetten erlaubten eine raschere Handhabung und eine genauere Einstellung in Richtung und Schußweite. Während im Mittelalter die Vorrichtungen zur Verteidigung über die Möglichkeiten des Angriffs die Oberhand hatten, holte nun die Angriffstechnik auf.

Die Italiener lernten aus den Neuerungen schnell und wurden für Angriffstechnik und Festungsbau wieder die Lehrer ganz Europas. Burckhardt spricht von einer »neutralen Freude« der italienischen Feldherrn an korrekter Kriegführung. J. Burckhardt, Die Kultur der Renaissance in Italien, 1. Abschnitt, 9. Kap. Der Krieg als Kunstwerk.

43 Die geographische Lage Sabbionetas hatte allerdings bisher vor den durchziehenden Söldnerheeren Schutz geboten. Während des Italienfeldzugs von 1526/27 hatte Federico Gonzaga Frundsberg unter dem Vorwand, die Truppen über den Po befördern zu wollen, in das Serraglio gelockt, wo die dem Papst verbündeten Francesco Maria und Giovanni delle bande nere Medici ihnen auflauerten. Es gelang ihnen jedoch nicht, die Eingeschlossenen in die mantovanischen Sümpfe abzudrängen. Die Kaiserlichen schlugen auf dem schmalen Damm zwischen Borgoforte und Governolo die Angreifer ab, und in Governolo, an der Brücke über den Mincio, kam ihnen Herzog Alfonso von Ferrara zu Hilfe, der ihnen auf Kähnen Truppen, Lebensmittel, Geld und Feldgeschütz schickte. Philibert von Orange und Niccolo Gonzaga stießen mit ihren Truppen zu ihnen. Gemeinsam setzten sie auf Kähnen über den Po nach Revere und rückten, wiederum von Alfonso versorgt, aufwärts nach Guastalla. Um Sabbioneta haben die Armeen also – bedingt durch das Gelände – einen großen Bogen gemacht.

44 Pietro Caraffa, der als Kardinal mit glühendem Eifer gegen den Nepotismus gepredigt hatte, setzte, nachdem er Papst geworden war, seine Neffen in Kirchenämter und Ländereien ein, die er zu diesem Zweck vor allem den Colonna entzogen hatte. Carlo ernannte er zum Kardinallegaten von Bologna und zum Premierminister des päpstlichen Stuhls. Don Juan wurde Herzog von Pallanio, das eigentlich Marc Antonio Colonna, Großfürst von Neapel, gehörte (nachdem man es davor den Gaetani weggenommen hatte, die es wiederum . . . etc.). Don Antonio Caraffa machte Paul IV. zum Marchese des colonnesischen Montebello.

45 Dieser Krieg war insgesamt ein langwieriger Stellungskrieg, ein Krieg der Belagerungen. Es kam allerdings auch zu einer ernstlichen Schlacht im Geist der italienischen Kriege des 15. Jahrhunderts, in der wie in alten Zeiten Orsini und Colonna einander gegenüberstanden. Marc Antonio Colonna bedrohte Palliano, das ihm der Papst entrissen hatte, mit seiner Privatarmee aus deutschen Söldnern. Giulio Orsini schickte der Stadt Truppen zum Entsatz und Lebensmittel. Er hatte mit Hilfe des Papstes Schweizer angeworben. Der Colonna mit seinen Söldnern stellte sich dem anrückenden Orsini in den Weg. Seine Schweizer wurden völlig aufgerieben (Gregorovius).

46 Zitiert nach: G. Parker, The Army of Flanders . . .; vgl. auch G. Procacci, Geschichte Italiens . . ., S. 134 f.

Die düstere und legendenumwobene Gestalt hat auch zu künstlerischen Darstellungen gereizt. Vgl. etwa W. Raabes »Schwarze Galeere« oder Donizettis unvollendet gebliebene Oper »Il Duca d'Alba«, deren Libretto Verdi später für seine »Sizilianische Vesper« verwendete.

47 Einer der Gründe für die gute Versorgung und regelmäßige Besoldung der Armeen, ohne welche die imperiale Politik unmöglich gewesen wäre, bildete die große Kreditwürdigkeit Kaiser Karls bei den Bankhäusern in Antwerpen, wo auch die Fugger ihr Kontor besaßen, und bei den Genuesern. Dank der Kredite war er wie sonst niemand in Europa in der Lage, riesige Geldsummen in kurzer Zeit aufzubringen. Grundlage bildete der Wohlstand in den Niederlanden, der Kapitalismus in Antwerpen vor allem. König Philipp, unter dessen Regierung sich die Ausgaben für das Militär im Laufe der Zeit verzehnfachten, konnte sich zusätzlich auf die wöchentlich eintreffenden Silbereinfuhren aus Peru und Bolivien stützen. Diese wundersame Geldvermehrung hat übrigens dem Kapitalismus umgekehrt auch Auftrieb gegeben, so daß der Wohlstand in den Niederlanden und der permanente Krieg zwei Seiten derselben Medaille bildeten.

48 Die Stelle aus dem Brief Vespasianos an Giulia, zitiert nach J. Affò (1975), lautet: »E piaciuto a Dio di chiamare a sè mia moglie di apoplessia, secondo la chiamano, senza che pur potesse esprimere una parola.«

Die schauerliche Legende um den Tod Dianas, der sich weitere um den späteren Tod Annas und des Sohnes Luigi zugesellten, wird in älteren Reiseführern kolportiert, wie in dem von Natale Lenzi und in dem Artikel von Axelle de Broglie, Sabbioneta, une Brasilia au 16e Siècle, in: Connaissance des Arts, Nr. 268, 1974, S. 106-113. Doch bereits A. Luzio, L'Archivio Gonzaga di Mantova, Verona 1922, hatte die Legenden um Vespasiano als »Blaubart der Gonzaga« als Klischees einer »biographie romancée« in Zweifel gezogen. Forster und Carpeggiani halten sich ebenfalls zurück. Die Legende ist nach dem Geschmack der Humanistentragödie, mehr noch der schwarzen Romantik. Man denke an die romantischen Bearbeitungen der Renaissance-Stoffe »Lucrezia Borgia« von Victor Hugo und Donizetti, an die »Vittoria Accorombona« von Webster, Tieck und Stendhal, an den »Lorenzaccio« Alfred de Mussets u. a.

Falls das Gerücht über die Ermordung Dianas aber doch der Wahrheit entspräche, wäre ein solcher Fall in der Familie der Gonzaga nicht einmalig gewesen: Francesco I. Gonzaga ließ 1391 seine Frau Agnese, die Tochter Bernabò Viscontis wegen Ehebruchs hinrichten. Der Visconti nahm dies zum Anlaß oder Vorwand, gegen den Gonzaga Krieg um einige von beiden beanspruchte Ländereien zu führen.

49 Die ehebrecherische Frau und ihren Geliebten zu töten, galt nicht als Verbrechen. Wenn dergleichen dennoch als solches geahndet wurde und vor Gericht kam, dann konnte man sicher sein, daß eine politische Intrige dahintersteckte. Einen solchen Fall hat Stendhals Novelle »Die Herzogin von Palliano« zum Gegenstand. Sie handelt u. a. von einem Prozeß, der auf Geheiß König Philipps II. gegen zwei Neffen Papst Pauls IV. Pietro Caraffa angestrengt wurde, um diese zu vernichten, da sie die Frechheit besessen hatten, die Colonna zu vertreiben. Die beiden Angeklagten wurden wegen eben jenes Vergehens, das für andere keines gewesen wäre, zum Tode verurteilt.

50 Ein laut Chronik vorsätzlich gelegtes Feuer, in dem zwei Diener Vespasianos umkamen, vernichtete im selben Jahr Teile der Bibliothek, darunter kostbare Handschriften aus dem Erbe des Großvaters Ludovico. Vespasiano besaß ein besonderes Verhältnis zu Büchern und soll in späteren Jahren eine bemerkenswerte Bibliothek besessen haben. In einem Brief an Aldo Manuzio, den berühmten Drucker und Verleger von Venedig, schrieb er: »Gute Bücher sind wie Prismen, deren Spektrum das Auge, selbst wenn es schon alles gesehen hat, nie völlig ausschöpfen wird«, oder »in denen der Blick, der schon alles kennt, nie müde wird, unherzuschweifen«.

50 Mantua, AdS, A. G. busta 1808.

51 Botazzo war 1557 zum »soprastante di tutte le fabbriche« ernannt worden. Sein Brief vom Februar 1559 wird erwähnt bei G. Campori, Lettere artistiche inedite, Modena 1866, S. 36. 1554 soll die erste Bastion errichtet worden sein. 1568 sollen fünf Bastionen fertiggestellt gewesen sein, so F. Amadei, Cronaca universale della città di Mantova, 5 Bde., Mantua 1954-57, S. 42 ff. Nach I. Affò, Vita di Vespasiano..., wurde die sechste und letzte Bastion 1578 fertiggestellt.

52 Die Marktverordnung diente in erster Linie dem Zweck, die Umgehung der erhobenen Zollgebühren zu verhindern. Die Wiedergabe des Siedlungs- und Marktdekrets bei I. Affò (1975), S. 28 f., lautet etwas abweichend.

53 Aus dem *breve* vom 6. Oktober 1562 zitiert I. Affò, daß die Schule eröffnet wurde »nella considerazione, che per due strade vengono a guadagnar utilità, e nobilità, o per armi, o per lettere, per mezzo delle quali i Stati, e Dominii e grande, e piccoli si acquistano e conservano e stabiliscono... e non avendo alla prima via mancato d'indirizzar i predetti, sudditi quanto per le nostre deboli forze s'è potuto: hora intendemo incamminarli nelle lettere, come vero esercizio di pace... E pertanto considerata la salubrità e sicurezza del loco, parti principalissime, habbiamo determinato ridur qui studio publico di Humanità...« I. Affò, Vita di Vespasiano... (1975), S. 31.

Diese Begründung rekurriert auf den neuplatonisch-humanistischen Topos der zwei möglichen Wege des Menschen zur Vervollkommnung, durch das aktive oder das kontemplative Leben, wie er u. a. von Landino und bereits von Vergil formuliert worden war. Der Topos und seine Ikonographie finden sich in Sabbioneta vielfach wiederholt.

54 Racheli, Delle memorie storiche di Sabbioneta, Casalmaggiore 1849.

55 Bei Racheli lautet die Wiedergabe im Original so: »Null altro aspetto essa avea, che quello di un vecchio castellare, quale fu eretto da Ludovico Gonzaga, con interno una gran fossa d'aqua putrida e stagnante: die qua, in basso, casolari nella mota, quali fatti a colmigno, quali di mattoni crudi, rasa campagna intorno e catapecchie die pescatori.«

56 Auch eine andere Äußerung Rachelis muß entsprechend mit Vorsicht genossen werden: daß »quivi della Rocca . . . in fuori, e salvo poche case disunite, e mal concie, altro poc' anzi non si vedeva. Una gran fossa ingombrava buona parte del luogo, e intorno a quella vasto campo stendevasi pieno di sterpi, ed incolto.« Racheli, Delle memorie . . .

Der Raum der Stadt ist u. a. insofern privilegiert, als er als der »wahre« Raum angesehen wird, als ein von jeder Zufälligkeit gereinigter, auf seine mathematisch-geometrische Gesetzmäßigkeit reduzierter Raum. Die diesem Raum entsprechende Zeit ist die historische Zeit. Fakten und Ereignisse, die in diesem Raum stattfinden, erlangen die Bedeutung historischer Ereignisse.

57 Er verfaßte 1593 einen Gesetzestext und darauf folgend das »Tractatus de origine, et potestate ducum Italiae quibus regalia, iurquae, imperi competunt Lodovicum Rodolfini de Sablonetae, Dortonae, apud Bartholomaeum Bullam, MDCV«. Danach erschienen von ihm in Venedig »Braccio secolare ed ecclesiastico«. Wie der Name Faroldi taucht auch der Name Rodolfino in den Sabbionetaner Annalen häufiger auf. Ein Alessandro Rodolfino wird als lateinischer Poet gewürdigt.

Zum »Geistesleben« Sabbionetas trug auch Bernardino Baldi bei, mit dem Vespasiano in freundschaftlichem Verhältnis stand. Baldi widmete ihm sein Werk »De Verborum Vitruvianum significatione . . . Augusta Vindelicorum«, 1642, eine strenge Kritik der Vitruv-Interpretation von Bertani. I. Affò zitiert in seiner Biographie Vespasianos ein Sonett Baldis, in dem dieser das städtebauliche Engagement seines Gönners rühmt als grandioses Bollwerk gegen den Zorn des Gottes Mars, welcher der Gott des Krieges und Symbol allen Übels, aber auch der Schutzgott Roms war.

58 Als Vespasianos private Rechtsberater werden erwähnt die Herren Menocchio, Pettorelli, Cravetta aus Sabbioneta und ein Giambattista Botta aus Cremona. Sein Privatsekretär war ein gewisser Muzio Capilapi, den Vespasiano 1556 beauftragte, Porträts seiner Ahnen zu sammeln, die später zu den Vorlagen für die in den 70er Jahren *in stucco* ausgeführte Ahnengalerie von Alberto Cavalli und die in Venedig hergestellten Reiterstandbilder werden.

Unter diesen Beamten waren auch einige, die sich der Aufgabe des Diariumschreibens widmeten. Als solche werden erwähnt ein Bartolomeo Mezzocco, wahrscheinlich ein Bruder des gleichnamigen Hauptmanns der Leibgarde Vespasianos; ein Cristoforo Spalenza, dessen Schrift unveröffentlicht geblieben ist, ebenso wie die von Mezzocco, die verschollen ist, ferner ein Alessandro Lisca, der eine summarische Biographie Vespasianos in lateinischer Sprache verfaßte, die 1592 in Verona erschienen ist, sowie ein Nicolo De'Dondi. Dessen Aufzeichnungen wurden erst 1857 bei Giuseppe Müller in Mailand veröffentlicht.

59 So geschehen bei dem Brautzug der Lucrezia Borgia, wie F. Gregorovius, Lucrezia Borgia, München 1982 (1875), zu berichten weiß.

60 Mattingly berichtet ferner darüber, daß Cervantes einige Jahre später, in den Wochen vor dem Auslaufen der Armada gegen England, im Hafen von Lissabon mit Aufstellungen für die Flotte betreut war. »Er brachte dabei allerdings die Buchführung über Ladungen, Ausrüstung und Mannschaft und Kosten derart durcheinander, daß niemand sagen konnte, ob er die spanische Krone beschummeln wollte oder nur ungeschickt war. Er wurde daher vorsorglich ins Gefängnis gesteckt, bis jemand seine Buchführung entwirren konnte. In seiner unfreiwilligen Muße fand Cervantes Zeit, mit der Niederschrift des Don Quijote zu beginnen.« Mattingly kommentiert: »Vielleicht ist dies ein Beweis dafür, daß die Niederlage das Genie ebenso befruchten kann wie der Sieg.« So hat Cervantes die meisten seiner Arbeiten in Gefangenschaft geschrieben. Zu den Jahren in Algier vgl. auch den Cervantes-Roman von Bruno Frank.

61 Die Aragonen waren ein uraltes Adelsgeschlecht, das bis zum Tode Ferdinands II. 1516 die spanische Königskrone vererbt hatte. Durch die Vereinigung von Aragon mit Kastilien infolge der Heirat Isabellas I. mit Ferdinand II. war das vereinigte spanische Königreich entstanden. Durch die Heirat Juanas mit einem Burgunder folgte ihnen deren Sohn, der Habsburger Karl auf den Thron. In den Augen vieler Spanier blieben die Habsburger allerdings Fremde in ihrem Land und die Herzöge von Aragon und Segorbe die eigentlich legitimen Herrscher.

62 J. Burckhardt, Die Kultur der Renaissance in Italien . . .

63 Morton will wissen, daß Vespasiano vor akuter Klassik-Begeisterung zu den Geburtstagsfeierlichkeiten seines Sohnes Possenreißer als heidnische Priester verkleiden ließ. Sie mußten Ochsen, die mit Efeu und Myrten bekränzt waren, durch die Hauptstraße führen. Die Tiere wurden anschließend geopfert, und das Volk feierte ein rauschendes Fest. H. V. Morton, Lombardei . . .

64 L. E. Sarzi-Amadé, I Conventi die Sabbioneta, Sabbioneta 1982.

65 Siehe hierzu G. Parker, Aufstand der Niederlande . . .

An der Entsetzung Maltas 1565 war als General und Kommandeur der Galeeren der Johanniter ein Sohn Vincenzo Gonzagas, Ferrante Gonzaga beteiligt. Der Johanniterorden hatte, nachdem er 1522 von den Osmanen von der Insel Rhodos vertrieben worden war, 1530 von Kaiser Karl V., der auch König von Sizilien war, die Insel Malta als Lehen erhalten, zusammen mit der Festung Tripolis an der nordafrikanischen Küste. Auf Malta war bisher der aragonesische Adel ansässig gewesen. Den Johannitern war an einer Insel gelegen, weil sie bessere Bedingungen für ihre eigenstaatlichen Ambitionen bot. 213 Jahre lang hatten sie Rhodos eigenstaatlich regiert. Karl schätzte die Ritter als finanziellen und militärischen Faktor. Ihre Einkünfte bezogen sie aus Besitzungen in ganz Europa. Ihre Flotte, wenngleich durch die hohen Verluste geschrumpft und mit der Andrea Dorias nicht zu vergleichen, war stark genug, etwa die Getreidelieferungen von Sizilien nach Spanien gegen die osmanischen Seeräuber zu schützen. Die Malteser, wie sie sich nun nannten, nahmen teil an allen afrikanischen Unternehmungen Kaiser Karls. Für ihn waren sie Vertreter der Kreuzzugsideologie, die er selbst vertrat, auch in seiner Eigenschaft als König von Jerusalem, ein Titel, den seit Friedrich II. 1229 alle deutschen Herrscher führten. Vgl. hierzu Manfred Rasch, Zur Vorgeschichte der Johanniter-Festungen auf Malta, in: Zeitschrift für Festungsforschung 1, 1982.

66 Zur Zusammenarbeit von Guglielmo und Vespasiano und dessen Strafmaßnahmen, mit denen er Casale in einen Zustand versetzte, der einer Belagerung glich, vgl. Mantova, la storia, Bd. I., Istituto Carlo d'Arco per la storia di Mantova, Mantua 1958.

67 1567 konnte Vespasiano endlich einen Rechtsstreit mit seinem Vetter Pirro Gonzaga für sich entscheiden, dessen Gegenstand ein Teil der *terre* von Comessaggio bildete und der sich nun schon vier Jahre hingezogen hatte. Der Streit hatte begonnen, als Männer Vespasianos auf dessen Geheiß dort zur Gewinnung von Bauholz Bäume zu schlagen begonnen hatten und von den Ansässigen verprügelt und vertrieben worden waren. Nach dieser Provokation hatten Vespasiano und Pirro von Gazzuolo darauf gedrängt, die Besitzverhältnisse höheren Orts klären zu lassen und den Fall vor Gericht gebracht. Nun endlich war Vespasiano als Vikar nicht nur von Comessaggio Inferiore sondern des gesamten Gebietes von Comessaggio bestätigt worden. Er sorgte für die Renovierung dortiger öffentlicher Gebäude, für den Bau einer Brücke über den Kanal und die Errichtung eines festen Wachtturmes für seine Miliz.

68 Zur Problematik der Maurenverfolgung nach der Reconquista siehe P. Anderson, Die Entstehung des absolutistischen Staates . . .; vgl. auch den Roman von Hermann Kesten, Ich, der König, über das Leben Philipps II. Die Vertreibung und systematische Dezimierung der Morisken beschleunigte den Zerfall der Landwirtschaft im Süden des Landes. Infrastruktur und Architektur der ehemals letzten maurischen Bastionen gegen die Reconquista zerfielen in ähnlicher Weise wie die Roms im frühen Mittelalter. Die Tuchindustrie Toledos wurde empfindlich getroffen.

69 Mit dem Tode Isabellas gingen folgende Ländereien und Titel an Vespasiano über: das Herzogtum Traietto (heute Minturno in Latium), die Grafschaft Fondi, die Signorien von Caramanico (heute in der Provinz Pescara), von Turino (heute Torino di Sangro in der Provinz Chieti) und die von Anglono (heute in der Provinz Matera).

70 Für die militärtechnischen Leistungen Vespasianos in Spanien vgl. L. A. Maggiorotti, Architetti e architetture militari, vol. III, Gli architetti militari italiani nella Spagna, Rom 1939, S. 104, 107, 110, 136, 145, 370. I. Affò, Vita di Vespasiano . . ., berichtet, daß ein Entwurf Gerolamo Cataneos später für die Neubefestigung Cartagenas während Vespasianos Regierungszeit als Vizekönig zugrunde gelegt worden sei.

Zur erwähnten Seeschlacht von Lepanto 1571: Unter äußerst schwierigen Bedingungen war eine Liga zwischen Spanien und Venedig zustande gekommen, um der bedrohlich ausgebauten osmanischen Flotte ein annäherndes Gegengewicht bieten zu können. Für den Admiral Don Juan d'Austria, dem die vereinigten Flotten unterstellt waren, wurde von den Venezianern eigens der Titel »Generalissimus« erfunden.

Zur Vorbereitung der Seeschlacht und zu dem schwierigen Bündnis zwischen

Habsburg und Venedig vgl. u. a. G. Parker, Aufstand der Niederlande . . ., S. 151.
An dieser epochalen Seeschlacht, die auf einem venezianischen Gemälde dargestellt
ist, nahmen auch einige Gonzaga als Offiziere teil, u. a. der Marchese Ferrante von
Gazzuolo.

71 Unter Ferdinand oder Ferrante von Aragon hatten die »Spanier«, wie man
die italienischen Aragonen nannte, folgende befestigte Plätze an der nordafrikanischen Küste errichtet: Melilla (1497), Mazalquir (1505), Penon de Velez (1508),
Oron (Oran) (1509), Pênon de Argel (1510), Bourgie (1510), Tripolis (1510).
Die Kämpfe um diese und andere Mittelmeerstützpunkte des habsburgischen
Reiches und die Bedeutung dieser Festungen dürfen nicht unterschätzt werden. Von
ihnen war mit abhängig, ob die Sicherheit der Silber-, Weizen- und Truppentransporte im Mittelmeer gewährleistet werden konnte. In den Niederlanden oder
Italien konnte nur gekämpft werden, wenn im Mittelmeer Ruhe war. Die Expedition zum Entsatz der 1563 von algerischen Piraten belagerten Festung Oran soll die
gleiche Summe verschlungen haben, auf die sich in jener Zeit die gesamten Jahreseinnahmen König Philipps beliefen, der im selben Jahre weitere Ausgaben in
doppelter Höhe und kurzfristige Schulden in siebenfacher Höhe hatte. Vgl. hierzu
G. Parker, Aufstand der Niederlande . . .

72 Das Amt der Vizekönige diente den schwer zu verwirklichenden Bemühungen
des spanischen Königs, das immense Reich zu zentralisieren. So wurden auch in
»unruhigen« Provinzen Spaniens selbst fremde Beamte aus auswärtigem Adel als
Vizekönige über die einheimischen Aristokraten gesetzt. Faktisch mußten sich die
Vizekönige jedoch mit dem jeweils ansässigen Adel um die Kompetenzen und
Befugnisse einigen. Außerhalb Spaniens war ihre Macht, wie übrigens auch die des
Königs, größer als in Spanien selbst. Während in Italien, Burgund und Flandern
absolutistische Verwaltungsreformen durchgesetzt werden konnten, behielten die
spanischen Provinzen eigenständige Rechts- und Wirtschaftsordnungen, verschiedene Steuersysteme und selbst unterschiedliche Währungen. Die erste Amtshandlung Vespasianos war diesen Verhältnissen entsprechend sein Erscheinen vor den
Cortes in Valladolid, um den Granden und den Vertretern der Städte in diesem
Vorläufer eines Ständeparlaments seine Reverenz zu erweisen.

73 Gleichzeitig wurde Vespasiano auch zum Marchese von Ostiano ernannt.

74 Ein gewisser Lodovico Masserotti, bis dahin Haushofmeister am spanischen
Königshof, wurde Generalhauptmann der Leibgarde Vespasianos in Valencia. Der
junge Luigi, der als Ehrenpage dem Haushofmeister unterstanden hatte, wurde in
die Garde übernommen. In Valencia hatte Vespasiano die mobilen Erbstücke und
Habseligkeiten der verstorbenen Anna d'Aragona in Empfang genommen, die auf
einer Galeone des Großherzogs von Toskana nach Livorno und von dort weiter
nach Sabbioneta transportiert wurden.

75 Ein kaiserliches Dekret von 1543 sprach noch von dem »Castro Sabloneta cum
Rocca, Curia, Villis etc.«, und ein Brief von Diana di Cardona aus dem Jahre 1557
spricht noch immer von *questa fortezza di Sabbioneta*. Doch Vespasiano beginnt seine
Stadt ab 1558 seine *città* zu nennen. 1575 ff. wird in der Sabbionetaner Münze eine
Silbermedaille geprägt, ein *testone* mit der Inschrift CIVITAS SABLONETAE. Vgl. K. W.
Forster, From vocca to civitas . . .

76 Die Briefstellen im Original: »*Lo stato della mia anima è infelicissimo; io mi distruggo. I conforti degli amici son cagione di tormento, che mi fà dei beni della terra se mi fallan quelli dell' anima? Fuori onore al mio nome, in casa talorà irriverenza per Dio e vergogna.*« – »*Volgono per me talora giorni si melanconiosi e tristi da desiderare il delirio dell'antico mio male. Indarno tento di togliermi a que'fierissimi pensieri che mi fanno guerra non solo ma spavento.*«

77 Das Vorbild des Goldenen Vlieses stellt wohl die christlich-römische Adaption des griechischen Mythos von Jason und den Argonauten dar, die sich einst auf die Suche nach dem Goldenen Vlies gemacht hatten. Es war von einem Baum im Areshain gestohlen worden, nachdem Orpheus den Drachen eingeschläfert hatte, der es bewachte. Zu dem Kult dieses Ordens gehörte die Pflege des Ideals des christlichen Kreuzritters, das Karl ebenso wie sein Sohn Philipp wachhielten. Philipp trat selbst als nicht nur weltliche sondern auch geistliche Majestät auf. Das spanische Königtum beruhte ohnehin auf einem Zusatz geistlicher Attribute. In vielen Stücken Lope de Vegas sieht man, daß es die spanische Nation so verstand und ihren König so zu sehen wünschte. In dem auf den Besitz der Macht so eifersüchtigen König Philipp hatte dieses Bild der Monarchie ihre Erfüllung gefunden.

78 N. De'Dondi, Estratti del diario . . ., Bd. II., S. 135: »*Vesp. Gonz. di Sabb. fece mettere le prede cioè gli scalini ovvero i bancali di marmo alle porte delle case de la strada Giulia . . .*«

79 F. Amadei, Cronaca unsiversale della città di Mantova . . ., Bd. III, S. 51. Zu dem Vergleich der gesamten Stadt mit einem Theater läßt sich auch ein späterer Besucher anführen. Racheli, ein Historiker des 19. Jahrhunderts, bringt das Scamozzi-Theater mit den bemalten Fassaden der Häuser in Zusammenhang: ». . . pingendovi sopra storie, favole e trofei a capriccio.« A. Racheli, Memorie storiche di Sabbioneta, Casalmaggiore 1849.

80 Zum angeordneten Abriß der alten Häuser siehe auch E. Marani, Sabbioneta e i centri gonzagheschi minori, in: Mantova, Le arti, Bd. III, Mantua 1965.

81 Als Giulio Cesare Gonzaga nach Vespasianos Tod und der Umverteilung der Ländereien 1593 seinen Wohnsitz von Pomponesco nach Bòzzolo verlegte, fand er das Straßennetz bereits reguliert und die Stadt mit der nötigen Infrastruktur versorgt vor. 1594 wurde Bòzzolo durch ein Diplom des Kaisers Rudolf II. zum Principat erhoben. Giulio Cesare selbst sorgte für die Einrichtung eines Wochenmarktes und einer Samt-Manufaktur sowie für die Eröffnung einer Schule. Später ließ er die von Vespasiano begonnene Ummauerung der Stadt vollenden. Sein Sohn Scipione setzte die Bauarbeiten fort. Zur Ausbesserung der Mauern wurde im 17. Jahrhundert die *rocca* von Gazzuolo abgetragen.

82 Ruhmsucht und Baufieber oder – nach einem Wort C. Cataneos – die »Steinkrankheit« hatte auch die Kirchenfürsten ergriffen. Es wurden aber immer wieder Stimmen frommer Kirchendiener laut, die ausdrücklich vor einem »zu großen Gefallen am Bauen« warnten. Der Florentiner Notar Lapo Mazzei schrieb an seinen Freund Francesco Datini: »Nun denn! Betreibt dieses Bauen mit Maß, auf daß die Vernunft siege; so Ihr dies für Gott tut [oder für die Armen], Gott dessen aber nicht bedarf, so seid Ihr nur ein Mörtelträger; denn ihm genügt der gute Wille, die Ordnung und das Maß [. . .]. Wenn Ihr es für die Welt tut, so wäret Ihr wohl zu tadeln, da Ihr den Rest Eurer Zeit bei Unternehmungen verliert, und der Tod wird kommen, bevor sie vollendet sein werden; und dann werdet Ihr Euch nicht als reicher Mann befinden, nichts in der Hand.« Vor allem die Dominikaner kritisierten mit aller Härte die humanistischen Attitüden. Einer von ihnen, Giovanni Dominici, schrieb in seiner »Regolo del governo di cura familiare« folgendes: »Wenn Du viel Geld ausgeben willst, so rate ich Dir, eher eine zerstörte und verlassene Kirche wiederherzurichten, oder ein Hospital, das wegen seiner Armseligkeit nicht genutzt wird, mit dem auszustatten, was Du geben kannst, als Neues zu errichten; denn es ist größere Ehre für Gott, ein wohlbestalltes Haus zu besitzen, als zwei erbärmliche; und Du wirst dafür eine größere Belohnung haben, weil Du weniger Ruhm in dieser Welt haben wirst. Denn ich setze voraus, daß – wenn Du so handelst und auf jemand anderem aufbaust –, das Wappen des anderen den Ruhm davontragen wird und so bleibt der Name des Stifters der alte. Und so wird die linke Hand nicht wissen, was die rechte tut, denn Deine Almosen werden im Verborgenen bleiben.« Beide Passagen sind zitiert nach: Carlo Ginsburg, Volksbrauch, Magie und Religion, in: Die Gleichzeitigkeit des Ungleichzeitigen . . ., S. 246.

83 Die einzige Auskunft über die ursprünglich zwölf Reiterplastiken gibt ein Brief von Paolo Moro aus Venedig an Vespasiano von 1537, demzufolge sie Arbeiten eines venezianischen Bildhauers seien. Man vermutet, daß es sich um Lorenzo Bregno gehandelt habe.

84 N. De'Dondi, Estratti del diario . . ., S. 26.

84ᵃ »Un castellano ben più degno del piccolo territorio che governa . . .« T. Tasso, Le lettere disposte per ordine di tempo da C. Guasti, Florenz 1853, Bd. III, S. 30 f.

85 Theatertruppen waren damals häufig als Akademien organisiert. Sie waren entstanden aus der wissenschaftlichen Beschäftigung mit den griechischen und lateinischen Texten der wiederentdeckten Stücke antiker Autoren. Die früheste Beschäftigung mit ihnen galt der Rhetorik-Lehre an den Universitäten, und auch die ersten Regisseure ihrer Aufführungen waren Philosophieprofessoren und Bibliothekare. 1429 entdeckte der junge Mainzer Rechtsanwalt Nikolaus von Cues (Cusanus) die Texte von zwölf bisher nur namentlich bekannten Plautus-Komödien. Diese Texte wurden zunächst als Rhetorik-Übungen gelesen. Für das Theater, das bis dahin von Mysterienspielen beherrscht war, wurden sie erst 1486 entdeckt.

86 Von dem Wortlaut des Testaments und der Art und Weise und dem Zeitpunkt seines Zustandekommens existieren verschiedene Varianten. Siehe L. E. Sarzi-Amadé, I conventi . . .

87 Nach dem Gottesdienst in der Marienkirche setzte sich ein Zug in Bewegung in Richtung Siegestor, wo man Stigliano und Isabella die Schlüssel übergab. Man ließ symbolisch die Zugbrücke hoch und das Tor verschließen und gleich darauf wieder öffnen. Dann begab man sich zum Kaisertor, um die Zeremonie zu wiederholen. Schließlich wurden mit der gleichen Zeremonie auch die Schlüssel der Burg übergeben. Nach L. E. Sarzi-Amadé, I conventi di Sabbioneta . . .

88 Nach Ripa, Iconologia, 1593 repräsentiert Vespasiano »due generi di merito civile, l'uno dell attione di guerra, et l'altro dello studio et opere delle lettere . . .« Auch die Devise auf dem Siegel seines Leutnants legt Wert auf das Gesetz: »justizia

de coelo prospexit«. Erwähnt bei A. Luzio, L'Archivio Gonzaga di Mantova ...
Man vergleiche, was ein Zeitgenosse über den für seinen besonderen Hochmut bekannten Herzog Alfonso d'Este schrieb: »Der Herzog hält viel auf Gerechtigkeit und Milde. Er will darum aber mit großer Demut und Ergebenheit gebeten werden.« (Ein venezianischer Gesandter)

89 Dem Adler als Vogel des Gottvaters Jupiter wurden Eigenschaften zugeschrieben, die ursprünglich dem Falken der ägyptischen Mythologie beigelegt worden waren. Durch die Schärfe seiner Augen und die Schnelligkeit seiner Flügel war er Symbol der Einheit von höchster Einsicht und höchster Macht.

Die Gonzaga verknüpften mit dem Symbol des Adlers die Devise: ALTA E LONGE COGNOSCERE – Erhabene Dinge zu wissen schon aus weiter Ferne. Dasselbe Motto wurde aber auch dem Hirschen zugeordnet, der im Alter vorsichtiger und argwöhnischer wird und Gefahren schon sehr früh zu wittern gelernt hat (vgl. Ovid, De arte amatoria I, 766).

90 Vgl. E. Panofsky, Studien zur Ikonologie ...

Die beiden Gräber Michelangelos zeigen die beiden Toten nicht nur in jungen Jahren, sondern lassen nach Auskunft von Zeitgenossen jegliche Ähnlichkeit vermissen. Als ein Betrachter auf diesen Mangel an getreuer Nachbildung hinwies, soll Michelangelo ihm geantwortet haben: »Wer wird in tausend Jahren auftreten und beweisen wollen, die Herzöge hätten anders ausgesehen!«

Leone Leoni, 1509 bei Como geboren, galt als exzentrischer Charakter. Er arbeitete für die päpstliche Münze 1537-40, kam auf die Galeere wegen eines Raubüberfalls auf einen Juwelier, wurde aber auf Intervention Andrea Dorias wieder freigelassen. Kardinal Granvelle und Ferrante Gonzaga wurden seine größten Gönner. Er arbeitete für die kaiserliche Münze in Mailand während Ferrantes Gouvernement und noch danach von 1550 bis 1589. Er arbeitete im Auftrag von Karl V. und Philipp II. als Bronze-Skulpteur und Medailleur. Er machte Reisen nach Augsburg, Flandern und Spanien, lebte aber die meiste Zeit in Mailand. Er starb 1590 in seinem bizarren Palazzo Omeoni, den er selbst entworfen hatte. Vgl.: E. Plon, Leone Leoni, sculpteur de Charles-Quint et Pompeo Leoni, sculpteur de Philippe II, Paris 1887; R. und R. Wittkower, Born under Saturn, London 1963.

91 Im Dezember 1591 hatten die Herren Pietro Giacomo Lombardi, Orsolini, Francesco Caletti und Nicolo Dondi, die von Fürst Stigliano als Erbverwalter ausgewählt worden waren, in Anwesenheit des *podestà* Sebastiano Rolandi, des Notars Bartolomeo Zanichelli, Finanzminister des Staates Sabbioneta, des Priors Pater Lorenzo Pasquali und des Vikars Pater Doroteo Rossi, einen Eid zu leisten, in den ersten drei Jahren nach Vespasianos Tod die Rendite der Tagliata (zwischen dem Casino, Vigoreto und Ca' de' Rossi) zu verwalten und ihre Rendite gemäß den testamentarischen Verfügungen zu verwenden.

Stigliano setzte seine Verwandten als Gouverneure ein, nacheinander jeweils für ein Jahr den Principe Decio Caraffa (1593), Principe Eglio Caraffa, und den Herzog Rinaldo Caraffa, Marchese von Montenegro. Vgl. L. E. Sarzi-Amadé, I conventi ...

92 Eine andere Quelle behauptet, daß erst der Gouverneur Giovanni delli Ponti, Hauptmann der Miliz und Ritter von Santiago, 1656 den Willen Vespasianos erfüllte und die Bronzestatue in das Mausoleum überführte. Aus den Aufzeichnungen des Probstes von Sabbioneta Cristoforo Spalenza (1589-1615).

93 Das langsame Anschwellen des Flusses hatte vielen Familien Zeit gelassen, sich in Sabbioneta auf den Bastionen in Sicherheit zu bringen. Ein Teil der Bevölkerung konnte vom Gouverneur und vom Probst evakuiert werden. Als man kurz vor Einbruch des Winters endlich die Schleusen der Entwässerungskanäle wieder öffnen konnte und der Fluß in sein Bett zurückkehrte, ließ er allein innerhalb der Mauern 160 beschädigte Häuser und ein demoliertes Kloster zurück. Die Schäden auf dem flachen Land waren überhaupt nicht zu übersehen. Siehe den Bericht von L. E. Sarzi-Amadé, I conventi di Sabbioneta...

94 Die Entwicklung hatte sich schon eine Zeitlang angebahnt. Unter dem Druck der Kirche, dessen Lehnsmann Herzog Alfonso d'Este war, ließ er in Modena dreizehn Männer und Frauen verbrennen. In Mailand war 1564 ein gewisser Don Gabriele de la Cueva Gouverneur Seiner Katholischen Majestät König Philipp von Spanien geworden. In einem Erlaß forderte er alle Bewohner des Staates Mailand auf, der Ketzerei verdächtige Personen, welchen Standes auch immer, der Inquisition zu denunzieren. Die Warnungen galten auch all denen, die mit von der Inquisition verbotenen Büchern angetroffen wurden. Im Jahre 1565 hatte Vespasiano jenen de la Cueva d'Albuquerque, der im Gefolge des Herzogs von Sachsen nach Mailand gekommen war, aus nicht näher genannten Gründen aufgesucht.

95 In Francesco Colonnas »Hypnerotomacchia Poliphili« wird der paradiesische Garten der Insel Kythera nach dem geometrischen Muster einer Idealstadt beschrieben. Der antikisierende Roman über Poliphilos Traumliebesstreit läßt sich u. a. als eine Reihung von Beschreibungen des *locus amoenus* lesen. Für den Autor des 1499 bei Aldus Manutius in Venedig erschienenen Buches hat man lange Zeit einen venezianischen Mönch gehalten. Wahrscheinlich ist es jedoch dem gleichnamigen Fürsten von Palestrina zuzuschreiben. Eine kritische Edition erschien hrsg. von G. Pozzi und L. Ciapponi 1964 in Padua. Siehe auch G. Goebel, Träume des Polifilio, in: Italienische Studien 5, Wien 1982, S. 3 ff.

96 Mantua, AdS, A. G. busta 1808, und »Sopressi«, busta 446. Parma, AdS, Epistolario scelto, busta 26: ein Brief vom 30. Sept. 1562 von Bruder Ierotheo von Mantua an Kardinal Farnese.

97 E. Marani, Sabbioneta e i centri gonzagheschi minori, in: Mantova, Le arti, Bd. III, Teil 1, Istituto Carlo d'Arco per la storia di Mantova, Mantua 1965. Gerolamo Cataneo wurde mit seinem 1564 in Brescia veröffentlichten Werk »Opera nuova di fortificare« berühmt.

98 Die Befestigungsarbeiten von Guastalla begannen im August 1549. Giuntis schematischer Plan ist für I. Affòs »Istoria della Città, e Ducato di Guastalla« (II, S. 224) graviert worden (Parma, Archivio di Stato, Grafik, Bd. 48, Mappe 76), der auch biographische Angaben zu D. Giunti zu entnehmen sind; ebenda, II, S. 220; K. W. Forster, From rocca to civitas..., S. 16.

Forster bezieht sich bei seiner Vermutung auf G. Faroldi, Vita di Vespasiano Gonzaga, ms. Mantua, Accademia Virgiliana (busta delle antichità sabbionetane), der sich wiederum auf einen Brief des Gouverneurs von Piacenza vom 28. Juli 1554 bezieht, demzufolge Vespasiano versucht habe, Domenico Giunti zu engagieren.

Forster führt außerdem an, daß Giunti, nachdem Ferrante als Gouverneur von Mailand abgelöst worden war und die Arbeiten in Guastalla wegen des Krieges zum Stillstand gekommen waren, sich außerhalb der Lombardei nach Arbeit umgesehen hat. Seine Bemühungen, in den Dienst von Cosimo I. Medici treten zu können, scheiterten und so könnte er um den Auftrag Vespasianos froh gewesen sein. 1557 arbeitete er für Cesare in Guastalla, wo er 1560 starb. Die Arbeiten wurden fortgesetzt von einem Mitarbeiter Giuntis, Jacopo Antonio (della Porta di Casale), der nach Aussage von G. Campori auch an der Befestigung Sabbionetas gearbeitet hat. G. Campori, Gli artisti italiani e stranieri negli stati estensi, Modena 1885.

99 Viele Fürsten der damaligen Zeit besaßen Kenntnisse in der modernen Kriegs- und Befestigungstechnik. In Vespasianos Generation zählten Festungsbau und Belagerungstechnik zu den unverzichtbaren Qualifikationen eines jeden Offiziers. Vgl. die Angaben unter Anm. 70.

100 Das als eines der beliebtesten Männerspiele bezeichnete und sich im folgenden Jahrhundert zur Manie auswachsende Entwerfen von Bastionen und Kombinieren ihrer Elemente hat L. Sterne in seinem Roman »Tristram Shandy« als Steckenpferd parodiert. Leon Albertis »De re aedificatoria« war 1485 in Florenz publiziert worden. Frühe Neueditionen der Schriften Vitruvs sind die Ausgabe von Fra Giocono in Venedig 1511 und die von Cesare Cesariano, Como 1521. Die berühmte Vitruv-Ausgabe von Daniele Barbaro, I dieci libri dell'architettura di M. Vitruvio, tradotti ç commentati da Monsignor Barbaro eletto Patriarca d'Aquileggia, Venedig, erschien 1566. Die Abhandlungen des Sienesen Pietro Cataneo erschienen in Venedig, Gerolamo Cataneos »Opera nuova di fortificare« 1564 in Brescia. Der Traktat Vincenzi Scamozzis mit einer umfangreichen Sammlung klassischer geometrischer Stadtpläne und Entwürfen polygonaler Bastionierungen, eine Verbindung, die auch in Sabbioneta angestrebt wurde, erschien 1556 in Venedig in einer Neuveröffentlichung.

101 So K. W. Forster, From rocca to civitas... Von Papst Pius II. wird ähnliches behauptet: E. S. Piccolomini, Sproß einer verarmten Nebenlinie einer Bankiersfamilie aus Siena, war 1405 in Corsignano geboren worden, wo seine Familie im 13. und 14. Jh. einige Güter und Häuser besessen hatte. Als er zum Papst gewählt worden war, erfüllte er sich den lange gehegten Wunsch, seine Geburtsstadt zu verschönern und zu einem höfischen Zentrum zu machen. Die Stadt, an der wichtigsten Verbindungsstraße zwischen Siena und Montepulciano gelegen, häufig Opfer der Streitereien zwischen den verfeindeten Sienesern und Florentinern und der Streifzüge der Orvietaner, war einige Male geplündert worden und arg heruntergekommen. Der Bau einer Mauer zum Schutz vor Überfällen war wiederholt wegen Geldmangels verschoben worden. Die ausgezeichnete Lage mag den zu den Begründern der Landschaftspoesie zählenden Enea Silvio dazu angeregt haben, seine Geburtsstadt in ein Kleinod der Renaissance-Baukunst zu verwandeln.

102 Zur Geschichte und zu den Motiven der Stadtgründungen im späten Mittelalter vgl. Willy Weyres, Bastiden, in: Stadt und Landschaft, Raum und Zeit, Köln 1969, S. 57-75; vgl. auch Gerald L. Burke, The Making of Dutch Towns, Kapitel III, Medieval Town Foundation and Development, II. Bastides, London 1956, S. 53-63.

103 Florenz hatte unter der Regierung der Medici einige solcher *terre* anlegen lassen. Die ersten Gründungen waren San Giovanni Valdarno, Castelfranco di Sopra, Scarperia (beide 1300) und Firenzuola, dessen Name an die Mutterstadt erinnern sollte (1330). Im Jahre 1336 beherrschte Florenz das eigene Landgebiet mit 46 solcher *terre* und besaß 18 weitere im *contado* von Lucca. Diese Städte hatten u. a. die Funktion des Schutzes der Überlandstraßen. Scarperia und Firenzuola schützten die Straße von Florenz nach Bologna, Cascina und Castelfranco di Sopra und San Giovanni Valdarno Sotto die Straße nach Siena, Castelfranco di Sotto das Tal nach Arezzo. Andere Kommunen und Territorialstaaten hatten diese Strategie bereits vorexerziert oder folgten dem toskanischen Beispiel aggressiver Siedlungspolitik. So haben auch Venedig, Rom und Piemont derartige *terre* oder Kolonien anlegen lassen. Die Umbauten mantovanischer Dörfer bilden eine späte Variante dieser Raumpolitik. Vgl. hierzu Wolfgang Braunfels, Mittelalterliche Stadtbaukunst in der Toskana, Berlin 1982 (1953).

103[a] »Il Bozzolo« heißt übrigens der Seidenkokon.

104 Vgl. G. Aleati, C. M. Cipolla, Aspetti e problemi dell' economia milanese e lombarda nei secoli XVI e XVII, in: Storia di Milano, Mailand/Rom 1958, Bd. XI; A. Marino Guidoni, Organizzazione urbana e territoriale, architettura fortificata, in: Lombardia. Il territorio, l'ambiente, il Paessaggio. Bd. IV. Dal predominio spagnolo alla peste manzoniana. Hrsg. von Carlo Pirovano, Mailand 1982; dieselbe, Gli incunaboli di una nuova modellistica urbana: le »mure venete« e le fortificazioni spagnole di Lombardia, ebenda; M. Binotto Soragni, I feudi dei Gonzaga, ebenda.

105 Martin Luther schreibt in seinen »Tischgesprächen«: »In Italia sind die Spitale sehr wol versehen, schön gebauet, gut Essen und Trinken, haben fleißige Diener und gelehrte Ärzte, die Bette und Kleidung sind fein rein, und die Wohnungen schön gemalet. Als bald ein Kranker hinein wird bracht, zeuchet man ihm seine Kleider aus in Beisein eines Notarien, der sie treulich verzeichnet und beschreibet, werden wol verwahrt, und man zeuchet ihm einen weißen Kittel an, legt ihn in ein schön gemacht Bette, reine Tücher. Bald bringet man ihm zweene Ärzte, und kommen die Diener, bringen Essen und Trinken in reinen Gläsern ... Auch kommen etliche ehrliche Matronen und Weiber, verhüllet unterm Angesicht, etliche Tage, dienen den Armen als Unbekannte, daß man nicht wissen kann, wer sie sind, darnach gehen sie wieder heim ... Also werden auch die Fündlinhäuser gehalten, in welchen die Kinderlin auf's Beste ernähret, aufgezogen, unterweiset und gelehret werden, schmücken sie alle in eine Kleidung und Farbe, und ihr wird auf's Beste gewartet.« Zitiert nach W. Durant, Kulturgeschichte ..., VIII, S. 301.

Die meisten dieser Spitäler entstanden im 14. und 15. Jh. dank der Bemühungen weltlicher und geistlicher Stifter. Siena erbaute 1305 ein Spital, das seiner Größe und guten Pflege wegen berühmt wurde. Venedig errichtete 1423 auf der Insel Santa Maria di Nazaret ein *lazaretto* für Personen mit ansteckenden Krankheiten. Florenz besaß im 15. Jh. 35 Spitäler. Einige der Spitäler waren für ihre Malereien und die Schönheit ihrer Architektur berühmt, wie das Ospedale Maggiore in Mailand, das von Francesco Sforza und Bianca Maria Visconti 1456 gegründet wurde. Das Gebäude, das im Kernstück nach Plänen Filaretes erbaut ist, bildet mit dem Castello Sforzesco zwei Pole einer imaginären Achse durch

Mailand. In Mantua gründete Lodovico Gonzaga das Ospedale Maggiore für Arme und Kranke, das er jährlich mit 3000 Dukaten aus der Staatskasse unterstützte.

106 *Monte di pietà* heißt wörtlich »Berg der Mildtätigkeit«. Zu dieser Einrichtung vgl. L. E. Sarzi-Amadé, I conventi . . .; L. von Ranke, Geschichte der Päpste . . .; G. Procacci, Geschichte Italiens . . ., S. 139 f.; W. Durant, Kulturgeschichte . . ., Bd. 8, S. 355 ff. Die Unterstützung derartiger öffentlicher Einrichtungen sowie von Spitälern, Lazaretten, Asylen, Armenhäusern, Waisenhäusern durch Stiftungen und Testamente galt als Standespflicht. Zur fatalen Dialektik, die darin besteht, daß derjenige, der es empfängt, vergessen soll, daß derjenige, der gibt, derselbe ist, der vorher genommen hat, siehe Ruggiero Romano, Versuch einer ökonomischen Typologie, in: Die Gleichzeitigkeit des Ungleichzeitigen . . ., S. 36 ff.

107 Zum fortschrittlichen Schulwesen in der Epoche der Renaissance und der Zeit der Reformation vgl. W. Durant, Kulturgeschichte . . ., die Bände VIII, S. 17 ff. und X, S. 155 ff.

Eine Akademie wie die in Sabbioneta gründete auch Scipione Gonzaga von Gazzuolo, die Accademia degl'Eterei, in welcher der junge Tasso verkehrte und angesehene Literaten kennenlernte, die ihn berieten, ihn mit ihrer Schulkritik aber auch belästigten. 1582 wurde die Accademia della Crusca gegründet, die das Italienisch, wie es Dante, Petrarca und Boccaccio geschrieben haben, kanonisierte. An allen Fakultäten ging der Trend hin zur Systematisierung und Methodenreflexion, die vielfach im Geist des Tridentinischen Konzils gedeutet wird, als Stärkung der Autorität und Verbreitung der Bereitschaft, sich einer Ordnung zu fügen. Speziell auf dem Gebiet der Literatur hielt man streng auf die Einhaltung der aristotelischen Poetik und Dramaturgie, die der zeitgenössischen Literatur oft den Charakter von Pedanterie gibt. Die ersten Akademien der Region waren die in Padua und Bologna. Auch die in Ferrara konnte sich sehen lassen. Was die empirischen Wissenschaften betrifft, war Padua die Hochburg der Aufklärung. Hier gab es die erste Anatomie, ein *teatro anatomico* mit einem Seziertisch unterhalb einer Kanzel. Die Philosophie, in Padua von Pomponatius gelehrt, in Ferrara von Patritius oder Francesco Patrizi, mußte aber zunehmend sophistische Kunststücke vollbringen, um dem Zugriff der Inquisition zu entgehen. Die Literatur wurde immer unverhohlener von der kirchlichen Zensur gemaßregelt.

108 Wenn von Liberalität gegenüber den Juden die Rede ist, bedarf dies freilich der Erläuterung. Vielerorts wurden einigen von ihnen von den Landesherren und dem Adel protegiert, weil man sie als potente Kreditgeber schätzte, die schnell und zu günstigen Konditionen Geld herbeischaffen konnten, deren rechtliche Möglichkeiten der Schulden- und Zinseneintreibung zugleich begrenzt waren. In der Renaissance gibt es bereits Vorläufer des späteren Hofjudentums der absolutistischen Staaten des 17. Jh., in denen sich die Fürsten auf ihre Hoffaktoren stützten, die eine kleine Aristokratie bildeten und von den übrigen Juden durch Generalprivileg getrennt waren, denen nur der Altkleider- und Altwarenhandel erlaubt war. Das Gros der bürgerlichen Bevölkerung und der ständischen Organisationen hatten aber auch erstere zumeist gegen sich, und oft konnten auch wohlhabende Juden den Übergriffen der Bürger nur durch Zahlung hoher Ablösesummen und den Schutz ihrer adligen Kunden entgehen. Die Zahlung erpreßter Lösegelder gehörte zu den ständigen Einnahmen so mancher Stadtverwaltung.

Die aus der Sicht der Kirche »nachlässige Haltung« der Gonzaga gegenüber den Juden Mantuas führte 1495 zum Eingreifen der radikalen Partei der Kirche und zu einem Pogrom gegen den Bankier Daniele Norsa, dessen Haus man beschmierte und demolierte. Anstifter war der Eremit Giralomo Redini, der auch den Marchese Francesco Gonzaga dazu veranlaßt hatte, auf Kosten jenes Bankiers eine Madonna mit Kind von Mantegna malen zu lassen. Er erreichte schließlich, daß Francesco das Haus des Juden konfiszieren und abreißen ließ, um an dessen Stelle eine Kirche zu bauen, die der S. Maria della Vittoria gewidmet wurde und in der Tat die Mantegna-Madonna erhielt. Drastisch verschlechterte sich die allgemeine Situation der Juden unter der Regentschaft des Kardinal Ercole und des Herzogs Francesco II. in Mantua. 1543 beschloß man per Dekret, daß kein Jude in der Stadt und im Territorium Privatbesitz haben dürfe. Vorhandener Hausbesitz mußte von Christen verwaltet werden.

109 Siehe: Mantova, la storia, Bd. I, Gli Ebrei.

Nach der Wiedereinführung rigider Judengesetze Mitte des 16. Jahrhunderts wurde das Leben für die Juden allgemein wieder beschwerlicher, selbst im polyglotten Rom. Auch die italienischen Hafenstädte Neapel, Palermo, Ancona, die eine Zeitlang Zufluchtsorte für jüdische Flüchtlinge aus ganz Europa gewesen waren, schlossen sich dem spanischen und portugiesischen Vorbild an. Einzig der Freihafen Livorno blieb (wie zeitweilig Antwerpen und nach dem Abfall der Niederlande Amsterdam) für die verfolgten Juden offen. Venedig blieb mit seinen Ausweisungsdekreten halbherzig genug, um selbst den Zuzug portugiesischer Flüchtlinge nicht zu verhindern, die allerdings aus der Giudecca in ein, vermutlich nach einer Eisengießerei, *ghetto* genanntes Wohnviertel umgesiedelt wurden. Dem Beispiel der »Ghettoisierung« folgten viele andere Städte, wie Siena, Florenz, Rom, Ancona, Bologna. Die Umsiedlungen brachten den Stadtverwaltungen, da sie mit Zwangsverkäufen jüdischen Grundbesitzes verbunden waren, stattliche Einnahmen. Fortan war ihnen der Besitz von Grund und Boden überhaupt untersagt.

Die Möglichkeiten gewerblicher Tätigkeit wurden drastisch eingeschränkt. Die Aufnahme in die Zünfte wurde ihnen im allgemeinen verweigert, so daß sie sich wieder auf Kleinhandwerk, Altwarenhandel, Hausiererei und Geldverleih beschränkt sahen. Für Einzelheiten auch außerhalb Italiens vgl. W. Durant, Kulturgeschichte..., Bd. 8.

110 Zu den Drucken der Foà siehe: G. B. de Rossi, Annali ebreotipografica di Sabbioneta sotto Vespasiano Gonzaga, im Anhang zu I. Affòs Vita di Vespasiano Gonzaga...

Die Produktion der Foà beschränkte sich nicht auf hebräisch-jüdische Literatur, sondern schloß lateinische und italienische Schriften ein. In den meisten Teilen Italiens hatte die humanistische Förderung hebräischer Literatur durch den »Index« und Bücherverbrennungen ein barbarisches Ende gefunden. Einer Anordnung Papst Julius III. zufolge sollten sämtliche auffindbaren Exemplare des Talmud verbrannt werden (1553). Nur Venedig und Mantua leisteten dieser Order keine Folge.

Nach den Erfolgen des Buchdrucks in Deutschland wurden in Italien zuerst in Rom und Venedig Druckereien eingerichtet. Papst Paul II. ließ 1467 die erste Druckerei Italiens in Rom installieren. In Venedig folgte die »Officin Aldus Manutius«. In Mantua war es Lodovico Gonzaga, der 1444 die Nachfolge Gianfrancescos angetreten hatte, der nicht nur Schreiber und Miniaturisten beschäftigte (in seinem Auftrag sind u. a. Illuminationen der Göttlichen Komödie und der Aeneas angefertigt worden), sondern auch die erste Druckerpresse in Mainz bestellte. Zu den ersten Druckereien Italiens zählt auch die im Sabbioneta benachbarten Casalmaggiore. Hier wurde 1486 das »Machazar« gedruckt, eine Sammlung hebräischer Gedichte. Ein kostbares Exemplar befindet sich in der Columbia University in New York. 1581 erschien in derselben Druckerei eine der ersten Ausgaben von T. Tassos »Befreitem Jerusalem«.

111 Das Papier kann auch aus den Manufakturen Genuas gestammt haben. Die Druckmaschinen soll auch Vespasiano direkt in Mainz bestellt haben.

112 Wie außerordentlich begehrt und mit Aufträgen überhäuft ein Künstler wie Giulio Romano gewesen ist, davon vermittelt der Beitrag von E. H. Gombrich im Katalog der Londoner Ausstellung »Splendours of the Gonzaga« einen Eindruck, der den Ausspruch Shakespeares »that rare italian master« auf Romano bezogen sieht.

113 Vgl.: Lombardia. Il territorio, l'ambiente, il paessaggio . . .; siehe auch G. Procacci, Geschichte Italiens . . .

114 Zu jener Zeit wurde die Akklimatisierung verschiedener exotischer Pflanzen versucht. Neben dem Mais und der Kartoffel kamen einige Blumen, u. a. die Magnolie und die Agave, die heute noch zur Blütenpracht der Lombardei beitragen, nach Europa. 1558 begann man in Spanien Tabak anzupflanzen. Auch ein neuer phosphat- und stickstoffreicher Dünger wurde bekannt, Vogelmist von den der peruanischen Küste vorgelagerten Guano-Inseln. 1517 schon war über Venedig der Kaffee eingeführt worden. Dort gab es die ersten europäischen Kaffeehäuser. 1620 findet man die ersten Rauchclubs in Deutschland. Die Lombardei, insbesondere die bewässerte Poebene, die seit dem Zeitalter der Stadtstaaten zu den Gebieten Italiens gehörte, in denen die Landwirtschaft am weitesten entwickelt war, wurde in dieser Zeit von einer neuen Welle landwirtschaftlichen Fortschritts erfaßt.

Ähnliche infrastrukturelle Aktivitäten wie für die Lombardei und das Mantovanische sind von Papst Sixtus V. (1585-90) belegt. Vgl. L. von Ranke, Geschichte der Päpste . . . Für die Erweiterung des Nutzlandes hat er Bedeutendes geleistet. Er veranlaßte, die Chiana von Orvieto und die pontinischen Sümpfe trockenzulegen. Der Fiume Sisto, der zu ihrer Entwässerung gegraben wurde, verdankte ihm seinen Ursprung und seinen Namen. Zum Aufbau von Seidenfabriken in Rom, die nach einem Projekt seines Hofarchitekten Fontana u. a. in den Ruinen des Kolosseum ihren Platz finden sollten, befahl Sixtus, wo immer dies möglich war, Maulbeerbäume anzupflanzen. Auch die Wollverarbeitung versuchte er als Heimarbeit zu fördern, um den Armen Verdienstmöglichkeiten zu geben. Anders als in der Lombardei blieben die meisten seiner Bemühungen allerdings im Projektstadium, oder sie wurden durch die sozialen Verhältnisse um ihren Erfolg gebracht. Der Großgrundbesitz und die unterlassene Verteilung des urbar gemachten Bodens ließen ihn bald wieder veröden. Die in den Händen des Hochadels konzentrierte Schafzucht hatte wie in Spanien die zusätzliche Versteppung einst fruchtbaren Landes und die Erhöhung der Zahl der Armen zur Folge.

Wichtig bleibt festzuhalten, daß im 16. Jahrhundert, entgegen landläufiger Meinung, insbesondere in der Lombardei die Landwirtschaft blühte und die Lebensmittelversorgung in Italien gesichert war. Erst bei einem Ausblick auf das Ende des Jahrhunderts zeichnet sich eine besorgniserregende Entwicklung ab:

Waren die Terraferma Venedigs und die Romagna im frühen 16. Jahrhundert noch getreideexportierende Länder, wurde Italien im 17. Jahrhundert wie Spanien von Getreideimporten abhängig. Infolge mehrerer Mißernten seit 1685 brach in Italien eine Hungersnot aus. Große Mengen von Getreide wurden aus Danzig erworben, um zumindest die großen Städte zu versorgen. Von den Versorgungsproblemen in Italien profitierten die Ostseestädte, der polnische Adel und die holländischen Reeder, die in dieser Situation ein Monopol des Getreidefernhandels an sich brachten, das sie bis in die Mitte des 17. Jahrhunderts hinein verteidigen konnten. Der Fernhandel hatte generell sein Gesicht gründlich verändert. Seine Waren bestanden nicht mehr primär aus Luxusgütern, sondern mehr und mehr aus lebensnotwendigen Massenprodukten wie Getreide, Vieh, das Dänemark z. B. nach Italien exportierte, und billig hergestellte Textilien aus England, welche die teure Ware aus Oberitalien nahezu vom Markt verdrängte.

115 Im Zuge der Umbauarbeiten entstanden die Paläste der Kardinäle Giaccomo Ammanati, Rodrigo Borgia, Francesco Gonzaga (dem Pius wegen dessen Weigerung mit Amtsenthebung drohte, und der sich darum mit der Bitte um finanzielle Unterstützung an seine Verwandten in Mantua wandte), des Vetters und Ratgebers des Papstes Jean Jouffroy von Arras, des päpstlichen Siegelbewahrers Tommaso Piccolomini, des Salomone Piccolomini, des Gregorio Lolli und anderer Höflinge, deren Häuser der Papst aus eigener Tasche finanzierte.

Viele Bürger erhielten von ihm Beiträge zum Neubau oder zur Renovation ihrer Häuser, unter der Bedingung, sich zu einer jährlichen Abgabe an die Kirche zu verpflichten. Einer von ihnen mußte ein Gasthaus als Gegenleistung errichten. Das Spital in Siena erhielt eine Unterstützung, damit es in Pienza eine Filiale eröffnete. Nachdem die Bauarbeiten einige Zeit gut vorangegangen waren, ersetzte Pius 1462 den alten Namen Corsignano offiziell durch Pienza, und man sprach in Urkunden nicht mehr von dem »Oppidulum« sondern von der »urbs«, der Stadt des Pius. Das Hofleben der Residenz blieb allerdings hinter den Erwartungen zurück. Nach einiger Zeit mehr oder weniger erzwungener Anwesenheit verbrachten nur wenige Kardinäle hier einige Wochen in der Sommerfrische. Vgl. L. H. Heydenreich, Pius II. als Bauherr von Pienza, in: Zeitschrift für Kunstgeschichte 6, 1937, S. 105-146.

116 Auch im Fall von Palmanova erfüllten sich die Erwartungen einer zügigen Besiedlung nicht. Die Bürger von Udine hatten den Bau der Stadt mit großer Skepsis verfolgt. Ihre Sorge, in ihr eine schädigende Konkurrenz ihrer Wirtschaftsinteressen zu bekommen, erwies sich aber als unbegründet.

117 So etwa in der 40. Novelle des 2. Teils der gesammelten Novellen Bandellos. Zur Hispanisierung des Lebens vgl. auch J. Burckhardt, Die Kultur der Renaissance in Italien . . ., 5. Abschnitt, 1. Kap.

118 Als Held der Christenheit wurde auch Vespasiano mit dem Goldenen Vlies und Adelstiteln geehrt.
Nun war das literarische Ideal freilich auch der Wirklichkeit als Negation entgegensetzt. Don Quijote ist die verkörperte Tragödie einer überlebten Einstellung. Er kann nicht aufhören, vom goldenen Zeitalter zu träumen. Vgl. Ernst Bloch, Prinzip Hoffnung, S. 1229 ff., wo er schreibt: »Die beginnende Bürgerwelt, gegen die Don Quijote mit eingelegter Lanze anrannte, ist nicht so herrlich, daß auch ein sinnloser Kampf unverständlich wäre. Die Ritterzeit war etwas edler, weniger entfremdet, mehr noch: Don Quijote erscheint im zweiten Teil des Romans, am Herzoghof nicht einmal ganz als Revenant aus dieser Zeit oder aus der Romantik über diese Zeit. Denn ist er am Herzoghof und in Spanien selber noch dicht beim nicht abgelaufenen, beim konservierten Feudalismus, so leuchtet der Ritter hier fast noch fremdartiger als unter Gastwirten und Polizisten.«
Von Tassos »Befreitem Jerusalem« wird gesagt, das Fromme und Erbauliche, der Ariosts Leichtsinn revidierende Ernst seien Zugeständnisse an den Zeitgeist gewesen, der von strenger Zensur und dem Terror der Inquisition geprägt war, um sich dadurch das Recht zu erkaufen, an Stellen, die wegen ihrer erotischen Färbung Bedenken erregen könnten, eigensinnig verfahren zu können.

119 Ariost hat in seinem »Orlando furioso« an mehreren Stellen gegen das scheckliche Kriegsgerät Stellung genommen: IX, 88-91, XI, 21-28.

120 Boiardo, Orlando Innamorato, I, 18/40 ff.; Ariost, Orlando furioso, X, 77 und XX, 1-2; Rabelais, Pantagruel, Kap. 8; Cervantes, Don Quijote, I, 37 und 38. Zum Topos »Waffen und Wissenschaften« oder »sapientia et fortitudo« oder »armas y letras« vgl. E. R. Curtius, Europäische Literatur und lateinisches Mittelalter, Bern 1948.

120ᵃ N. Machiavelli, Das Leben des Castruccio castracani aus Lucca, Köln, Wien 1969. Zum Begriff der *virtù* siehe auch Machiavellis 1532 postum erschienenen »Principe«: Der Fürst, hrsg. von Rudolf Zone, Stuttgart 1955.

121 N. Machiavelli, Discorsi, Stuttgart 1966, S. 142 ff.

122 Aus Francesco Poggios mit Niccolò Niccoli und Lorenzo de' Medici geführtem »Gespräch vom Adel«, Opera, Dialogus de nobilitate.

123 N. Machiavelli, Discorsi ...

124 Zur *virtù*, die Machiavelli von einem Principe erwartete und die er u. a. in seinem Castruccio verkörpert sah, gehören außer großen Fähigkeiten auf politischem und militärischem Gebiet auch Ehrgeiz, List und völlige Skrupellosigkeit. Er darf nicht zögern, selbst Freunden und Verbündeten das Wort zu brechen, wenn es dem eigenen Staat nützt. Jeder muß glauben, er sei die Milde, Güte, Redlichkeit und Gottesfurcht in Person. Er muß aber fähig sein, »das Tier im Menschen« auszunutzen.

125 L. B. Alberti, De re aedificatoria libri X. Florenz 1485. Zehn Bücher über die Baukunst, deutsch von Max Theurer, Wien, Leipzig 1912, 5. Buch, 4. Kap., S. 230.

126 Ebenda.

127 Ebenda, 5. Buch, 1. Kap., S. 220.

128 Ebenda, 5. Buch, 3. Kap., S. 228.

128ᵃ Ebenda.

129 Die Umbauten in Vigevano wurden in den Jahren 1491-95 durchgeführt. Zu Leonardos Konzeption vgl. u. a.: E. Garin, »La città ideale«, scienza e vita civile nel Rinascimento italiano, Bari 1965. Zum Echo dieser Konzeption vgl. V. Scamozzi, L'Idea dell'Architettura universale . . ., Venedig 1615, 2. Buch, 21. Kap. Die zweistöckige Stadtkonzeption wurde auch hygienisch begründet, ebenso wie das Plädoyer für kleine Trabantenstädte, die Lage am Fluß und die Berücksichtigung des Windeinfallswinkels in die Straßen. Diesbezügliche Interessen und Erfahrungen hatte man vor allem den verheerenden Pestepidemien der jüngsten Vergangenheit zu verdanken. Das zentrale Problem des hygienischen Städtebaus war denn auch, wie man wirksame Vorkehrungen gegen den ungehinderten Einfall des Pesthauchs und giftiger Winde überhaupt treffen konnte, ohne die Durchlüftung und Besonnung der Straßen zu beeinträchtigen.

130 Die über rechteckigem Grundriß erbaute Viereck-Bastion von Terra del Sole ist das am besten erhaltene Werk Buontalentis. Francesco di Giorgio nennt in seinen Abhandlungen als von ihm geplante und ausgeführte Befestigungen Cagli, Sassofeltro, Tavoleto, Serra Sant' Abbondio, Mondavio, Mondolfo, Montefeltro, das als vorgelagerter Schutz für Urbino diente. Unter Einbeziehung alter Mauerringe und vorhandener Burgen bildeten diese Arbeiten, von denen nur Bruchstücke erhalten sind, eine umfassende Neuordnung und Sicherung des Territoriums von Urbino unter der Signoria der Montefeltre.

Antonio da Sangallo dem Jüngeren, der 1546 gestorben ist, werden neben einigen Kirchen und Palästen auch die Festungen von Nepi, Castro (zerstört) und Perugia (1849 teilweise zerstört) zugeschrieben sowie das Hafenkastell von Città Vecchia. Seinem Onkel Antonio da Sangallo dem Älteren wird die Festung von Città Castellana zugeschrieben. Vgl. Cf. G. Giovannoni, Antonio da Sangallo il Giovane, Rom 1959.

131 Vgl. hierzu Volker Schmidtchen, Waffentechnik und Festungsbau. Rolle und Bedeutung der Artillerie in Angriff und Verteidigung fester Plätze, in: Zeitschrift für Festungsforschung 1, 1982.

132 L. Mumford, Die Stadt, München . . ., darin das Kapitel: Der Krieg als Faktor der Stadtplanung.

133 W. Braunfels, Mittelalterliche Stadtbaukunst . . ., S. 192 f.

134 Pilaster und Rustika für die Torrahmungen, die den Triumphtoren eine etwas düstere Pracht verleihen, hatte schon S. Serlio (1475-1552) empfohlen. Vgl. zu den möglichen Vorbildern: E. Marani, I centri minori gonzagheschi, in: Mantova, Le arte, III, S. 124.

135 L. B. Alberti, De re aedificatoria . . ., 4. Buch, 5. Kap., S. 202.

136 Ebenda, 4. Buch, 5. Kap., S. 201.

137 Ebenda.

138 Die Villa del Tè, die von Giulio Romano zwischen 1525 und 1534 erbaut wurde, soll einer Zeichnung aus den römischen Skizzenbüchern eines Marten van Heemskerck zufolge im Hof einen Labyrinthgarten enthalten haben, für dessen Existenz es aber sonst keinerlei Hinweise gibt. Auf einem 1567 gezeichneten Grundriß von Ippolito Andreasi fehlt dafür jedes Anzeichen. Möglich, daß Heemskerck eine Zeichnung Giulio Romanos zugrunde legte.

Wenige Jahre später, 1607, legte Gabriele Bertazzolo, Ingenieur und Kartograph am Hof der Gonzaga, im Auftrag von Herzog Vincenzo einen riesigen Labyrinthgarten am Rande der Stadt, südlich der Villa del Tè an. Er existiert nicht mehr, ist aber auf der Ansicht der Stadt Mantua abgebildet, die Bertazzolo 1628 selbst angefertigt hat.

Im Irrgarten des Palazzo del Tè steckt für Carpeggiani ein spielerisches Element dieser Symbolik: »Theater zu sein für die witzige Umkehrung des *concetto* von der Tugend, die über Glück und Zufall triumphiert – jener Grundthese des Renaissance-Humanismus – in ihr Gegenteil. Gegründet auf subjektive Laune triumphiert im Irrgarten der Zufall über die objektive Ordnung.«

P. Carpeggiani, Zwischen Symbol und Mythos. Das Labyrinth und die Gonzaga, in: Daidalos 3, März 1982.

139 Vergil spricht in seiner Aeneis an zwei Stellen des V. Buches über Labyrinthe.

140 Antonio Averlino, genannt Filarete, Traktat über die Baukunst, deutsch und hrsg. von Wolfgang von Oettingen, Wien 1896.

141 Wie schon in Bernardo Tassos Versepos »Amadigi« findet man in Torquato Tassos »Gerusalemme Liberata« einen Zauberwald mit gigantischen Monstren, sich verwandelnden Frauenfiguren und täuschenden Erscheinungen, dessen Beschreibung neben den »Hypnerotomachia Poliphili« zu den Vorlagen des für Vicino Orsini angelegten Parkes von Bomarzo gezählt wird. Auch der »heilige Wald« in Ariosts »Orlando furioso« wurde als Labyrinth aufgefaßt. B. Gracian und Comenius benutzten das Labyrinth als Symbol für die Stadt. Vgl. u. a. Mario Praz, I Mostri di Bomarzo, in: Illustrazione Italiana, 1953.

142 Vgl. Mario Praz, The Gonzaga Devices, in: Katalog zur Londoner Ausstellung Splendours of the Gonzaga ...

143 K. Forster, Stagecraft and statecraft, in: Oppositions 9, 1977, S. 63-87

144 So wie gefällige Genealogen einzelne Familien von berühmten römischen Geschlechtern ableiteten, so hatten die Historien der einzelnen Städte »von jeher auf einen wahren oder fingierten Zusammenhang mit Rom, auf direkte Gründung oder Kolonisation von dort aus hingewiesen«. J. Burckhardt, Die Kultur der Renaissance in Italien, 2. Abschnitt, 2. Kap. Die Ruinenstadt Rom.

145 K. W. Forster, From rocca to civitas ...

146 Das Städtelob wurde als Literaturgattung gepflegt. Meist in Prosa, zuweilen auch in Versen abgefaßt, trug es dem wachsenden Selbstbewußtsein von Städten und Bürgern Rechnung. Es hat antike Vorbilder, wie z. B. Livius' »Ab urbe condita« oder Aristides' panegyrische Lobrede auf Rom. Das Städtelob der Renaissance geht aber im Unterschied zu jenen stärker auf die konkreten Gegebenheiten der jeweiligen Stadt ein, stellt sie als architektonische und gesellschaftliche Realität dar, ohne dabei jedoch ganz auf mythologische und heilsgeschichtliche Bezüge zu verzichten. Cola di Rienzos »Descriptio urbis Romae« und Leonardo Brunis »Laudatio Florentini« erschienen Anfang des 14. Jahrhunderts. Bruni lobt die landschaftliche Lage seiner Heimatstadt, rühmt die Schönheit der Gebäude, hebt die sauberen Straßen und die Ordnung der auf Berufe spezifizierten Stadtteile hervor. Stets verfährt das Städtelob nach gleichen Kriterien und verbindlicher Reihenfolge. Neben der Gründung, der Geschichte und der geographischen Lage bildet der

Hinweis auf den Handel und das lokale Handwerk zusammen mit der Aufzählung der öffentlichen Einrichtungen einen unverzichtbaren Bestandteil des Lobs.

147 In V. Scamozzis Plänen der idealen Stadt dominiert ein komplexes Netzwerk von Straßen, Ringstraßen, Diagonalen, Kanälen etc., das die einzelnen Areale der Stadt miteinander verbindet und den unterschiedlichen Formen des Verkehrs und der Kommunikation Rechnung trägt. Schon Alberti hatte seine städtebaulichen Empfehlungen auf eine weitgehende Differenzierung der Verkehrswege gegründet und strikt zwischen zivilen und militärischen Straßen sowie zwischen Personen- und Warenverkehr unterschieden. Forster sieht in dem Stadtplan von Sabbioneta eine modellhafte Differenzierung unterschiedlicher Funktionsbereiche und deren verkehrstechnische Verknüpfung, wie sie Scamozzi postuliert hat. K. Forster, From rocca to civitas . . .

148 V. Scamozzi, Dell'idea della architettura universale . . .

149 Vgl. zu den »maisons particuliers« Norbert Elias, Die höfische Gesellschaft, Darmstadt, Neuwied 1979 (1969). Wohnstrukturen als Anzeiger gesellschaftlicher Strukturen.

150 Monpazier ist der malerische Schauplatz des Films »Fanfan der Husar« mit Gérard Philippe. Zu den französischen Bastiden im allgemeinen siehe: W. Weyres, Bastiden . . .

151 Die durch die Zurücksetzung der Eckstütze der Arkaden notwendig gewordene konsolenartige Ausbildung des Übergangs wird bei den benachbarten Häusern nicht einmal in Höhe und Form aufeinander abgestimmt, sondern rein individuell gestaltet. Auch stehen die auf lauter gleichgroßen Grundstücken errichteten Häuser, deren Fassaden den Marktplatz einfassen, alle einzeln und ohne einheitliche Abstimmung der Gesims- und Fensterhöhen und Giebelformen. Die Einzelhäuser sind oft auch nicht zu einer Gesamtfassade zusammengefaßt, sondern stehen getrennt durch Brandgassen bis zu einem halben Meter voneinander entfernt. Vgl. Jan Pieper, Die Cornières der Bastide Monpazier, in: Bauwelt 13, April 1979.

152 Plätze mit geschlossenen Ecken sind auch ein charakteristischer Zug der Idealstadtpläne, die V. Scamozzi in seinem Traktat veröffentlichte. Wie er in dem begleitenden Text anmerkt, gewinnt man sie dadurch, daß man die Straßen den Platz kreuzen läßt, anstatt ihn tangential zu umfahren: ». . . e perchè tutte le piazze haverebbono le strade in croce . . .« V. Scamozzi, L'Idea dell'Architettura Universale . . ., Teil 1., Buch 2., Kap. 20, S. 164.

153 Die Schönheit Pienzas wird von den Zeitgenossen vielfach gepriesen, besonders erwartungsgemäß von den Hofpoeten Papst Pius' II. Porcellio de' Pandoni und Lodrisio Crivelli. Vgl. E. Müntz, Les Arts à la Cour des Papes pendant le XVe et le XVIe siècle, I. Teil, Paris 1878, S. 229 f.; Leslie F. Smith, Lodrisio Crivelli of Milan and Aeneas Silvius 1457-1464, Sonderdruck aus »Studies in the Renaissance«, publications of the Renaissance Society of America, Bd. 9, New York 1962.

154 L. H. Heydenreich, Pius II. als Bauherr von Pienza . . .; vgl. auch: Armando Schiavo, Monumenti di Pienza, Mailand 1942; Enzo Carli, Pienza. La Città di Pio II., Rom 1967; D. Ivo Petri, Pienza, Storia breve di una simbolica città, Genua 1972; Rilievi di Pienza (eine Gebäude- und Fassadenaufnahme der örtlichen Denkmalschutzbehörde) o. J., Florenz.

155 L. H. Heydenreich, Pius II. als Bauherr ...

156 Zu Charleville, der Gründung des Charles Nevers oder Carlo Gonzaga (aus der französischen Seitenlinie der Gonzaga) und späteren Herzogs von Mantua, vgl.: Stéphane Taute, Charleville – Mézières, Colmar/Ingersheim 1972; Emile Baudson, Un urbaniste au XVII[c] siècle Clemant Metezeau, Architecte du Roi, Mézières 1956; ders.: Autour de la Place Ducale, Charleville 1935.

Zu Richelieu vgl.: M. Schultz van Treeck, Richelieu ...; H. Wischermann, Ein unveröffentlichter Plan der Stadt Richelieu von 1633, in: Zeitschrift für Kunstgeschichte 35, 1972, S. 302-306; Philippe Boudon, Richelieu, ville nouvelle, Essai d'architecturologie, Paris 1978.

Eine interessante Platzlösung besitzt auch Palmanova. Zu Palmanovas Architektur und Baugeschichte siehe Horst de la Croix, Palmanova. A Study in 16th century urbanism, in: Saggi e memorie di storia dell'arte 5, 1966, S. 23-41. Die Geschlossenheit der den Straßenstern zentrierenden Piazza wurde gewonnen durch eine leichte Drehung der Anlage, die wahrscheinlich auf Vorschläge V. Scamozzis zurückgeht, der sich in einem Stadium fortgeschrittener Planung in seinem Bemühen um ästhetisch anspruchsvolle Gestaltung gegen die Vorstellungen der einflußreichen Militärplaner nur teilweise durchsetzen konnte. Die sechs im Zentrum der Radialanlage zusammenlaufenden Straßen bilden nun nicht mehr die Ecken der sechs Platzseiten, sondern laufen jeweils durch deren Mitte, während die Seiten selbst im entsprechenden Winkel eingeknickt sind.

157 So in den mittelalterlichen Bastiden. Vgl. P. Lavedan und J. Hugueney, Urbanisme au Moyen Age ... Diese von K. W. nahegelegte Ansicht, die allerdings von seiten der örtlichen Denkmalpfleger verworfen wurde, taucht wieder auf bei Angela Marino Guidoni, Sabbioneta: l'uomo d'arme e lo »spirito di lignaccio«, in: Lombardia. Il territorio, l'ambiente, il paesaggio ... In der Tat würde diese Annahme dem Idealschema entsprechen, wie es z. B. Filarete konzipiert, und wie es an vielen Orten der Lombardei realisiert worden ist, etwa in Mailand oder Ferrara, Filarete: »Ich wünsche mir den Palazzo del Podestà und den Palazzo della Ragione an dem Marktplatz. Sie sollen einander gegenüberliegen.« (9. Buch, folio 70 v) »Der Marktplatz soll am einen Ende begrenzt sein vom Palast des Herrschers und am gegenüberliegenden vom Gerichtshof.« (6. Buch, folio 43)

158 L. B. Alberti, De re aedificatoria ..., 5. Buch, 3 Kap.

159 Loggien finden sich in zahlreichen italienischen Städten schon seit dem 14. Jahrhundert, so in San Gimignano, Bologna und in Siena. Seit dem 15. Jahrhundert werden sie als Symbol der Tyrannis verdächtigt. Zu diesem Spättypus zählt u. a. auch die Loggia der Guinigi in Lucca. Vgl. hierzu W. Braunfels, Mittelalterliche Stadtbaukunst ..., S. 200 ff. Zum Palazzo Ducale vgl. T. Buzzi, Il palazzo ducale di Sabbioneta, in: Dedalo X, 1929, S. 272-301; L. Alberto, Il palazzo »grande« o ducale di Sabbioneta: considerazioni relative al suo restauro corredate da un rilievo del monumento stesso, in: Civiltà Mantovana V, 25, 1970, S. 1-29; zu den herzoglichen Gebäuden in Sabbioneta vgl. auch eine Artikelserie von G. Peccati in der »Gazetta di Mantova«; siehe auch: P. Azzali, Descrizione degli Edifici Monumentali ed Oggetti d'Arte esistenti in Sabbioneta e brevi cenni storici sulla vita di Vespasiano Gonzaga suo I Duca tratti dall'opera omonima del

P. Ireneo Affò (Parma 1780), Casalmaggiore o. J., AA. VV. Sabbioneta, Mantua 1959.

160 Zu dieser Information siehe ebenfalls den Ausstellungskatalog. Zur Ahnengalerie vgl. R. Berzaghi, La Galleria della Città, nel palazzo di Sabbioneta, in: Civiltà Mantovana, 1977, S. 377-388. Zum Dekorationsthema der Ahnengalerie vgl. das vestibolo sangallesco im Palazzo Farnese in Rom und das Atrium mit in Nischen aufgestellten Ahnenbüsten in der Villa Imperiale in Pesaro.

161 In einer anderen Version des Mythos ist Phaeton Sohn der Eos, der Morgenröte. Er wird von Aphrodite entführt und zu einem ihrer Priester. Zu ihren gemeinsamen Nachkommen gehört Adonis. Seit Correggios Darstellung der Diana in Parma fuhr man in Wagen oder auf Wolken über den Himmel. Auch Madonnen schwebten nicht mehr grund- und erklärungslos, sondern nur noch mit sichtbarer mechanischer Hilfe.

162 Einen Standard für die beliebten römischen Säle hatte Tizian mit einem nicht erhaltenen Zyklus von 11 Darstellungen römischer Kaiser gesetzt, die er im Auftrag des Markgrafen Federico Gonzaga angefertigt hatte, nachdem er 1523 dessen Ruf nach Mantua gefolgt war. (Tizian blieb einige Jahre in Mantua, nach seinen Stationen Ferrara und Venedig, bevor er in die Dienste Karls V. trat.)

163 Außer den vermuteten Ansichten von Rom und Neapel sollen auch solche von Florenz, Sabbioneta selbst und Mirandola vorhanden gewesen sein. D'Alberto, Il palazzo »grande« o ducale a Sabbioneta, considerazioni relative al suo restauro, in: Civiltà Mantovana 1971, S. 1-29. Eine Abbreviatur der Stadt Rom findet sich im Casino als Hintergrund einer der Aeneas-Dido-Episoden.

164 So z. B. Parmigianino, der für Paola Gonzaga in Fontanellato ein Bad mit Diana-Fresken ausgestaltete. P. Klossowski hat in einem tiefschürfenden Aufsatz über diese wunderschönen Fresken die zahlreichen Bedeutungsschichten unterschieden, die der Mythos zu jener Zeit bereits angelagert hatte. Dabei zieht er Symboltheorien und Analysen von Creutzer, Cassirer, C. G. Jung, K. Kerényi, Lanoe-Villène u. a. zu Rate. P. Klossowski, Le bain de Diane, in: FMR, emsile di Franco Maria Ricci, 14. Paris 1980. Vgl. auch: M. Fagiolo dell'Arco, »Peritissimo alchimista«; analisi del Parmigianino, in: L'arte 5, 1969, S. 67-137

165 Zu Diana und Endymion siehe: Edgar Wind, Heidnische Mysterien in der Renaissance, Ffm. 1984 (1958), Kap. X. Amor als Todesgott, insbes. S. 180 ff.

166 Zum Casino vgl. T. Buzzi, I palazzi ducali di Sabbioneta: il palazzo del Giardino, in: Dedalo IX, 1928, S. 221-252. Vgl. auch zum Palazzo Tè in Mantua: Amedeo Belluzzi, Walter Capezzali, Il palazzo dei Lucidi Inganni. Palazzo Tè a Mantova, Florenz 1976.

167 Die Maler arbeiteten häufig mit Symbol-Lexika. Das berühmteste ist das 1450 in Florenz erschienene »Fiori di virtù«.

168 Zum Bedeutungsspektrum der Venus-Darstellungen im 16. Jahrhundert siehe: Erwin Panofsky, Studien zur Ikonologie, Köln 1980 (1939); E. Wind, Heidnische Mysterien . . ., Kap. V. Tugend versöhnt mit Lust.

169 Das Pferd als platonisches Symbol sinnlicher Leidenschaft oder Libido verweist auch auf das, was die Neuplatoniker der Renaissance *amore bestiale* genannt haben. Phylira verkörpert entsprechend die Fähigkeit der Frau, die animalische

Leidenschaft zu zügeln, wie sie auch in der keuschen Göttin Hippo zum Ausdruck kommt.

170 Arachne steht auch wie Penelope und Circe bei Homer für die Herrin des Hauses. Zu den Arbeiten, die ihrer würdig sind, gehört vor allem die am Webstuhl. Bei Vergil wird die Fähigkeit des Webens der Göttin der Weisheit Minerva zugeschrieben, die der griechischen Athene entspricht. Vgl. T. Tasso, Der Gutsherr. Mars steht als Gegenstück zu Arachne für den Hausherrn, dessen würdigste Beschäftigung das Kriegshandwerk darstellt.

171 Sonette Michelangelos oder Francesco Maria Molzas belegen, daß im 16. Jahrhundert auch eine ganz subjektive erotische Deutung des Phaeton-Mythos möglich war.

172 Die perspektivisch wohl kühnste Version des Phaeton-Sturzes ist die von Gian Battista Calore (1592-1677) im Chateaux in Cagnes. Mann, Pferde, Wagendeichsel, Räder stürzen in rasantem Tempo auf den direkt unter ihnen stehenden Betrachter zu.

173 Dem Symbol der Sonne waren Devisen zugeordnet, wie die von Federico II. Gonzaga: SOLUS INDEFICIENS (Allein unfehlbar).

174 Vespasiano übernahm auch ein Motto von Horaz (Od., III. 10, 11. 12) FERIUNT SUMMOS (Sie berühren das Hohe), dem das Bild von auf einen Berg niedergehenden Blitzen zugeordnet ist, die besagen sollen, daß Gott allein ihn maßregeln und schrecken könne. Etliche der Devisen der Gonzaga lassen sich einer Liste entnehmen, die Jacobus Typotius im 16. Jahrhundert angefertigt hat.

Devisen wurden entweder den Dichtungen berühmter Autoren entnommen oder von zeitgenössischen Dichtern den Herren und Damen gewidmet. Ihre Erfindung galt als hohe Kunst. In seinem Werk »Agudeza y arte de ingenio« schrieb Baltasar Gracián, Embleme, Hieroglyphen und Devisen seien wie Edelsteine zum Gold eleganter Gespräche. Ihnen solle möglichst ein vertrackter Witz und ein dunkler Sinn eigen sein. Sie gäben allem Geschriebenen größere Autorität und machten den Leser aufmerksam. Der ghibellinische Bischof von Potenza Scipione Ammirato definierte in seiner Schrift über das Erfinden von Devisen (Neapel 1562) diese als die Philosophie des Ritters und als die Kunst der alten Weisen, die Märchen und Lügen erfanden, um die Geheimnisse der spekulativen Wissenschaften vor der vulgären Masse zu verbergen.

Häufig waren die Devisen symbolische Formulierungen von Absichten und Vorsätzen, Selbsteinschätzungen, zuweilen zeigten sie auch die Verarbeitung oder das Eingeständnis der Niederlage oder von Unglück an, wie z. B. die Zahl XXVII., die Isabella d'Este mehrfach verwandte, als sie sich nach dem Tod ihres Gatten verlassen und von ihrem Sohn verdrängt fühlte. Die Zahl klingt wie »vinti sète« (Du bist besiegt). Über Isabellas berühmtes Motto »NEC SPE NEC METU« und seine möglichen Interpretationen schrieb Equicola 1505 ein ganzes Buch. Außer Isabella bediente sich auch König Philipp II. dieser Devise. Luigi »Rodomonte« Gonzaga adaptierte nach der Teilnahme am *sacco di Roma* die Devise SIVE BONUM SIVE MALUM FAMA EST (Ruhm ist weder gut noch böse). Vespasianos kriegerischer Charakter wird u. a. illustriert durch die Devise DECUS ET TUTAMEN IN ARMIS (Waffen sind mein Ruhm und mein Schutz). Zu den Devisen der Gonzaga siehe: M. Praz, The

Gonzaga Devices, in: Katalog der Ausstellung Splendours of the Gonzaga; G. Guidetti, Vespasiano nei suoi stemmi, motti e sigilli, Reggio Emilia 1970.

175 Vgl. E. Wind, Heidnische Mysterien..., Kap. X. Amor als Todesgott.

176 Die antike Gruppe war 1506 in Rom entdeckt worden. In zahlreichen Stichen wurde dies Kuriosum publik gemacht.

177 Zur Motivgeschichte der Dido-Legende siehe: Elisabeth Frenzel, Stoffe der Weltliteratur, Stuttgart 1976.

178 Die ikonographische Entschlüsselung dieses Bilderzyklus scheint mir noch auszustehen. Anhaltspunkte sind im weiteren Bedeutungsbereich von Venus und Diana zu suchen. Der Behandlung der Landschaft wird freilich die genrebezogene Titelgebung am ehesten gerecht. Der für die lombardische Malerei jener Zeit typische, u. a. wohl auf flämische Einflüsse zurückgehende atmosphärische, die optischen Reize von Dunst und Lichtverhältnissen einfangende Charakter, der sich auch in den kleineren Landschafts-Vignetten wiederfindet, bildet eine Parallele zur Genese der Landschaftspoesie z. B. E. S. Piccolominis, die wiederum auf Vergils »Bucolica« zurückverweist. Vgl. hierzu u. a. J. Burckhardt, Die Kultur der Renaissance..., 4. Abschnitt, 8. Kap., Schilderung des bewegten Lebens.

Für die Entschlüsselung der Jagdszene bietet sich der mit Diana verknüpfte Mythos der Atalanta an: Atalanta, die Tochter des Jasos, König von Argos, erscheint als eine Gestalt der Artemis/Diana in der Sage von Meleagros, Sohn des Oineus, König von Kalydon, und seiner Gemahlin Althaia. Da der König den Kult der Artemis vernachlässigt hat, hetzt die Göttin den gräßlichen Eber auf, der das Land des Kalydon verwüstet. Darauf laden die Brüder der Althaia und ihr Sohn Meleagros, der Held der Argonautenfahrt und Eroberer des Goldenen Vlieses, alle berühmten Männer Griechenlands zu einer Treibjagd auf das Ungeheuer ein: Jason, Theseus, die Dioskuren, Telamon, Nestor u. a. Unter diese illustre Jagdgesellschaft mischt sich auch Atalanta, »die Schnellfüßige«, »der Ruhm der Wälder des Lykaion«, die sich »wie ein Jüngling mit der Grazie einer Jungfrau« oder »wie eine Jungfrau mit der Strenge eines jungen Helden« bewegt, ganz im Sinne des Frauenideals im 16. Jahrhundert, wie es z. B. Isabella verkörperte. Während der Jagd bemüht sich die ganze Gesellschaft vergebens, das Ungeheuer zur Strecke zu bringen, bis Atalanta, d. h. die Göttin selbst, es mit ihrem Pfeil erlegt. Da will Meleagros, der sich hoffnungslos in die Jägerin verliebt hat, ihr den Kopf des Tieres als Trophäe zusprechen. Die Onkel des Meleagros allerdings empfinden dieses Geschenk an eine Fremde als Beleidigung. In dem Streit, der darüber ausbricht, erschlägt Meleagros sie. Althaia, als sie von dem Tod ihrer Brüder erfährt, wird heimgesucht von dem Gedanken an die Sühne, die sie ihrem Sohn auferlegen müsse. Im Zwiespalt zwischen der Liebe zu ihrem Sohn und zu ihren Brüdern überliefert sie nach einem furchtbaren inneren Kampf ihrem Sohn dem Tode.

In der Interpretation Suetons, der sich auf das Atalanta-Gemälde bezog, das Tiberius in seinem Arbeitszimmer aufbewahrte, wurden alle Opfer der Rache der Artemis/Diana, die sich ihrer Reize nur bedient hatte, um zu strafen.

Der Atalanta-Mythos könnte durch lokale, familiäre und literarische Bezüge aktualisiert worden sein: Im »Rasenden Roland« wird des Sarazenenkönigs Rodomontes Sturm auf Paris in der 120. Stanze des 14. Gesangs mit der Wildschweinjagd im Mallea-Sumpf am linken Poufer, in der Nähe von Volano verglichen, der damals besonders viele Wildschweine barg:

> Durchweicht und schmutzig, drängt er nach den Mauern
> Durch Feuer und Geschoß von Pfeil und Stein,
> Wie im Mallea-Sumpf zum Schreck der Bauern
> Durchs Röhricht kommt gerast das wilde Schwein,
> Das, wo es geht, mit Rüssel, Brust und Hauern
> In alles mächt'ge Lücken reißt hinein.
> Er sucht den Schild als Schutzdach zu verwenden,
> Gott böt' er Trotz, geschweige Mauerwänden.

Dieser Vers, der auch eine Reminiszenz an Vergils Aeneas, IX, darstellt, könnte der Vorwurf der Jagdszene gewesen sein, die auch einen Sarazenen zeigt, und die so eine Hommage an Vespasianos Vater Luigi »Rodomonte« darstellen würde.

179 Vgl. E. Panofsky, Die neoplatonische Bewegung in Florenz und Oberitalien, in: ders., Studien zur Ikonographie ...

180 So sind hieroglyphische Erklärungen der Grotesken beispielsweise belegt für das Kloster Santa Guistina in Padua (der Zyklus ist zerstört, aber in Stichen überliefert), für den an Correggios Camera di San Paolo in Parma angrenzenden Raum, und es heißt, daß Mantegna in seinen Triumph Caesars für den Palazzo Ducale in Mantua Hieroglyphen aufgenommen habe, die er dem antiken Fries in San Lorenzo fuori le mura entnahm. Vgl. R. Wittkower, Hieroglyphen in der Frührenaissance, in: Allegorie und der Wandel der Symbole in Antike und Renaissance, Köln 1983 (1977).

181 Vgl. hierzu C. G. Jung, der diesen Gedanken wieder aufgreift und dabei auf Nietzsche Bezug nimmt: Psychologie und Alchimie, Zürich 1944, S. 254.
Vgl. auch E. Wind, Heidnische Mysterien ..., Kap. IV. Orpheus zum Lobe der blinden Liebe.

182 E. Panofsky, Studien zur Ikonologie ..., S. 213

183 Im Jahre 1557 hat Vespasiano bei einem zwischenzeitlichen Aufenthalt in Neapel im Salon seiner legendären Tante Giulia an einem Disput über die Poesie teilgenommen, dessen Resultate zu großen Teilen in den »Arte Poetica« überliefert sind, die von Antonio Minturno 1563 in Venedig publiziert worden sind. Zur Trivialisierung des Platonismus vgl. E. Panofsky, ebenda: Der Schauplatz des typischen Dialogs ist fortan nicht mehr das Symposium einer platonischen Akademie, sondern wird verlegt »in die duftenden Gärten vornehmer Damen oder sogar in die Boudoirs gebildeter Kurtisanen«. Panofsky erwähnt u. a. eine gewisse Tullia d'Aragona, die selbst einen Dialog »über die Unendlichkeit der Liebe« verfaßte. Bembos »Asolani« spielen in den Gärten der Venezianerin Caterina Cornaro, der Exkönigin von Zypern. Ein Dialog O. Betussis, »Raverta«, spielt im Boudoir der venezianischen Dichterin Franceschina Baffa oder Beffa.

184 Der Tendenz der Reallegorisierung unterlag neben Venus, Amor, Diana etc. auch u. a. die Figur der Dido, nun nicht mehr als Mahnung zum Gehorsam gegen die Götter, sondern als Warnung vor fleischlicher Begierde.
Zu Romanos Talent, das er mit Aretino teilte, den erotischen Gehalt der antiken Mythen herauszudestillieren, muß man allerdings mit Stendhal eine Einschrän-

kung machen. In Stendhals Fragmenten findet sich eine Äußerung, die einen Eindruck mit der sich abnutzenden Wirkung dieser Art von erotischen Darstellungen vergleicht: »Hofzeremonien, bei denen die Frauen ihre entblößten Brüste zur Schau stellen wie die Offiziere ihre Uniformen, ohne daß die Enthüllung so vieler Reize mehr Aufsehen erregt, rufen unwillkürlich die Erinnerung an die Szenen Aretinos wach«, in: Œuvres, hg. von Abravenel, Del Litto, Lausanne 1961, S. 351.

185 Zu Bernadino Campi (Cremona 1522-Reggio Emilia 1591) siehe: A. Lamo, Discorso intorno alla scoltura, et pittura, dove ragiona della Vita, et Opere in molti luoghi, e a diversi Prencipi e Personaggi fatta dall' Eccell. e Nobile Bernadino Campi pittore cremonese. Cremona 1584; vgl. auch Mario di Giampaolo, Bernadino Campi a Sabbioneta e un potesi per Carlo Urbino, in: Antichità viva, 14, 1975, 3, S. 30-38.

In Campis Arbeiten in Sabbioneta hat Giulio Romano in mehrfacher Hinsicht Schule gemacht: Romanos Aufgabe als Federicos erster Maler, Zeichner und Architekt war es, ein totales Environment zu kreieren, das den Reichtum und die Überkultiviertheit seines Patrons herausstellen sollte. Romano mußte sich in hohem Maße seiner Schüler bedienen, um den vielen, ihn von allen Seiten bestürmenden Auftraggebern einigermaßen gerecht zu werden, aber auch, weil sein Talent nicht in der aushaltenden Ausführung, sondern in der Erfindung und im »locker Hingeworfenen« lag. Eine ähnliche Aufgabe oblag B. Campi in Sabbioneta, und unter ähnlichen Bedingungen sind dessen Arbeiten hier entstanden.

Zu den Pesenti siehe: A. Racheli, Delle memorie..., S. 675-677; L. Luchini, I Pesenti artisti di Sabbioneta, Bozzolo 1892.

186 Zur Galerie siehe E. Marani, C. Perina, Mantova, Le Arti..., Bd. III, S. 131.

187 Vgl. Wolfram Prinz, Die Entstehung der Galerie in Frankreich und Italien..., S. 52 f.

De'Dondi, der im Juni 1589 die Galerie besichtigte, schwärmte von den Geweihen aus Prag und der wunderbaren Ausstattung. Estratti del Diario...

188 »... *facessimo fare tutto da fontamenti l'Odeo, e Teatridio all'Eccellenza del Signore Duca Vespasiano Gonzaga nella sua città di Sabbioneta, capace di buon numero di persone, oltre alcune stanze da un capo, e dall' altro, accomodate a vari usi, e con l'orchestra e gradi per sedere...*«, Dell'idea della architettura universale di Vincenzo Scamozzi, Architetto veneto, Venedig 1615, Teil 1, zweites Buch, Kap. VI, Seite 118.

Aus einer Biographie Scamozzis ist zu entnehmen, daß dieser am 1. Mai des Jahres 1588 dem Auftrag Vespasianos Folge leistete und von Venedig nach Sabbioneta reiste, wo er drei Tage später eintraf. Von Vespasianos Ministern empfangen und bewirtet, hielt er sich acht Tage in Sabbioneta auf, während derer er Entwürfe für das Theater und die *scena fissa* anfertigte. Zum Teatro Olimpico in Sabbioneta siehe u. a.: Gordon Craig, The Theater of Sabbioneta, in: »The Masque«, 1923, Nr. 9, S. 24 ff.; T. Buzzi, Il »teatro all'antica« di Vincenzo Scamozzi in Sabbioneta, in: Dedalo, VIII-128, S. 488-524; T. Varisco, La ricostruzione della scena del Teatro Olimpico di Sabbioneta, in: Civiltà Mantovano, I.-1, 1966, S. 21-26; Decio Gioseffi, Polladio e Scamozzi, il recupero dell'illusionismo integrale del teatro vitruviano, in:

Bolletino del centro internationale di studi di architettura, di Andrea Palladio XVI., 1974, S. 271-286.

189 S. Serlio, Frontispiz des 3. Buches der Tutte l'opere d'architettura et prospectiva de Sebastiano Serlio Bolognese ... Die Mode der Inschriften, die Sabbionetas Paläste übersäen, erreichte im 16. Jahrhundert ihren Höhepunkt.

190 Hierzu K. W. Forster: »In the theater, the cover of the intricate social ›clockwerk‹ sprang open and revealed the mechanism of all its wheels and pulsating springs.« Stagecraft and Statecraft: The Architectural Integration of Public Life and Theatrical Spectacle in Scamozzis Theater in Sabbioneta, in: Oppositions 9, 1977, S. 63-87.

191 Die *camera ottica* von Fontanellato läßt an den imaginären Ranuccio von Parma in Stendhals »Kartause« denken, von dem gesagt wird, er habe einen Mechanismus, um zu beobachten, ohne gesehen zu werden.

Die Fontanellato-Szene in »Prima della Revoluzione« fehlt in der deutschen Synchronfassung. Zu diesem Film, dessen Handlungsgerüst u. a. eine Hommage an Stendhals »Kartause von Parma« darstellt, hat Urs Jenny angemerkt, daß das nach innen gespiegelte Außen durchgängiges Formprinzip Bertoluccis sei, dessen Personen sich niemals außen, sondern stets drinnen verirrten. In den Film »La Strategia del Ragno«, der vornehmlich in Sabbioneta spielt, ist eine Erzählung von J. L. Borges eingearbeitet mit dem Thema vom Helden und dem Verräter. Der Verräter läßt sich von seinen ehemaligen Mitverschwörern auf theatralisch inszenierte Weise umbringen, um als Opfer der Faschisten und damit als Held fortzuleben, dessen Gedenken den Haß nähren soll, statt die friedliche Unfähigkeit der Verschwörer und die Sinnlosigkeit des Widerstands offenbar werden zu lassen. Auf Wunsch des Opfers soll das Attentat im Theater stattfinden, wo die ganze Stadt versammelt sein und als Statisten mitwirken würde, ohne es zu wissen — »die ganze Stadt ein Theater!«

Wie viele andere Filme Bertoluccis ist dieser auch eine Art essayistischer Huldigung an die Landschaft der Poebene und der Emilia, dargebracht mit Bildern, Handlungsfragmenten, Namen, Musik. Verdis Villa ist nicht weit. Er ist gegenwärtig in seiner Musik und dem ausgebrochenen Löwen. Später wird ein Löwenkopf mit Aida-Musik serviert. Am Anfang ist ein Löwe des Malers Ligabue aus Gualtieri zu sehen, der auf andere Weise als Verdi den Po zu einem Fluß in Afrika gemacht hat. Die Stadt heißt bei Bertolucci Tara (= Fehler, Gebrechen; fare la tara = nicht alles für bare Münze nehmen. Tara ist auch der Name des Landsitzes von Scarlett O'Hara in »Gone With the Wind«). Der »Held« Athos Magnani und dessen Sohn lassen an Dumas' Musketiere denken ... Zu weiteren solcher Aufschlüsselungen siehe D. Kuhlbrodt, H. H. Prinzler, Bernardo Bertolucci, Reihe Film 24, (Hanser) München 1982.

191[a] Diese weitergehende und interessante Hypothese hat K. W. Forster vertreten: Stagecraft and Statecraft ...

192 V. Scamozzi, L'Idea dell' Architettura Universale, ...: »*Il proscenio, e le prospettive degli edifizi rappresentano una gran piazza con una strada nobilissima nel mezzo, ed altre poi di qua, e di là, con molti e variati edifizi pur di legnane, colorito ad imitazione de' naturali.*«

193 G. Calendoli, Il teatro di Sabbioneta, in: Studii Teatrali, März 1966, S. 103 f.
Vgl. Alberto Gallo, la prima rappresentazione al Teatro Olimpico. (Pref. di Lionello Puppi), Mailand 1973, Edizione H. Polifilio LVIII.-66, p. pl.

194 Leone de' Sommi, Quattro dialoghi in materia di rappresentazioni sceniche...

195 Ältere Vitruv-Editionen wie die von Verolanus 1486 hatten fast ausschließlich dem gelehrten Studium gedient. Die von Daniele Barbaro, dem Patriarchen von Aquileia in italienischer Sprache herausgegebene und kommentierte Ausgabe von 1556 dagegen fand eine unerhörte Breitenwirkung und praktische Umsetzung u. a. im Theaterbau.

196 Zeichnungen Peruzzis sind aufbewahrt im Gabinetto dei Disegni e delle Stampe in den Uffizien in Florenz sowie in der Biblioteca Reale in Turin. Ein anderes Schlüsselbeispiel ist die Bühne für die Aufführung der »Bachidi« 1531, welche die Stadt Athen darstellt. Berühmtheit erlangte auch die von Aristotile da Sangallo anläßlich der Hochzeitsfeierlichkeiten Cosimo I. de'Medici 1539 für die Aufführung von »Il Commodo« angefertigte Bühne, welche die Stadt Pisa darstellte.

197 Neben seinen beiden urbanen Bühnenbildern für die Tragödie und die Komödie hat S. Serlio auch dem Schäferspiel eine eigene Modellszene gegeben, die »scena satirica« (1545), abgebildet in: S. Serlio, Tutte l'opere d'architettura et prospectiva de Sebastiano Serlio Bolognese, Venedig 1619, Vol. II.

Die Ballette, Pantomimen und Konzerte, die in den Zwischenakten der theatralischen Aufführungen gegeben wurden, scheinen die Hauptattraktionen gewesen zu sein, nicht zuletzt wegen der Musik, für die den Italienern immer schon ein Faible nachgesagt worden ist. Das Klischee der ständig singenden Bauern und Schäferinnen, selbst ein natürliches Schäferspiel, hatte u. a. Montaigne in die Welt gesetzt, der 1581 Italien bereiste.

198 Zur Humanistentragödie: Wahre Blutbäder ereignen sich etwa in dem Stück des ferraresischen Philosophie- und Rhetorikprofessors G. B. C. Giraldi über die Atridensage »Orbecche«, das 1541 aufgeführt wurde. Gemäß der aristotelischen Dramaturgie sollten die Zuschauer in Furcht und Schrecken versetzt werden, um ihre Leidenschaften einer Katharsis, einer Reinigung zu unterziehen. Sein »Moro di Venezia« wurde das Vorbild für Shakespeares »Othello«. Vgl. auch die »Canacé« des Paduaner Professors Sperone Speroni. 1546 schrieb Pietro Aretino die Renaissance-Tragödie »Orazio«.

199 E. S. Piccolomino zum Beispiel, der spätere Papst Pius II. und der Bauherr von Pienza, hatte während seiner Wiener Studienzeit die Terenz-Lektüre 1444 zu einer eigenen Komödie »Chrisis« verwertet. Auch L. B. Alberti hatte eine lateinische Komödie geschrieben, den »Philodoxeus«, Giordano Bruno 1582 die Alchimistenparodie »Il Candelaio«. Der römische Kardinal Casentino Bibbiena veranlaßte 1518 in Rom die Aufführung seiner »Calandria«, die nach plautischem Muster ein Zwillingsthema behandelt. Niccolo Machiavelli gelang mit seiner Terenzbearbeitung »Mandragola« ein bleibendes Stück Weltliteratur, an das selbst Pietro Aretinos »La Cortigiana« nicht heranreicht.

200 Nikolaus Pevsner, An Outline of European Architecture, Harmondsworth,

Middlesex, 1957. Die Santa Maria Incoronata in Lodi ist unter den Zentral- und Kuppelkirchen der Lombardei, welche Bramantes berühmte Sakristei von Santa Maria presso San Satiro in Mailand angeregt hat, eine der frühesten. Ihre Grundsteinlegung erfolgte im Mai 1488. Vgl. auch L. D'Alberto, La Chiesa dell' Incoronata di Sabbioneta nel contesto del tessuto della cittadina, in: Civiltà Mantovano IV., 1969, 21., S. 171 ff.

201 Zu den Marien-Medaillen siehe G. Giudetti, La zecca di Sabbioneta, Mantua 1966; K. W. Forster, From rocca to civitas . . .

202 Über das Verhältnis der Gebildeten zum Mariendienst vgl. J. Burckhardt, Die Kultur der Renaissance . . ., 6. Abschnitt, 2. Kap., Die Religion im täglichen Leben.

203 Die ungeheure Verschwendungssucht Vincenzos, der sich wegen seines notorischen Geldmangels auch als Alchimist versuchte, illustriert das Fest anläßlich der Trauung von Ferdinando de'Medici und Cristina di Lorena 1589 in Florenz, bei der Vincenzo Trauzeuge war: Allein zum Vergnügen hat er in dieser einzigen Nacht 50 000 Gold-Scudi ausgegeben.

204 Zur abenteuerlichen, romantischen Figur Charles Nevers oder Carlo Gonzaga, wie er sich in Italien nannte, vgl. D. P. O'Connell, Richelieu, München 1978 (1968); Jacques Humbert, Un grand destin manqué, Charles, duc de Nevers (1580-1637), in: Revue Savoisienne CXIII (1973), S. 97-129.

Nevers zählte mit Condé und Bouillon zu den »frondierenden« Herzögen, die dem französischen Absolutismus gefährlich blieben. Nevers verzettelte sich allerdings in verstiegenen Plänen für einen neuen Kreuzzug gegen die Türken, für den er Truppen ausheben und Schiffe bauen ließ. Dabei träumte er auch davon, als Nachfahre der kaiserlichen Familie der Paleologa den alten Glanz des byzantinischen Reiches wiederherzustellen. Um diese Idee zu propagieren, war Nevers zwanzig Jahre lang durch Europa gereist und hatte seine Jugend und seine enormen Geldmittel dafür verbraucht. Holländischen Werften zahlte er fünfzigtausend Kronen für den Bau der fünf besten Galeonen, die jemals das Meer befahren haben, mit jeweils vierzig Geschützen bestückt. Seine eigene Privatarmee belief sich auf dreizehntausend Mann. Besonderes Interesse fand er in Venedig, aber auch bei anderen Staaten, deren Fürsten daran gelegen war, die Konflikte des Dreißigjährigen Krieges in die Levante zu verlegen und gegen die Türken zu kanalisieren. Doch Nevers' Ressourcen verbrauchten sich im französischen Bürgerkrieg: die Schiffe wurden beinah zufällig versenkt.

Dieser Nevers, mit den Gonzaga verwandt, wurde im Zusammenhang mit der Erbfolge in Mantua zu einem europäischen Problem. Da Mantua formal ein Reichslehen war, hatte der Kaiser feudalrechtlich die Entscheidungsbefugnis über die Erbfolgeansprüche. Doch keine der streitenden Parteien wollte die Angelegenheit dem Gesetz oder den Launen der kaiserlichen Politik überlassen. Besorgt über den spanischen Einfluß in Italien verständigten sich Richelieu und Papst Urban VIII., die sich gerade über das Hugenottenproblem in Frankreich geeinigt hatten, darüber, die spanischen Anrechte zu unterlaufen. Durch eine eilig eingefädelte Intrige – den Herzog brachte man auf dem Sterbebett noch zu einer Testamentsänderung, und mit Dispens des Papstes wurde ein Schulmädchen mit einem Greis verheiratet – machte man Nevers zum rechtmäßigen Nachfolger Herzog Vincenzos. Der Gonzaga von Guastalla, der sich schon anschickte, Mantua im Handstreich zu nehmen, hatte das Nachsehen. Doch Spanier und Kaiser sahen nicht untätig zu, so daß über die Erbfolge in Mantua und die weitergehenden Ansprüche Nevers auf die strategisch überaus wichtige Festung Casale und das Monferrato ein Krieg entbrannte, über dessen Schrecken man bei Manzoni nachlesen kann.

205 Im Süden Italiens liegen in diesen Umgruppierungen, die z. B. in Tommaso Lampedusas Roman »Der Leopard« beklagt werden, auch die Ursprünge der Mafia.

206 Die Sabbionetaner Chronik vermerkt unterdessen folgende Ereignisse: 1652 wurde der Karmeliter-Orden in der Stradone geschlossen, gemäß der Verordnung von Papst Innozenz X., alle Konvente zu schließen, die nicht wenigstens sechs Mitglieder zählten. 1673 wurden mit den Mitteln eines wohlhabendenden Cremonesers Kirche und Konvent renoviert. Im Konvent wurde ein Waisenhaus für Mädchen eingerichtet. 1680 wird der Einsturz des baufälligen Campanile der Assunta vermeldet.

207 Diese Anekdote ist der Storia di Mantova von Marani, Perina entnommen, Mantova, Bd. I. La Storia.

208 Zur Zeit Maria Theresias war die »Stradone« die eleganteste Hauptstraße des Ortes. In ihr wohnten die angesehensten Familien. Sie bildete »einen Aufmarsch großer Häuser«, wie Sarzi-Amadé sich ausdrückt. Zur Regierungszeit der Kaiserin, die von Verwaltungs-, Wirtschafts- und Steuerreformen geprägt war, die auf der Grundlage eines umfassenden Katasters durchgeführt wurden, vgl. u. a. in G. Procaccis, Geschichte Italiens und der Italiener: Das Zeitalter der Reformen, S. 199 ff.

209 L. E. Sarzi-Amadé, I conventi di Sabbioneta . . .

210 Vgl. Irmgard Schiel, Marie Louise. Eine Habsburgerin für Napoleon, Stuttgart 1983.

211 1831 wird auf Veranlassung der Regierung ein großer Teil des Archivmaterials vernichtet, weil dafür, wie es offiziell heißt, kein allgemeines Interesse vorhanden sei: ». . . *inutili agli interessi del governo, de' particolari e della storia«*. Dank nachlässiger Befolgung dieser Anordnung blieben allerdings einige Dokumente vor der Vernichtung verschont. Erhalten blieb glücklicherweise das Diarium des »comessario generale delle fabbriche« der Jahre 1580 bis 1600. Padre Affös »Vita di Vespasiano Gonzaga« bezieht sich teilweise auf heute nicht mehr vorhandene Quellen. Zur Vernichtung der Dokumente siehe P. Torelli, L'Archivio Gonzaga di Mantova, Ostiglia 1920, I., LXXI f.

Bildnachweis

Autor: 1, 3, 5, 6, 8, 9, 11, 12, 14, 20-26, 29-32, 35, 37, 41, 42, 44-47 – Aus *Lombardia*, Edition Electa, Milano: 2 – SPADEM, Paris: 4 – Institut de France, Paris: 7, 10 – Aus *Sabbioneta*, Editoriale Domus, Milano: 13, 16, 48, 49 – Gabriele Bertazzolo, Foto Giovetti, Mantua: 17 – Filarete, *Trattati di Architettura*, Biblioteca Comunale di Mantova: 19 – Marten van Heemskerck, Biblioteca Comunale di Mantova: 18 – Edition Pro Loco, Sabbioneta: 27, 33, 34, 43

Hier nicht aufgeführte Bildnachweise sind bereits in den Bildlegenden angegeben.

Edition Akzente

Bettina Blumenberg: Vor Spiegeln
Erzählung

Jorge Luis Borges: Geschichte der Nacht
Neue Gedichte. Zweisprachige Ausgabe

Roger Caillois: Steine

Italo Calvino: Kybernetik und Gespenster
Überlegungen zu Literatur und Gesellschaft

Elias Canetti: Der andere Prozeß
Kafkas Briefe an Felice

René Char: Rückkehr stromauf
Gedichte. Zweisprachige Ausgabe

Gerrit Confurius: Sabbioneta oder
die schöne Kunst der Stadtgründung

Tankred Dorst: Der verbotene Garten
Fragmente über D'Annunzio

Lars Gustafsson: Eine Liebe zur Sache
Prosastücke

Gerd Henniger: Spuren ins Offene
Essays über Literatur

Felix Philipp Ingold: Haupts Werk. Das Leben

Edmond Jabès: Das kleine unverdächtige Buch der Subversion

Dietmar Kamper: Das gefangene Einhorn
Texte aus der Zeit des Wartens

Jakov Lind: Eine Seele aus Holz
Erzählungen

Jürgen Manthey: Wenn Blicke zeugen könnten
Eine psychohistorische Studie über das Sehen in Literatur und Philosophie

Henri Michaux: Momente
Durchquerungen der Zeit

Czesław Miłosz: Das Zeugnis der Poesie

Ivan Nagel: Autonomie und Gnade
Über Mozarts Opern

Oskar Pastior / Francesco Petrarca: 33 Gedichte

Juan Rulfo: Der goldene Hahn
Erzählung

Alfred Schmidt: Goethes herrlich leuchtende Natur
Philosophische Studie zur deutschen Spätaufklärung

Schuldt: Leben und Sterben in China
111 Fabeln nach Lius Wörterbuch

Marleen Stoessel: Aura
Das vergessene Menschliche
Zu Sprache und Erfahrung bei Walter Benjamin

Botho Strauß: Marlenes Schwester / Theorie der Drohung
Zwei Erzählungen

Ernst Wendt: Wie es euch gefällt, geht nicht mehr
Meine Lehrstücke und Endspiele